#steuernkompakt Jahresabschlussanalyse in der Beratung

Hans J. Nicolini

#steuernkompakt
Jahresabschlussanalyse
in der Beratung

Schäffer-Poeschel Verlag Stuttgart

Bibliografische Information der Deutschen Nationalbibliothek

Die Deutsche Nationalbibliothek verzeichnet diese Publikation in der Deutschen Nationalbibliografie; detaillierte bibliografische Daten sind im Internet über http://dnb.dnb.de/ abrufbar.

Print: ISBN 978-3-7910-5030-0   Bestell-Nr. 11119-0001
ePub: ISBN 978-3-7910-5031-7   Bestell-Nr. 11119-0100
ePDF: ISBN 978-3-7910-5032-4   Bestell-Nr. 11119-0150

Hans J. Nicolini
#steuernkompakt Jahresabschlussanalyse in der Beratung
1. Auflage, September 2020

© 2020 Schäffer-Poeschel Verlag für Wirtschaft · Steuern · Recht GmbH
www.schaeffer-poeschel.de
service@schaeffer-poeschel.de

Bildnachweis (Cover): © Torge Stoffers Grafik-Design

Schäffer-Poeschel Verlag Stuttgart
Ein Unternehmen der Haufe Group

Vorwort

Zu den betriebswirtschaftlichen Beratungen, die Mandanten von ihrem Steuerberater erwarten, gehört selbstverständlich die Analyse des Jahresabschlusses. Sie liefert nicht nur Informationen zu dem abgelaufenen Geschäftsjahr, sondern auch wichtige Erkenntnisse für strategische Unternehmensentscheidungen.

Wenn Mitarbeiter die Methoden der Jahresabschlussanalyse kennen und ihre Instrumente anwenden können, verdeutlichen sie ihre Fachkompetenz gegenüber den Mandanten. Sie benötigen die grundlegenden Kenntnisse, die in ihrer täglichen Praxis erwartet werden. Auf Sonderfälle und praxisferne Problemstellungen kann dagegen verzichtet werden. Entsprechend erfolgt hier eine Reduktion auf die wesentlichen Fragen, die bei einer Beratung – insbesondere von kleinen und mittleren Unternehmen – erwartet werden können.

- Die Grundlage bildet der Jahresabschluss nach HGB. In der Steuerbilanz und bei einer Rechnungslegung nach IFRS kann es Abweichungen davon geben.
- Der Hauptaspekt liegt auf den »gängigen« Kennzahlen, die in ihrer Entwicklung und Aussage allgemein nachvollziehbar sind und deshalb in der Beratung eine wichtige Rolle spielen. Exotische Besonderheiten und wissenschaftliche Diskussionen helfen den Mandanten nicht.
- Aufgrund des jeweiligen Erkenntnisinteresses werden die Kennzahlen in verschiedenen Varianten genutzt. Darauf wird eingegangen.
- Bei den Bezeichnungen werden möglichst die gängigen Begriffe benutzt. Manche Kennzahlen sind unter verschiedenen Bezeichnungen bekannt. Andere, die denselben Namen haben, beschreiben dagegen unterschiedliche Fragestellungen.
- Begriffe, die bei der Beratung von Mandanten eine besondere Rolle spielen, werden als »Exkurs« ausführlicher erläutert.
- Um eine schnelle und einfache Informationsmöglichkeit zu erreichen, wird bei der Analyse der Gewinn- und Verlustrechnung nur das gängige Gesamtkostenverfahren berücksichtigt.
- Ein Jahr wird einheitlich mit 360 Tagen angenommen.
- Skizzen, Vergleichsdaten und Tabellen erleichtern den Überblick und ermöglichen eine schnelle Einordnung der Fragestellungen.
- Ausführliche Inhalts- und Stichwortverzeichnisse erleichtern den gezielten Zugriff bei allen Fragestellungen.

In aller Regel erfolgt eine externe Beratung, die zunächst auf den veröffentlichten Daten aufbaut. Im konkreten Einzelfall müssen die dargestellten Methoden und Instrumente problemorientiert ausgewählt und gegebenenfalls individuell angepasst werden.

Eine Beratung erfolgt persönlich, mindestens am Anfang und zur Schlussbesprechung gibt es den persönlichen Kontakt. Die Beratungskompetenz umfasst deshalb nicht nur die Fachkompetenz, für eine erfolgreiche Beratung spielt die Kommunikationskompetenz mindestens eine gleichwertige Rolle. Aus diesem Grund steht auch eine Einführung in die Beratung mit ihren unterschiedlichen Ansätzen zur Verfügung.

Köln, im September
Hans J. Nicolini

Inhaltsverzeichnis

Abkürzungsverzeichnis

Abs.	Absatz
AfA	Absetzung für Abnutzung
AG	Aktiengesellschaft
AHK	Anschaffungs- oder Herstellungskosten
AktG	Aktiengesetz
aRAP	aktiver Rechnungsabgrenzungsposten
Aufl.	Auflage
AV	Anlagevermögen
BK	Kosten der Bestellung
BörsG	Börsengesetz
BörsZulV	Börsenzulassungs-Verordnung
BSC	Balanced Scorecard
bzw.	beziehungsweise
ca.	circa
DIN	Detsches Institut für Normung
DSO	Days Sales Outstanding
DSR	Deutscher Rechnungslegungs Standard
e. V.	eingetragener Verein
EBIT	Earnings Before Interest and Taxes
EBITDA	Earnings Before Interest, Taxes, Depreciation and Amortization
EBT	Earnings before Taxes
EK	Eigenkapital
EN	Europäische Norm
EP	Kaufpreis pro Mengeneinheit
EStG	Einkommensteuergesetz
EU	Europäische Union
evtl.	eventuell
f.	folgende/-r
ff.	fortfolgende
Fifo	First in first out
FK	Fremdkapital
FSt	Finanz und Steuern
gem.	gemäß
GJ	Geschäftsjahr
GmbH	Gesellschaft mit beschränkter Haftung
GoB	Grundsätze ordnungsmäßiger Buchführung
GuV	Gewinn- und Verlustrechnung
HFF	Halb- und Fertigfabrikate

HGB	Handelsgesetzbuch
Hrsg.	Herausgeber
i. d. R.	in der Regel
i. H. v.	in Höhe von
i. V. m.	in Verbindung mit
IDW	Institut der Wirtschaftsprüfer
IFRS	International Financial Reporting Standards
ISO	International Organization for Standardization
J	Jahresbedarf
JÜ	Jahresüberschuss
Kap.	Kapitel
kg	Kilogramm
kurzfr.	kurzfristige/-r
kWh	Kilowattstunde /-n
LuL	Lieferungen und Leistungen
langfr.	langfristige/-r
LHKS	Lagerhaltungskostensatz
Lifo	Last in first out
Lkw	Lastkraftwagen
MA	Mitarbeiter
max.	maximal/-e/-er
Mio.	Million/-en
NLP	Neurolinguistische Programmierung
Nr.	Nummer
o. J.	ohne Jahr
PC	Personalcomputer
RAP	Rechnungsabgrenzunsposten
REFA	Reichsausschuß für Arbeitszeitermittlung, heute Verband für Arbeitsstudien und Betriebsorganisation«
RHB	Roh-, Hilfs- und Betriebskosten
ROA	Return on Assets
ROCE	Return on Capital Employed
RoI	Return-on-Investment
S.	Seite
SAV	Sachanlagevermögen
sog.	so genannte/-s/-r
StuB	Unternehmenssteuern und Bilanzen (Zeitschrift)
SWOT	Strength, Weakness, Opportunities, Threats
TEUR	Tausend Euro
TZI	Themenzentrierte Interaktion

u. a.	und andere /-es
u. Ä.	und Ähnliches
u. a. m.	und andere /-s mehr
u. U.	unter Umständen
USt	Umsatzsteuer
usw.	und so weiter
UV	Umlaufvermögen
VG	Vermögensgegenstand /-gegenstände
Vgl.	Vergleiche
z. B.	zum Beispiel
z. T.	zum Teil
ZVEI	Zentralverband der Elektrotechnik- und Elektronikindustrie e. V.

1 Grundlagen der Jahresabschlussanalyse

Auf den Punkt gebracht

Um eine erkenntniszielorientierte Analyse eines Jahresabschlusses durchführen zu können, müssen zunächst die Ziele, die Adressaten und die Informationsquellen, die zur Verfügung stehen, feststehen. Ein Urteil über die wirtschaftliche Lage eines Unternehmens muss die jeweiligen Voraussetzungen der Analyse berücksichtigen.

Eine Jahresabschlussanalyse bezieht sich auf den letzten Jahresabschluss, angestrebt werden sollte aber ein Vergleich mit früheren Abschlüssen und weiteren Referenzwerten.

1.1 Ziele der Jahresabschlussanalyse

Die Jahresabschlussanalyse soll – ausgehend von den Informationen zur Vermögens-, Finanz- und Ertragslage, die gem. §264 Abs. 2 HGB ein den tatsächlichen Verhältnissen entsprechendes Bild vermitteln sollen – ein betriebswirtschaftlich gerechtfertigtes Gesamturteil zur aktuellen wirtschaftlichen Lage eines Unternehmens und seiner möglichen zukünftigen Entwicklung ermöglichen.

> **BERATUNGSHINWEIS**
>
> Während der HGB-Abschluss den rechtlichen Vorschriften entsprechen muss, steht bei der Jahresabschlussanalyse die betriebswirtschaftliche Beurteilung im Vordergrund.

Um ein Gesamtbild der wirtschaftlichen Lage eines Unternehmens erstellen zu können, werden verschiedene Teilaspekte untersucht. Umfang und Gewichtung sind dabei einerseits vom Erkenntnisinteresse und andererseits von den Informationen abhängig, die für die Analyse zur Verfügung stehen.

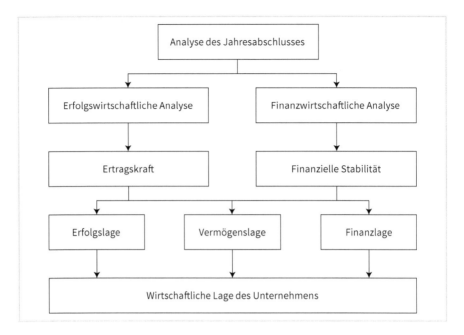

Die Jahresabschlussanalyse erreicht ihre **Informationsfunktion** durch

- **Informationsverdichtung:** Zusammenhänge, die dem Jahresabschluss nicht unmittelbar zu entnehmen sind, werden verdeutlicht und transparent gemacht.
- **Aufdeckung und Eliminierung von Gestaltungsmaßnahmen:** Beeinflussungen des Jahresabschlusses durch bilanzpolitische Maßnahmen (vgl. Kap. 8.2) werden isoliert und zurückgeführt. Aus den möglicherweise zu Fehleinschätzungen führenden Bilanzangaben und anderen Darstellungen im Jahresabschluss werden realistische Daten entwickelt, die als unternehmerische Entscheidungsgrundlage dienen können.
- **Kontrollfunktion:** Die Jahresabschlussanalyse soll der Überprüfung und Beurteilung von Unternehmensentscheidungen dienen.
- **Entscheidungsfindung:** Die Erkenntnisse aus der Analyse können als Grundlage dienen für betriebliche Planungsentscheidungen. Für Externe, die aus den unterschiedlichsten Gründen mit dem Unternehmen verbunden sind oder ein Engagement erwägen, können sie wertvolle Hinweise sein.

> **BERATUNGSHINWEIS**
>
> Bei einem Abschluss nach IFRS ist die Informationsfunktion gegenüber dem handelsrechtlichen Jahresabschluss deutlich hervorgehoben.

1.2   Adressaten der Jahresabschlussanalyse

Die Interessenten an der Jahresabschlussanalyse eines Unternehmens sind zugleich ihre Adressaten. Das sind die **Stakeholder**, also Personen und Personengruppen oder Institutionen, die zu dem Unternehmen in irgendeiner Weise in Beziehung stehen.

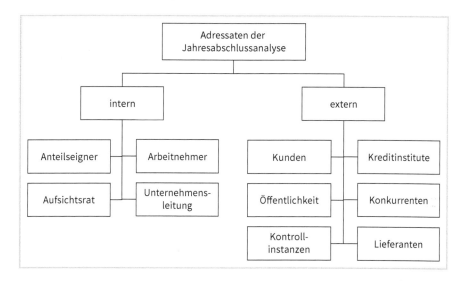

- Die **Anteilseigner** wollen aus einer detaillierten Analyse Informationen zur Rentabilität ihres investierten Kapitals und zu ihrem zukünftigen Engagement ableiten. Sie haben ein Interesse an der Verzinsung und an der langfristigen Wertsteigerung ihrer Anteile.
- Potenzielle **Investoren** erhalten detaillierte Informationen über ihr geplantes Engagement.
- Der **Aufsichtsrat** vertritt die Interessen der Eigentümer und kann die Ergebnisse der Jahresabschlussanalyse als Beurteilungs- und Entscheidungskriterien nutzen.
- Die **Arbeitnehmer** und ihre Vertretungsorganisationen (z. B. Betriebsrat, Gewerkschaften) interessiert die Sicherheit ihrer Arbeitsplätze und die abschätzbare Gehalts- und Karriereentwicklung.
- Die **Gläubiger** sind interessiert an der jederzeitigen Zahlungsfähigkeit des Unternehmens.
- Für **Kreditinstitute** bildet die Jahresabschlussanalyse eine Grundlage für die Beurteilung der künftigen Ertragskraft und der finanziellen Stabilität eines Unternehmens. Sie interessiert, ob Zins- und Tilgungszahlungen fristgerecht erfolgen können. Davon hängen wiederum die Vergabe von Darlehen und die Konditionen ab.

- Die **Konkurrenten** wollen wissen, wie sich das Unternehmen entwickeln könnte. Sie werden bei der Ausrichtung ihrer eigenen Strategien auch die Ertrags- und Finanzlage der Wettbewerber berücksichtigen wollen.
- Die **Lieferanten** streben eine langfristige Geschäftsverbindung an und wollen ihre eigenen Absatzmöglichkeiten abschätzen.
- Die **Kunden** sind daran interessiert, dass das Unternehmen seinen Liefer- und Garantieverpflichtungen nachkommen kann.
- **Kontrollinstanzen** wie Abschlussprüfer, das Kartellamt, die Finanzverwaltung und andere informieren sich im Rahmen ihrer Aufgabenstellung. Dazu werden in vielen Fällen Vergleichszahlen anderer Unternehmen herangezogen.
- Die **Öffentlichkeit** verlangt eine korrekte und nachvollziehbare Rechenschaftslegung der Unternehmen. Sie erwartet, dass die Unternehmen ihren wirtschaftlichen und gesellschaftlichen Verpflichtungen nachkommen.
- Die Mitglieder der **Unternehmensleitung** erhalten durch die Analyse eine detaillierte Legitimation für den Erfolg ihrer Tätigkeit.

Für steuerliche Zwecke ist eine **Steuerbilanz** zu erstellen, deren einziger Adressat der Fiskus ist. Durch die Ermittlung des Steuerbilanzgewinns wird festgelegt, in welcher Höhe Einkommen-, Körperschaft- und Gewerbesteuer zu zahlen sind. § 5 Abs. 1 EStG bestimmt, dass sich die Ansätze der Steuerbilanz grundsätzlich nach den handelsrechtlichen Grundsätzen ordnungsmäßiger Buchführung richten. Die Steuerbilanz baut also auf den handelsrechtlichen Bilanzierungsvorschriften auf. Von diesem so genannten **Maßgeblichkeitsprinzip** weichen steuerliche Bestimmungen in Einzelfällen ab, weil sich die Bilanzierung an anderen Zielen und an anderen Wertgrenzen orientiert. Zielsetzung ist die Bestimmung des zu versteuernden Vermögenszuwachses durch einen Betriebsvermögensvergleich (vgl. § 4 Abs.1 EStG).

Die unterschiedlichen Interessengruppen erwarten spezifische Schwerpunkte bei der Analyse und bei der Beratung.

1.3   Informationsquellen der Jahresabschlussanalyse

Die Qualität jeder Jahresabschlussanalyse ist unmittelbar abhängig von der Informationslage für die Analysten. Sie werden Unterlagen der unterschiedlichsten Art aus dem untersuchten Unternehmen selbst heranziehen, aber auch weitere Quellen nutzen wollen.

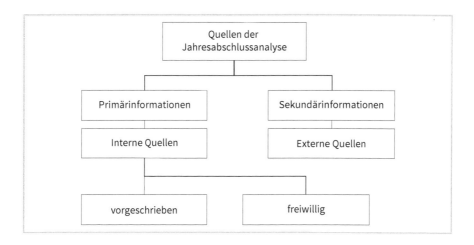

Den Analysten und den Aktionären stehen so genannte **Primärinformationen** zur Verfügung, die von den Unternehmen selbst veröffentlicht werden. Dazu gehören bei Kapitalgesellschaften selbstverständlich die Pflichtveröffentlichungen. Welcher Umfang gesetzlich vorgeschrieben ist, hängt von der Größenklasse ab (vgl. §§ 267 f. HGB):

	Kleinstkapitalgesellschaften § 267a HGB	Kleine Kapitalgesellschaften § 267 Abs. 1 HGB	Mittelgroße Kapitalgesellschaften § 267 Abs. 2 HGB	Große Kapitalgesellschaften § 267 Abs. 3 HGB	Konzernabschluss § 297 HGB
Bilanz	Kurzform	Kurzform	erweiterte Kurzform	X	X
GuV			Kurzform	X	X
Anhang		Kurzform	erweiterte Kurzform	X	X
Lagebericht			X	X	X
Kapitalflussrechnung					X
Eigenkapitalspiegel					X

Einzelunternehmen und Personengesellschaften, bei denen mindestens ein Gesellschafter eine natürliche Person ist, müssen keinen Anhang und keinen Lagebericht aufstellen.

Die Unternehmen veröffentlichen darüber hinaus **Sekundärinformationen** der unterschiedlichsten Art, die oft nicht für Analysezwecke gedacht sind, aber in vielen Fällen ebenfalls wertvolle Hinweise geben oder zumindest für die Interpretation der Analyseergebnisse hilfreich sein können, z. B.:

- Reden auf der Hauptversammlung
- Pressekonferenzen
- Website
- Aktionärsbriefe
- Werbeschriften
- Homepage

Bei großen Unternehmen trifft sich die Unternehmensleitung zudem regelmäßig mit externen Beobachtern auf Analystenkonferenzen, auf denen die Zukunftsaussichten des Unternehmens präsentiert und diskutiert werden.

Zusätzlich können noch Informationen genutzt werden, die aus anderen Quellen stammen, aber trotzdem zu einer erweiterten und besseren Einschätzung beitragen können:

- Bankeninformationen
- Publikationen von Fach- und Wirtschaftsverbänden
- Wirtschaftsdatenbanken
- Tageszeitungen
- Fachzeitschriften
- Wirtschaftssendungen In Radio und Fernsehen
- Börsenmitteilungen
- Verbände
- Statistische Ämter
- Deutsche Bundesbank
- Beiträge im Internet
- usw.

1.4 Funktionen der Jahresabschlussanalyse

Die Jahresabschlussanalyse soll im Wesentlichen vier Funktionen erfüllen:

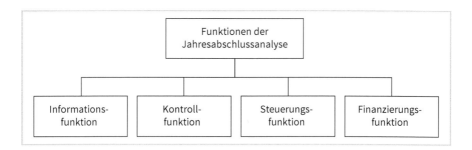

Informationsfunktion

Hauptziel der Jahresabschlussanalyse ist die Gewinnung von – über die Angaben im Jahresabschluss hinausgehenden – weiteren detaillierten Informationen über die wirtschaftliche Lage des Unternehmens, insbesondere zur finanziellen Stabilität, zur Ertragskraft und zum Erfolgspotenzial.

Kontrollfunktion

Eine Kontrollmöglichkeit ergibt sich, wenn die verdichteten Informationen, die mit der Jahresabschlussanalyse zur Verfügung gestellt worden sind, mit Referenzdaten verglichen werden. Die Ist-Größen werden also Zielgrößen gegenübergestellt. Das können Vergleichszahlen aus früheren Perioden sein, von anderen Unternehmen oder Soll-Werte, die für das Unternehmen entwickelt worden sind (vgl. Kap. 4.1).

Durch den Vergleich kann eine Beurteilung des gesamten Unternehmens oder auch nur bestimmter Sachverhalte erfolgen. Ob ein Tatbestand dann als positiv oder negativ eingeschätzt wird, hängt von den angewandten Bewertungsmaßstäben und den subjektiven Vorstellungen der Analysten ab.

Wenn wesentliche Abweichungen zu den angestrebten Werten festgestellt werden, muss sich eine Ursachenanalyse anschließen, um die Gründe für die Abweichung finden und dann abstellen zu können.

Steuerungsfunktion

Die Erkenntnisse aus der Jahresabschlussanalyse und besonders aus der Interpretation der Kennzahlen bildet für die Unternehmensleitung eine fundierte Grundlage, um zielorientiert betriebliche Entscheidungen treffen zu können.

Es bedarf der Erfahrungen des Managements und der Analysten, Veränderungen rechtzeitig zu erkennen, zu interpretieren und bei Bedarf Gegenmaßnahmen einzuleiten. Bei unzureichenden Ergebnissen müssen die Ursachen möglichst schnell und vollständig abgestellt werden, besonders günstige Entwicklungen sollen genutzt und so abgesichert werden, dass sie sich in der Zukunft fortsetzen werden. Die Jahresabschlussanalyse ist also nicht nur ein Instrument der Schwachstellenanalyse, sondern ermöglicht auch die Nutzung von Chancen in den Unternehmen.

Sicherung einer optimalen Finanzierung
Der Jahresabschluss ist in vielen Fällen eine Grundlage für die Entscheidung zur Bereitstellung von Eigen- und besonders von Fremdkapital. Die Kreditinstitute berücksichtigen bei der Festlegung ihrer Konditionen die Ergebnisse einer zielgerichteten Jahresabschlussanalyse. Dabei werden sowohl Angaben über die Stabilität des Unternehmens berücksichtigt wie über seine Sicherheit und Handlungsfreiheit. Zusätzlich können – je nach Rechtsform – auch Angaben über die private wirtschaftliche Situation der Eigentümer erforderlich sein.

Daraus folgt umgekehrt, dass die Bilanzpolitik die Interessen und Analysemöglichkeiten der Fremdkapitalgeber antizipiert und die Bilanzpolitik (vgl. Kap. 8.2) entsprechend gestaltet.

1.5   Arten der Jahresabschlussanalyse

Die Durchführung der Jahresabschlussanalyse ist bei Kapital- und Personengesellschaften grundsätzlich gleich. Bei der Interpretation der Ergebnisse ist aber zu beachten, dass bei Personengesellschaften
- ein höheres Haftungspotenzial vorhanden ist, weil der oder die Eigentümer unbeschränkt auch mit ihrem persönlichen Vermögen haften;
- der oder die unbeschränkt haftenden Gesellschafter wesentlich einfacher als bei Kapitalgesellschaften auf das Eigenkapital des Unternehmens zugreifen können.

Je nach **Erkenntnisziel** und Informationsquellen und -möglichkeiten der Analysten werden unterschiedliche Arten der Jahresabschlussanalyse unterschieden.

1.5.1   Interne und externe Jahresabschlussanalyse

Nach den Quellen der Daten, die für die Analyse zur Verfügung stehen, wird zwischen der internen und der externen Analyse unterschieden.

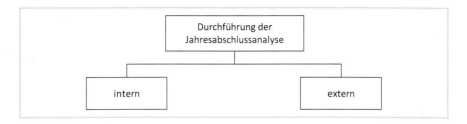

Die **interne Jahresabschlussanalyse** bezieht sich auf das eigene Unternehmen, unter **externer Analyse** wird die Untersuchung eines Jahresabschlusses durch Dritte verstanden, die diesem Unternehmen nicht angehören.

In beiden Fällen werden möglichst relevante Informationen zusammengetragen, um Zusammenhänge deutlich erkennbar zu machen. Die interessenbezogene Informationsverdichtung erhöht den Aussagegehalt des Jahresabschlusses, daraus ergeben sich dann folglich andere Schwerpunkte der Analyse bei den unterschiedlichen Personenkreisen.

Die **interne** Jahresabschlussanalyse wird in dem Unternehmen durch beauftragte Mitarbeiter oder betriebsfremde Vertrauenspersonen (z. B. Steuerberater, Wirtschaftsprüfer) selbst erstellt. Der Vorteil ist, dass nicht nur die im Jahresabschluss publizierten Daten genutzt werden können, sondern grundsätzlich alle Unterlagen, die für die Beurteilung des Unternehmens von Bedeutung sein könnten. Es entstehen prinzipiell keine Probleme bei der Informationsbeschaffung, denn alle Daten und die Maßnahmen der Bilanzpolitik, die für die Beurteilung des Jahresabschlusses von Bedeutung sein könnten, sind in diesem Falle den Analysten bekannt. Der Betrachter kann auf die Buchführung, Verträge, Berichte und andere Unterlagen und Kenntnisse zurückgreifen.

Diese Art der Bilanzanalyse dient der Informationsverdichtung, Urteilsbildung und Entscheidungsfindung der Unternehmensleitung. Für die Unternehmenssteuerung und -kontrolle hat die interne Bilanzanalyse gegenüber der externen den Vorteil, dass positive oder negative Entwicklungen frühzeitig erkannt werden können.

Die **externe** Jahresabschlussanalyse wird durch außen stehende Dritte durchgeführt. Sie muss sich auf die veröffentlichten Jahresabschlüsse und andere allgemein zugängliche Quellen beschränken.

Anteilseigner, Geschäftspartner, Arbeitnehmer, andere Interessierte und die Öffentlichkeit können sich damit ein Bild des Unternehmens machen. Wegen den eingeschränkten Informationsmöglichkeiten wird die Aussagekraft einer externen Analyse aber ungenauer sein und auf mehr Schätzungen und Spekulationen aufbauen als die einer internen.

BEISPIEL

Externe Analysten haben in der Regel keinen Zugang zu Daten aus der Kosten- und Leistungsrechnung.

Verfügbarkeit von Unternehmensinformationen		
Externe Analytiker		Interne Analytiker
Beschränkung auf veröffentlichte Informationen	Zugang zu zusätzlichen Informationen	
z. B. • Aktionäre • Kreditgeber • Lieferanten • Kunden • Wettbewerber • Presse	z. B. • Große Kreditgeber • Analysten • Ratingagenturen • Potenzielle Investoren	z. B. • Unternehmensleitung • Gesellschafter • Aufsichtsrat • Jahresabschlussprüfer • Finanzverwaltung

BERATUNGSHINWEIS

Je mehr Informationen vorliegen, desto fundierter kann eine Beratung sein. Deshalb sollten Mandanten gebeten werden, über die Teile des Jahresabschlusses hinaus möglichst umfangreiche interne Informationen zugänglich zu machen.

1.5.2   Einzelanalyse und vergleichende Analyse

Die Analyse kann sich auf einen einzelnen oder mehrere Jahresabschlüsse beziehen. Der Informationsgewinn ist höher, wenn den ermittelten Ist-Daten Vergleichswerte gegenübergestellt werden. Dazu gehören neben Soll-Ist-Vergleichen vor allem Zeitvergleiche und Betriebs- bzw. Branchenvergleiche, die einen wesentlich besseren Einblick in die wirtschaftliche Lage des Unternehmens ermöglichen.

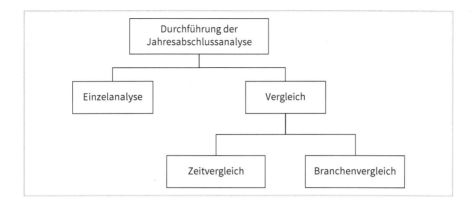

Bei einer **Einzelanalyse** steht dem Analytiker nur ein einziger Jahresabschluss zur Verfügung. Die Erkenntnismöglichkeiten sind dann äußerst gering, weil Referenzwerte fehlen und dadurch keine Vergleichsmöglichkeit mit Daten aus der Vergangenheit oder von vergleichbaren Unternehmen möglich ist. Veränderungen können nicht erfasst werden. Die absolute Größe von einzelnen Posten der Bilanz oder der GuV und noch deutlicher die Werte von Kennzahlen können für sich allein kein Maßstab für eine Beurteilung sein. Lediglich besondere Auffälligkeiten können auf diese Weise erkannt werden.

Im **Zeitvergleich** werden mehrere aufeinander folgende Jahresabschlüsse desselben Unternehmens analysiert. Weil Größen verglichen werden, die sich auf unterschiedliche Zeitpunkte beziehen, werden Vorgänge im Zeitablauf deutlich und Entwicklungstendenzen erkennbar. Gegenüber der Einzelanalyse wird dadurch ein erheblicher Erkenntnisgewinn möglich, denn allein die Veränderung von einzelnen Positionen und erst recht die Entwicklung von Kennzahlen im Zeitablauf ermöglichen eine bessere Beurteilung als die Einzelanalyse und damit auch eine bessere Prognose über die zukünftige Entwicklung.

Voraussetzung für einen Zeitvergleich ist selbstverständlich, dass die Abschlüsse selbst eine objektive Vergleichbarkeit ermöglichen:
- Die Daten müssen inhaltlich vergleichbar sein (z. B. keine Änderung von Bilanzierungs- und Bewertungsmethoden).
- Die Perioden müssen gleich lang sein.
- Die Daten müssen nach denselben Grundsätzen aufbereitet sein (z. B. Aufdeckung von stillen Reserven).

- Die Daten müssen nach denselben Grundsätzen interpretiert werden (z. B. bei Zusatzinformationen wie Presseveröffentlichungen, die Einfluss auf die Interpretation der Kennzahlen haben).
- Preiseinflüsse müssen eliminiert werden. Die Preisentwicklung beeinflusst die Material-, Personal-, Anschaffungs- und Herstellungskosten. Um den Aussagewert bei einem Zeitvergleich zu erhalten, müssen die Preise bereinigt werden.

Bei einem ausschließlichen Zeitvergleich besteht die Gefahr, dass »Schlendrian mit Schlendrian« verglichen wird. Deshalb sollten zum Vergleich ergänzend die Daten anderer Unternehmen derselben Branche, der Branchendurchschnitt oder des Branchenprimus herangezogen werden.

Im **Betriebs-** oder **Branchenvergleich** werden die Jahresabschlüsse verschiedener, aber vergleichbarer Unternehmen zu einem bestimmten Zeitpunkt miteinander verglichen. Dadurch sollen mögliche Erklärungen bzw. Ursachen für Abweichungen der Kennzahlen gefunden werden. Der Branchenvergleich ist in der Regel die Analyseart, die Externen die besten Aufschlüsse bietet. Insbesondere auffällige Entwicklungen können so erkannt werden.

Die wichtigste und zugleich schwierigste Voraussetzung für einen sinnvollen Betriebsvergleich ist, dass die Unternehmen, deren Abschlüsse verglichen werden, genügend ähnlich sind. Weil durch Gesetz, Rechtsprechung und betriebliche Übung – insbesondere durch die Grundsätze der Bilanzklarheit und der Bilanzkontinuität – eine einheitliche Vorgehensweise weitgehend gewährleistet ist, sind Abschlüsse grundsätzlich vergleichbar. Unterschiedliche Größen, die Rechtsform, das Produktionsprogramm, die Finanzierungssituation und viele weitere Einflüsse erschweren aber trotzdem den Vergleich und schränken die Erkenntnisse erheblich ein.

Beim **Normenvergleich** (auch Soll-Ist-Vergleich) werden die ermittelten Größen zur Beurteilung Sollgrößen (Richtwerten oder Planwerten) gegenübergestellt. Die tatsächlichen Zahlen aus dem Jahresabschluss werden mit den gewünschten bzw. prognostizierten Werten verglichen. Damit können gegenwärtige oder zukünftige Anforderungen erkannt und gegebenenfalls Korrekturmaßnahmen eingeleitet werden. Der Soll-Ist-Vergleich beinhaltet also vier Schritte:
1. Bestimmung der Sollwerte
2. Erfassung der Istwerte

3. Durchführung einer Abweichungsanalyse
    Sollgrößen, die den Zielvorstellungen der Unternehmensleitung entsprechen, kön-
    nen mit den tatsächlichen Daten der Jahresabschlüsse verglichen werden. Abwei-
    chungen lassen erkennen, ob die geplanten Ziele erreicht wurden oder nicht.
4. Einleitung von Korrekturmaßnahmen
    Mithilfe einer Abweichungsanalyse lassen sich die Ursachen für die Abweichungen
    feststellen. Dadurch wird eine systematische Gegensteuerung möglich.

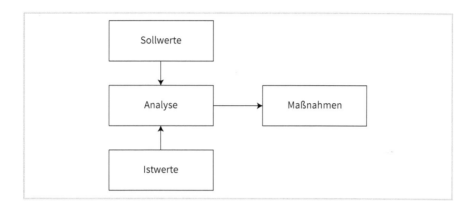

Bei Unternehmen, deren Aktivitäten regelmäßig erheblichen Schwankungen unterliegen (z. B. bei Branchen wie Schiffbau oder Bauindustrie), sollten Vergleiche über mehrere (z. B. fünf) Jahre erfolgen, um Trends oder Auffälligkeiten überhaupt erkennen zu
können.

Die Beurteilung anhand der Abweichungen erscheint zunächst wünschenswert, weil
eindeutige Kriterien vorliegen. Es ist aber schwierig, sinnvolle Normgrößen als Beurteilungsmaßstab festzulegen.

Hilfsweise bietet sich an, den jeweiligen Branchendurchschnitt als Maßstab zu wählen.
Das kann aber nicht mehr als eine Orientierungshilfe sein, weil in den Branchendurch-
schnitt auch die Daten der unwirtschaftlich arbeitenden Unternehmen eingeflossen sind.
Nur in wenigen Fällen kann der Normenvergleich zu einem eindeutigen Urteil führen.

Die Gesamtkapitalrentabilität soll mindestens so hoch sein wie der langfristige Kapitalmarktzins (vgl. Kap. 4.5.2).

1.5.3   Statische und dynamische Betrachtung

Jahresabschlüsse sind grundsätzlich stichtagsbezogen. Eine **statische** Jahresabschlussanalyse ist deshalb notwendig begrenzt auf den Stichtag, zu dem der Jahresabschluss aufgestellt wird. Ihre Ergebnisse sind wenig aussagefähig, weil zu einer Beurteilung der notwendige Referenzwert fehlt.

Die **dynamische** Betrachtung berücksichtigt den Zeitraum, auf den sich die Werte im Jahresabschluss beziehen. Mindestens zwei aufeinanderfolgende Jahresabschlüsse werden einbezogen und die Bewegungen der Vermögens- und Kapitalpositionen während der betrachteten Periode werden untersucht.

Die Kapitalflussrechnung (vgl. Kap. 4.4.4) wird aus zwei aufeinanderfolgenden Jahresabschlüssen entwickelt. Zur Analyse des Cashflows (vgl. Kap. 4.4.3) werden Daten aus der Gewinn- und Verlustrechnung benötigt.

1.5.4   Formelle und materielle Analyse

Mit der **formellen** Jahresabschlussanalyse wird die Übereinstimmung des Jahresabschlusses, also der Bilanz, der Gewinn- und Verlustrechnung, dem Anhang und gegebenenfalls dem Lagebericht, mit den handels- und steuerrechtlichen Vorschriften festgestellt. Sie müssen den Grundsätzen ordnungsmäßiger Buchführung und Bilanzierung entsprechen. Im Zentrum stehen die Gliederungen der Bilanz und der Gewinn- und

Verlustrechnung. Bei prüfungspflichtigen Unternehmen wird sie meistens durch einen Wirtschaftsprüfer festgestellt.

Die **materielle** Jahresabschlussanalyse bezieht sich auf die Bilanzierung dem Grunde nach (Aktivierungspflichten, Aktivierungswahlrechte, Passivierungspflichten) und der Höhe nach (Bewertungen). Auch die Beurteilung der Zahlungsströme gehört zur materiellen Jahresabschlussanalyse.

2 Rahmenbedingungen des Unternehmens

Auf den Punkt gebracht

Weil jedes Unternehmen unter anderen Bedingungen arbeitet, ist bei der Analyse und Beurteilung des Jahresabschlusses die jeweilige individuelle Situation zu berücksichtigen.

Sie ist bestimmt durch einen kulturellen Beziehungsrahmen, der von historischen Traditionen und Erfahrungen, rechtlichen Bedingungen, technischen Gegebenheiten, ethischen und politischen Wertvorstellungen und individuellen und gesellschaftlichen Zielen beeinflusst ist.

Die Jahresabschlussanalyse ist keinesfalls eine in mathematischer Manier zusammengestellte Sammlung von – manchmal durchaus umstrittenen – Kennzahlen, sie ist weder universell nachvollziehbar noch uneingeschränkt vergleichbar. Die Rahmenbedingungen, unter denen ein Unternehmen wirtschaftlich aktiv ist, können von ihm selbst nicht oder nur in geringem Maße beeinflusst werden.

2.1 Wirtschaftliche Rahmenbedingungen

Zu den wirtschaftlichen Bedingungen, die jedes Unternehmen hinnehmen muss und die von den Analysten berücksichtigt werden müssen, gehören z. B.:
- Entwicklung der Konjunktur
- Entwicklung des Preisniveaus
- Zinsen und Konditionen am Kapitalmarkt
- Konkurrenzsituation in der Branche
- Alter, historische Entwicklung
- Größe des Unternehmens
- Vorhandene Kundenstruktur

2.2 Rechtliche Rahmenbedingungen

Die rechtlichen Rahmenbedingungen müssen so akzeptiert werden, weil sie durch das Unternehmen nicht veränderbar sind. Einige können zwar grundsätzlich beeinflusst werden, gelten für Analysezwecke aber als gegeben, z. B.:
- Rechtsform des Unternehmens
- Organe der Gesellschaft und ihre Zusammensetzung
- Struktur der Kapitalgeber

- Kartellrecht
- Genehmigungspflichten und Zulassungen (z. B. Apotheken, Steuerberater, Banken)
- Rechtliche Beschränkungen bei der Beschaffung und auf den Absatzmärkten (z. B. Waffenexporte, Einfuhrbestimmungen)

2.3 Marktstellung

Zur Beurteilung der zukünftigen Entwicklung eines Unternehmens ist die Kenntnis der Marktstellung von wesentlicher Bedeutung.

Durch die Ermittlung des Marktanteils wird festgestellt, welchen prozentualen Anteil ein Unternehmen am gesamten Volumen eines Marktes hat. Er zeigt die relative Bedeutung im Vergleich zu anderen Unternehmen der Branche. Die Berechnung kann in Mengen- oder Werteinheiten erfolgen und zeigt die Stärke eines Unternehmens in einem definierten Markt zu einem bestimmten Zeitpunkt:

$$\text{Absoluter Marktanteil} = \frac{\text{Eigene Umsatzerlöse}}{\text{Gesamtes Marktvolumen}} \cdot 100$$

Der relative Marktanteil gibt an, welchen prozentualen Anteil der eigene individuelle Marktanteil eines Unternehmens am absoluten Marktanteil des größten Konkurrenten oder einer festgelegten Gruppe von Konkurrenten hat:

$$\text{Relativer Marktanteil} = \frac{\text{Eigener Marktanteil}}{\text{Marktanteil des größten Konkurrenten}} \cdot 100$$

Das Marktwachstum zeigt die Zunahme des Marktvolumens von einer Periode zur nächsten. Dazu wird das zusätzliche Marktvolumen der aktuellen Periode dem der Vorperiode gegenübergestellt.

$$\text{Marktwachstum in \%} = \frac{\text{Zusätzliches Marktvolumen}}{\text{Marktanteil in der Vorperiode}} \cdot 100$$

Praktische Ansätze können das Wachstum (z. B. mit der sog. **Boston-Box**) in einem Portefeuille abbilden und ermöglichen damit eine Positionsbestimmung der Produkte auf einem Markt:

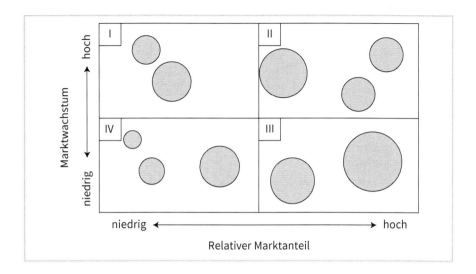

- Quadrant I: Einführungsprodukte, deren Marktanteil noch gering ist, die aber bereits über ein hohes Marktwachstum verfügen (»Question Marks«).
- Quadrant II: Produkte mit wachsendem Marktanteil, mit denen bereits hohe Umsätze erzielt werden(»Stars«).
- Quadrant III: Produkte, die sich in der Reife- bzw. in der Sättigungsphase befinden (»Cash Cows«). Das Marktwachstum ist gering, aber der relative Marktanteil hoch. Sie sorgen wesentlich für den Umsatz.
- Quadrant IV: Produkte, die sich in der Rückgangsphase befinden (»Poor Dogs«). Es muss entschieden werden, ob sie eliminiert werden sollen oder ob sich ein Relaunch lohnt.

> **BERATUNGSHINWEIS**
>
> Zur Analyse bei der Beratung zur Marktsituation eines Unternehmens kann sinnvoll die SWOT-Analyse eingesetzt werden. Sie untersucht, ob sich die spezifischen Stärken und Schwächen so in der Unternehmensstrategie wiederfinden, dass angemessen auf Veränderungen der Unternehmensumwelt **reagiert** werden kann.

Interne Einflussfaktoren		Externe Einflussfaktoren	
S	W	O	T
Strength	Weakness	Opportunities	Threats
Stärke Stabilität	Schwäche	Gelegenheiten Chancen	Bedrohungen Gefahr

- **Interne Einflussfaktoren** sind die Fähigkeiten und Ressourcen, über die das Unternehmen selbst verfügen kann. Anhand der entscheidenden Erfolgsfaktoren werden sie auf ihre Relevanz hin überprüft. Interne Einflussfaktoren können auf sehr unterschiedlichen Gebieten identifiziert werden, z. B.:
  - Wissen und Können der Mitarbeiter
  - Finanzielle Situation
  - Aufbau- und Ablauforganisation
  - Forschung und Entwicklung
  - Kunden
  - Lieferanten
  - Unternehmenskultur

  Diese Faktoren sind von internen Entscheidungen abhängig und deshalb von dem Unternehmen selbst beeinflussbar.
- Auf **externe Einflussfaktoren** hat das Unternehmen keinen direkten Einfluss. Sie ergeben sich aus den Trends und Veränderungen der unternehmerischen Umwelt, z. B.:
  - Kundenverhalten
  - Wertvorstellungen
  - Konjunkturelle Situation
  - Technische Veränderungen
  - Gesetzliche Vorschriften
  - Politische Rahmenbedingungen
  - Ökologische Herausforderungen

Als **Chancen** dürfen bei der Analyse nur solche Faktoren berücksichtigt werden, die aufgrund der vorhandenen oder strategischen Ressourcen auch **tatsächlich genutzt** und zudem in die Unternehmenspolitik integriert werden können.

Risiken stellen dagegen die Bereiche dar, in denen das Unternehmen nicht gut aufgestellt erscheint und in denen deshalb dringend Maßnahmen zur **Gegensteuerung** ergriffen werden müssen.

BEISPIEL

Ein Steuerberater schätzt seine Situation so ein:

Interne Einflussfaktoren		Externe Einflussfaktoren	
S	W	O	T
Stärken	Schwächen	Chancen	Bedrohungen
Stabiler Mandantenstamm, starke örtliche Vernetzung	Keine Fachkenntnisse zu IFRS und US-GAAP	Neues Gewerbegebiet in der Nähe	Erweiterung der Befugnisse von Bilanzbuchhaltern

Die SWOT-Analyse gibt lediglich Hinweise darauf, ob und gegebenenfalls an welchen Stellen Reaktionen erforderlich sind. Sie kann aber nicht zeigen, welche Maßnahmen in einer konkreten Situation ergriffen werden müssen.

2.4 Bilanzpolitik

Analysen sollen Informationen über Vergangenheit und Gegenwart liefern und Prognosen für die Zukunft zu ermöglichen, um **Entscheidungen vorzubereiten**. Damit haben auch diejenigen, die den Jahresabschluss erstellen, ein Interesse daran, die Ergebnisse **in ihrem Sinne** zu beeinflussen.

Die Rechnungslegung und die Gestaltung der Jahresabschlüsse sind dabei kein Selbstzweck, sondern richten sich gezielt an einen bestimmten oder an mehrere Interessenten. Die Rechnungslegung ist keineswegs »neutral« oder »wertfrei«. Sie soll Personen mit ihren individuellen Überzeugungen, Vorstellungen und Vorlieben überzeugen, die durch historische, wirtschaftliche und soziale Einflüsse und Erwartungen geprägt sind.

Die Ziele der Gestaltung des Jahresabschlusses ergeben sich aus der gesamten **Unternehmensstrategie**. Sie lassen sich in zwei hauptsächliche Kategorien einordnen:

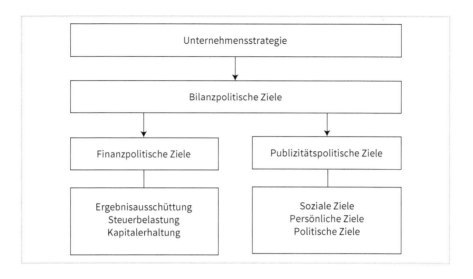

Das Erreichen **finanzpolitischer Ziele** lässt sich in Geldgrößen ausdrücken, z. B. als Gewinn oder Umsatz. Die **Publizitätspolitik** zielt sowohl auf ökonomische wie auf nicht-ökonomische Ziele. Sie versteht den Jahresabschluss als Mittel der Öffentlichkeitsarbeit und als Instrument zur Beeinflussung der Beziehungen zu den Geschäftspartnern.

Der Abschluss nach dem HGB berücksichtigt in erster Linie die Interessen der Gläubiger und bewertet deshalb das Vermögen vorsichtig und damit niedrig, während die Passiva aus dem gleichen Vorsichtsprinzip heraus eher höher bewertet werden. Die Perspektive ist damit auf die bisherige Entwicklung gerichtet.

Die **Erwartungen** und die erwarteten **Reaktionen** der Analysten, die sogar nach Ländern und Kulturräumen unterschiedlich sind, prägen die bilanzpolitischen Absichten der Rechnungslegenden. Da die Abschlüsse die Analysten überzeugen sollen, werden die Verfahren und Methoden, etwa die Ausnutzung von Wahlrechten, auf deren Erkenntnisziel hin ausgewählt und ausgerichtet.

Bilanzpolitik und Bilanzanalyse beeinflussen sich gegenseitig, sie müssen gemeinsam betrachtet werden. Während die Jahresabschlussanalyse aber betriebswirtschaftlich erkenntnisorientiert ist, ist die Bilanzpolitik **gestaltungsorientiert**: Sie dient dazu, den Jahresabschluss so zu darzustellen, dass mögliche Gestaltungsspielräume unter finanzpolitischen und publizitätspolitischen Zielsetzungen tatsächlich zur Erreichung der gewünschten Ziele genutzt werden. Dabei sind den Erstellern des Jahresabschlusses die Methoden und Regeln der Jahresabschlussanalyse bekannt. Die Tendenz ihrer Ergebnisse kann und soll gezielt beeinflusst werden, um die gewünschten Effekte zu erreichen bzw. zu verstärken. Durch die Jahresabschlusspolitik sollen die Analysten so beeinflusst werden, dass sie möglichst die beabsichtigten Schlussfolgerungen ziehen. Die können sich sowohl auf die Darstellung eines den tatsächlichen Verhältnissen entsprechenden Bildes als auch auf eine gezielte Darstellung eines besseren oder schlechteren Bildes beziehen.

Die Jahresabschlussanalyse versucht, die gezielten bilanzpolitischen Maßnahmen zur Gestaltung zu **entdecken** und gegebenenfalls zu **korrigieren**, damit ein möglichst realistisches Bild des analysierten Unternehmens entsteht. Die Analysten wiederum kennen die Gestaltungsmöglichkeiten und werden die Zielsetzungen antizipieren, um die tatsächliche Finanz-, Vermögens- und Ertragslage des Unternehmens feststellen zu können.

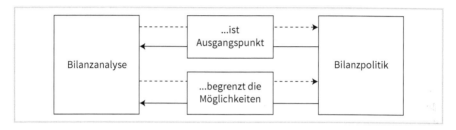

3 Aufbereitung des Jahresabschlusses

Auf den Punkt gebracht

Durch die rechtlichen Vorgaben für die Aufstellung des Jahresabschlusses kann seine Aussage-kraft so eingeschränkt werden, dass die betriebswirtschaftlich realistischen Werte nicht mehr gezeigt werden. Entsprechend der Zielsetzung und den Aufgabenstellungen der Jahresab-schlussanalyse muss deshalb die Ausgangsbilanz so umgeformt werden, dass eine aussagefä-hige und fundierte Auswertung ermöglicht wird.

3.1 Aufbereitung der Bilanz

In der Bilanz werden das Vermögen eines Unternehmens (»Aktiva«) dem Kapital (»Pas-siva«) zu einem bestimmten Stichtag gegenübergestellt. Die Vermögenswerte zeigen die Verwendung des im Unternehmen eingesetzten Kapitals, die Passivseite zeigt, aus welchen Quellen die Vermögenswerte finanziert worden sind. Aus dem Vergleich von Bilanzen lassen sich Veränderungen bzw. Unterschiede hinsichtlich der Vermögens- und Kapitalstruktur eines Unternehmens erkennen. Die Daten werden durch das betriebli-che Rechnungswesen, insbesondere die Finanzbuchhaltung, bereitgestellt.

Die Jahresabschlussanalyse dient der betriebswirtschaftlichen Beurteilung eines Unternehmens. Die Handelsbilanz wird aber nach rechtlichen Vorgaben erstellt, die als wesentliches Ziel den Schutz der Gläubiger haben. Sie kann deshalb nicht als Basis für eine betriebswirtschaftliche Analyse genutzt werden. Für die Jahresabschlussanalyse ist deshalb eine Aufbereitung notwendig, ihr Ergebnis ist die Strukturbilanz.

BERATUNGSHINWEIS

Der handelsrechtliche Jahresabschluss ist für eine betriebswirtschaftliche Analyse ungeeignet.

3.1.1   Ziele der Datenaufbereitung

Um den Zielsetzungen und Aufgaben der Bilanzanalyse entsprechen zu können, wird die Bilanz durch die Aufbereitung in eine Strukturbilanz umgeformt. Sie soll für Vergleiche und weitergehende Auswertungen vorbereitet werden, indem vorhandene Informationsdefizite beseitigt oder verringert werden.

Informationsmängel ergeben sich z. B. durch
- Ansatzwahlrechte (auch Bilanzierungswahlrechte).
  Beispiele:
    - Ein Disagio darf, muss aber in der Handelsbilanz nicht aktiviert werden.
    - Für selbst geschaffene immaterielle Vermögensgegenstände besteht ein Ansatzwahlrecht.
    - Aktive latente Steuern können, müssen aber nicht aktiviert werden.
- Bewertungswahlrechte.
  Beispiele:
    - Bei den Anschaffungskosten für Roh-, Hilfs- und Betriebsstoffe können das Fifo-, das Lifo-Verfahren oder das Durchschnittsverfahren genutzt werden.
    - Bei den Abschreibungen sind unterschiedliche Verfahren zulässig.
    - Bei den Herstellungskosten bestehen u. a. Wahlrechte für den Ansatz von Kosten der allgemeinen Verwaltung und für Fremdkapitalzinsen.
- Ermessensspielräume.
  Beispiele:
    - Einschätzung einer »voraussichtlich dauerhafte Wertminderung« eines Grundstücks.
    - Bestimmung der »voraussichtlichen Nutzungsdauer« einer Maschine.
    - Bildung von »angemessenen Rückstellungen«.
- Sachverhaltsgestaltungen.
  Beispiele:
    - Die Aufnahme eines Kredites vor und die unmittelbare Tilgung nach Bilanzstichtag erhöht die Liquidität.
    - Factoring führt zu einer höheren Liquidität.
    - Einlagen in das Eigenkapital vor dem Bilanzstichtag.

Weil sowohl die Vorschriften des § 247 Abs. 1 HGB als auch die Vorschriften für Kapitalgesellschaften (§§ 265 ff. HGB) für eine Analyse ungeeignet sind, muss die handelsrechtliche Bilanz für Analysezwecke aufbereitet werden. Einzelne Positionen der Bilanz werden dabei so geordnet und zusammengefasst, dass Größen entstehen, die für die Berechnung von Kennzahlen (vgl. Kap. 4.1) verwendbar sind.

Das Ergebnis dieser Aufbereitung der Bilanz ist eine **Strukturbilanz**. Sie stellt unter betriebswirtschaftlichen Aspekten das bilanzanalytische Vermögen dem bilanzanalytischen Eigen- und Fremdkapital gegenüber. Sie ist weitgehend von bilanzpolitischen Maßnahmen bereinigt.

Die Strukturbilanz hat folgende Grundstruktur:

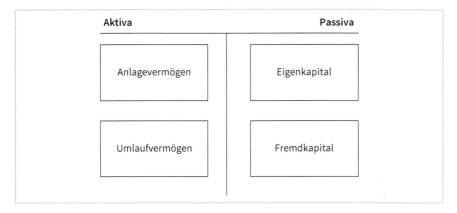

Welche Form die Strukturbilanz für Auswertungszwecke genau haben soll, hängt eng mit dem Erkenntnisinteresse der Analysten zusammen, also mit den Fragestellungen, die mithilfe der Strukturbilanz beantwortet werden sollen. Die **Zweckorientierung** kann z. B. die

- Gläubigerorientierung,
- Kreditwürdigkeit,
- Investorenorientierung,
- Risikoeinschätzung,
- Schuldendeckungsfähigkeit,
- Vermögenssituation oder
- Liquiditätsabschätzung

beinhalten. Da die Entwicklung einer Strukturbilanz aus der Ausgangsbilanz weder gesetzlich geregelt ist noch allgemeinen Normen unterliegt, werden die unterschiedlichen Ziele, die mit einer Analyse erreicht werden sollen, auch zur Bildung unterschiedlicher Strukturbilanzen führen. In jedem Falle ergibt sich ein Schema mit nur noch wenigen Posten. Die Positionen der Ausgangsbilanz, die in der Strukturbilanz nicht mehr explizit vorkommen, müssen in die Strukturbilanz integriert werden.

Für die **Aufbereitung** existieren allgemein anerkannte, aber keine allgemein verbindlichen Regeln. Um eine Vergleichbarkeit verschiedener Strukturbilanzen und damit vergleichbare Analyseergebnisse zu erzielen, ist es allerdings sinnvoll, trotz unterschiedlicher Zielsetzungen grundsätzlich einheitlich vorzugehen.

> **MERKE**
>
> Das Ziel der Aufbereitung von Daten aus der Handelsbilanz ist die Erstellung einer neu geordneten und bereinigten Bilanz. Diese Strukturbilanz ist die Grundlage für die Bilanzanalyse.

Durch die Aufbereitungsmaßnahmen werden die Posten der Aktivseite in den bilanzanalytischen Kategorien Anlagevermögen und Umlaufvermögen ausgedrückt, die Posten der Passivseite werden zu Eigenkapital und Fremdkapital zusammengefasst. Das Grundschema einer Strukturbilanz hat deshalb folgende Form:

Aktiva		Passiva	
I.	Bilanzanalytisches Anlagevermögen	I.	Bilanzanalytisches Eigenkapital
II.	Bilanzanalytisches Umlaufvermögen	II.	Bilanzanalytisches Fremdkapital

Zu diesem Grundschema sind verschiedene Varianten möglich. Als sinnvoll haben sich z. B. folgende erwiesen:

Aktiva		Passiva	
I.	Bilanzanalytisches Anlagevermögen	I.	Bilanzanalytisches Eigenkapital
II.	Bilanzanalytisches Umlaufvermögen	II.	Bilanzanalytisches Fremdkapital
	Mittel 1. Grades		langfristig
	Mittel 2. Grades		mittelfristig
	Mittel 3. Grades		kurzfristig

Aktiva	Passiva
I. Bilanzanalytisches Anlagevermögen	I. Bilanzanalytisches Eigenkapital
1. Sachanlagen und immaterielle Vermögensgegenstände	
2. Finanzanlagen	
II. Bilanzanalytisches Umlaufvermögen	II. Bilanzanalytisches Fremdkapital
1. Vorräte	1. langfristig
2. Forderungen	2. mittelfristig
3. Sonstiges Umlaufvermögen	3. kurzfristig
4. Flüssige Mittel	

3.1.2 Aufbereitungsmethoden

Zur Aufbereitung der Bilanz stehen verschiedene Methoden zur Verfügung:

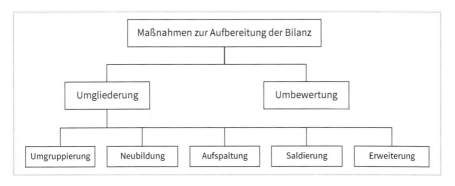

- **Umwertungen** (auch Umbewertungen). Die in der Bilanz ausgewiesenen Beträge entsprechen nicht immer den wirklichen Werten. Es sind Unterbewertungen (stille Reserven) und Überbewertungen denkbar, die für bilanzanalytische Zwecke korrigiert werden müssen.
  - Beispiel: Grundstücke müssen in der Bilanz mit den Anschaffungskosten bewertet werden, haben aber oft einen höheren Marktwert.
- **Umgliederungen** (auch Umgruppierungen). Vorhandene Positionen werden einer neuen oder anderen Position zugeordnet, zu der sie betriebswirtschaftlich gehören.
  - Beispiel: Der Bilanzgewinn ist eine Position des Eigenkapitals. Weil er ausgeschüttet wird und die Anteilseigner einen Anspruch darauf haben, handelt es sich wirtschaftlich um kurzfristiges Fremdkapital.

- **Neubildung.** In der Ausgangsbilanz vorhandene Positionen werden einer neu geschaffenen Position auf derselben Bilanzseite zugerechnet.
- **Aufspaltungen.** Eine bestehende Bilanzposition wird mehr als einer Position zugeordnet.
  - Beispiel: Rückstellungen werden je zur Hälfte als kurz- und langfristige behandelt, wenn keine eindeutige Einordnung in kurz- oder langfristig möglich ist.
- **Saldierungen.** Aufrechnung von Bilanzpositionen oder Teilen davon mit Positionen auf der anderen Bilanzseite, zwischen denen eine direkte Beziehung besteht.
  - Beispiel: Ein aktiviertes Disagio wird mit dem Eigenkapital saldiert, weil es kein Vermögensgegenstand ist.
- **Erweiterung** Eine bisher verrechnete Position wird nun einzeln gezeigt.
  - Beispiel: Erhaltene Anzahlungen, die von den Vorräten abgesetzt worden sind, werden auf der Passivseite ausgewiesen.

3.1.3   Aufbereitungsmaßnahmen

Die wichtigsten Maßnahmen zur Aufbereitung der Bilanz sind in der folgenden Übersicht zusammengefasst:

Bilanzposition	Aufbereitungsmaßnahme	Begründung
ausstehende Einlagen	Saldierung mit EK	Noch nicht geleistet, stehen nicht zur Verfügung
Firmenwert	Saldierung mit EK	Kein Vermögensgegenstand
Erhaltene Anzahlungen	Saldierung mit FK	Es besteht eine Leistungsverbindlichkeit, kein Vermögensgegenstand
Disagio (wenn in aRAP enthalten)	Saldierung mit EK	Betriebswirtschaftlich vorgezogener Zinsaufwand
Aktive RAP (ohne Disagio)	Umgliederung in UV	Forderungscharakter
Gesellschafterdarlehen	Umgliederung in EK	Wird im Konkursfall wie EK behandelt
Aktive latente Steuern	Saldierung mit EK	Kein Zahlungsanspruch
Aktiver Unterschiedsbetrag aus der Vermögensverrechnung	Saldierung mit EK	Dem Zugriff Dritter entzogen
Bilanzgewinn	Umgliederung in FK	Zur Ausschüttung vorgesehen

Bilanzposition	Aufbereitungsmaßnahme	Begründung
Pensionsrückstellungen	Umgliederung in langfristiges FK	Zahlungsverpflichtung
Steuerrückstellungen	Umgliederung in kurzfristiges FK	Gelten immer als kurzfristig
Passive latente Steuern	Umgliederung in EK	Bildung führte zu EK-Minderung
Passive RAP	Umgliederung in Kurzfristiges FK	Verbindlichkeitencharakter

Zusätzlich werden in der Strukturbilanz die **Stillen Reserven** berücksichtigt. Sie erhöhen i. d. R. die Aktiva und das Eigenkapital. Wegen der erwarteten Steuerbelastung werden sie allerdings im EK nur mit 70 % berücksichtigt, die restlichen 30 % sind wegen der Steuerverpflichtung bilanzanalytisch Fremdkapital. Die Berechnung des bilanzanalytischen Eigenkapitals erfolgt damit vereinfacht nach folgendem Schema:

	Gezeichnetes Kapital
+	Kapitalrücklage
+	Gewinnrücklage
+	Gewinnvortrag
./.	Verlustvortrag
+	Jahresüberschuss
./.	Jahresfehlbetrag

=	Bilanziertes Eigenkapital
./.	Aktiviertes Disagio
./.	Firmenwert
./.	Aktive latente Steuern
./.	Zur Ausschüttung vorgesehener Betrag
./.	Aktiver Unterschiedsbetrag
+	Passive latente Steuern
+	70 % Stille Reserven

=	Bilanzanalytisches Eigenkapital

45

Die aufbereitete Bilanz eines Unternehmens zeigt

die Finanzierung	$\dfrac{\text{Eigenkapital}}{\text{Fremdkapital}}$
den Vermögensaufbau	$\dfrac{\text{Anlagevermögen}}{\text{Umlaufvermögen}}$
die Anlagendeckung	$\dfrac{\text{Eigenkapital}}{\text{Anlagevermögen}}$
die Zahlungsfähigkeit	$\dfrac{\text{liquide Mittel}}{\text{kurzfristiges Fremdkapital}}$

3.1.4   Bewegungsbilanz

Die Bewegungsbilanz ist eine periodenbezogene wertmäßige Differenzrechnung. Veränderungen der Bilanzpositionen von einem Jahresabschluss zum folgenden werden gegenübergestellt. Zu ihrer Erstellung sind also immer **zwei aufeinanderfolgende Jahresabschlüsse** erforderlich. Aus den Veränderungen sind die Herkunft und die Verwendung von Finanzierungsmitteln während des Geschäftsjahres deutlich erkennbar, ihre Analyse dient der Analyse der Finanzierungsvorgänge und der Liquiditätspolitik.

Wenn eine Aktivposition am Bilanzstichtag im Vergleich zur Vorperiode zugenommen hat, entspricht das einer **Mittelverwendung**, bei einer Abnahme von Aktiva werden dagegen Mittel frei, es handelt sich dann um eine **Mittelherkunft**.

BEISPIELE

Mittelverwendung: Kauf einer Maschine, Erhöhung der Vorräte
Mittelherkunft: Verkauf einer Maschine, Abbau von Vorräten

Wenn eine Passivposition abgebaut wird, handelt es sich um eine Mittelverwendung, bei Erhöhung um eine Mittelherkunft.

Mittelverwendung: Rückzahlung eines Darlehens, Entnahme aus dem Eigenkapital
Mittelherkunft: Aufnahme eines Darlehens, Zuführung zum Eigenkapital

Aktiva		in Tsd. €					Passiva
	Abschluss-jahr	Vorjahr	Diffe-renz		Abschluss-jahr	Vorjahr	Diffe-renz
Sach-anlagen	1.800	1.500	+ 300	Eigen-kapital	2.090	1.420	+ 670
Finanz-anlagen	300	250	+ 50	langfristige Rückstel-lungen	100	76	+24
Anlage-vermögen	(2.100)	(1.750)	(+ 350)	langfristige Verbind-lichkeiten	1.500	1.154	+ 346
Vorräte	1.000	1.400	./. 400	langfristi-ges Fremd-kapital	(3.690)	(2.650)	(+ 1.040)
Forderun-gen	700	350	+ 350	kurzfristige Verbind-lichkeiten	410	1.000	./. 590
Flüssige Mittel	300	150	+ 150				
Umlaufver-mögen	(2.000)	(1.900)	(+ 100)				
Gesamt-vermögen	4.100	3.650	+ 450	**Gesamt-kapital**	4.100	3.650	+ 450

Damit ergibt sich:

Bewegungsbilanz		
Mittelherkunft	in Tsd. €	Mittelverwendung
Sachanlagen	300	Vorräte	400
Finanzanlagen	50	Eigenkapital	670
Forderungen	350	langfristige Rückstellungen	24
Flüssige Mittel	150	langfristige Verbindlichkeiten	346
kurzfristige Verbind-lichkeiten	590		
	1.440		1.440

Praktisch dient die Bewegungsbilanz in erster Linie der Darstellung und Analyse des Finanzierungs- und Investitionsverhaltens des Unternehmens während der vorangegangenen Periode. Sie zeigt die Quellen, aus denen die Mittel zugeflossen sind und informiert über die Mittelverwendungen. Außerdem wird erkennbar, wie hoch der finanzwirtschaftliche Überschuss ist, ob die Investitionen der abgelaufenen Periode aus diesem Finanzüberschuss finanziert werden konnten oder ob eine zusätzliche Außenfinanzierung notwendig war.

Zur Beurteilung der Liquidität (vgl. Kap. 4.4.2) ist die Analyse der Bewegungsbilanz nur sinnvoll, wenn ihre Gliederung auf beiden Bilanzseiten weitgehend unter Fristigkeitsgesichtspunkten erfolgt.

Aus der Bewegungsbilanz können folgende **Interpretationen** abgeleitet werden:
- Die Zunahme an Sachanlagen kann auf neue Maschinen mit günstigeren Produktionsmöglichkeiten hindeuten. Investitionen beinhalten aber auch ein Risiko und könnten ein Grund für die Zunahme der langfristigen Verbindlichkeiten sein.
- Die Erhöhung der Finanzanlagen könnte auf eine Beteiligung hinweisen.
- Die Zunahme an Forderungen ist negativ zu sehen, weil damit auch eine Zunahme des Ausfallrisikos verbunden ist.
- Die bessere Ausstattung mit Eigenkapital ist positiv.

- Die Zunahme der Rückstellungen deutet auf ein erhöhtes Risikopotenzial hin.
- Der Rückgang der kurzfristigen Verbindlichkeiten ist uneingeschränkt positiv zu werten, auch wenn damit eine Umschichtung in langfristige Verbindlichkeiten verbunden ist.

3.2 Aufbereitung der Gewinn- und Verlustrechnung

Die Aufbereitung der Gewinn- und Verlustrechnung ist die Grundlage, um im Rahmen der Jahresabschlussanalyse eine Ergebnisanalyse durchführen zu können. Sie soll
- die Quellen des Erfolgs,
- mögliche zukünftige Gewinnaussichten,
- die Höhe der möglichen Gewinnausschüttung,
- die zukünftige Ertragskraft

verdeutlichen. Eine GuV, die nach § 275 Abs. 2 bzw. § 275 Abs. 3 aufgestellt ist, eignet sich nur sehr eingeschränkt für eine betriebswirtschaftliche Analyse. Zentrales Instrument der Aufbereitung ist die Erfolgsspaltung, um die Quellen des Erfolgs erkennbar zu machen.

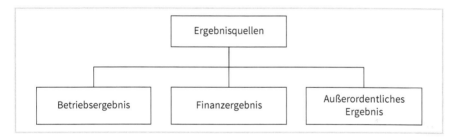

BERATUNGSHINWEIS

Um die Ertragssituation eines Unternehmens und insbesondere seine Erfolgsaussichten in zukünftigen Perioden einschätzen zu können, ist die Analyse der GuV unverzichtbar. Eine Betrachtung über mehrere Perioden hinweg verbessert die Erkenntnisse.

4 Analyse der Bilanz

Auf den Punkt gebracht

Die Bilanzanalyse ist das unverzichtbare zentrale Element der Jahresabschlussanalyse. Sie umfasst alle Maßnahmen zur Aufbereitung und Auswertung, um ein betriebswirtschaftlich fundiertes und möglichst objektives Bild der aktuellen Lage eines Unternehmens zu erhalten. Interessengerichtete Einflüsse, Wahlrechte und Ermessensspielräume bei der Erstellung der Bilanz werden dazu eliminiert. Mit Hilfe von Kennzahlen werden quantitativ erfassbare Zusammenhänge verdeutlicht und kritische Erfolgsfaktoren ermittelt.

Die Bilanzanalyse bezieht sich auf quantitativen, weniger auf die qualitativen Informationen, die sich aus der Bilanz ableiten lassen. Sie umfasst alle Maßnahmen zur Aufbereitung und Auswertung der Informationen aus der Bilanz. Die Stakeholder (vgl. Kap. 1.2) sollen in die Lage versetzt werden, aus den verdichteten Daten zusätzliche Informationen über die wirtschaftliche Lage eines Unternehmens und über seine Entwicklung zu gewinnen. Die Daten können zur Kontrolle vergangener oder als Basis für zukünftige Entscheidungen dienen.

MERKE

Bilanzanalyse ist die methodische Untersuchung der Bilanz, um fundierte Informationen zur gegenwärtigen und künftigen wirtschaftlichen Lage eines Unternehmens zu erhalten.

4.1 Bilanzanalyse als Kennzahlenrechnung

Auf den Punkt gebracht

Kennzahlen sind das zentrale Instrument, um in konzentrierter Form Auskunft über betriebliche Sachverhalte zu erhalten. Sie müssen dazu so ausgewählt werden, dass die entscheidenden und kritischen Erfolgsfaktoren erkannt werden können.

Die Unternehmensleitung und andere Führungskräfte in Unternehmen benötigen aussagefähige Daten, um Entscheidungen treffen zu können, um die festgelegten Teilziele zu verfolgen und die Unternehmensziele zu erreichen. Dabei können **Kennzahlen** eine hilfreiche Unterstützung sein. Sie fassen messbare, betriebswirtschaftlich relevante Daten zusammen und stellen Zusammenhänge mit anderen betriebswirtschaftlichen Größen her. Sie können für die kurz- und langfristige Planung, die Kontrolle und Steuerung herangezogen werden.

Mit Hilfe von Kennzahlen können **komplexe quantitativ** erfassbare Zusammenhänge auf relativ einfache Weise dargestellt werden, um einen möglichst schnellen und doch umfassenden Überblick zu erhalten. Betriebliche Vorgänge lassen sich darstellen, messen und beurteilen. Für unternehmerische Entscheidungen können kritische Erfolgsfaktoren festgestellt werden.

Kennzahlen **verdichten** Unternehmensinformationen zu sinnvollen und aussagefähigen Größen. Sie machen häufig Sachverhalte sichtbar, die anders nicht sofort zu erkennen sind. Sie liefern eine Vielzahl von Informationen über die technische, organisatorische und wirtschaftliche Leistungsfähigkeit der Organisation. Sie geben damit in kompakter Form Auskunft über Stärken und Schwächen des Unternehmens und ermöglichen eine gezielte Planung und Steuerung.

BERATUNGSHINWEIS

Kennzahlen müssen aber in jedem Fall – insbesondere vor dem Hintergrund der jeweiligen Besonderheiten des Unternehmens – kritisch interpretiert werden.

Kennzahlen können

- Sachverhalte sichtbar machen, die sonst nicht zu erkennen sind;
- durch Verdichtung komplexe Sachverhalte komprimiert darstellen;
- die Transparenz zur Beurteilung der Lage eines Unternehmens erhöhen;
- kritische Erfolgsfaktoren erkennbar machen.

BERATUNGSHINWEIS

Bei der Interpretation der Kennzahlen sind wesentliche **Einschränkungen** zu beachten:
- Feste Sollwerte können nicht angegeben werden. Auch innerhalb einer Branche sind die Möglichkeiten der Finanzierung und die Vermögenssituation zu unterschiedlich.
- Es gibt keine empirisch haltbaren Vorgaben, auf deren Grundlage bestimmte Kennzahlen allein ein Urteil über die künftige wirtschaftliche Lage ermöglichen würden.
- Kennzahlen sind stark bewertungsabhängig. Stille Reserven sind z. B. einem externen Analysten nicht bekannt.
- Die Situation am Bilanzstichtag kann von einmaligen Ereignissen beeinflusst sein.

> - Mögliche Ereignisse, die eine Beurteilung der Kennzahlen beeinflussen würden, sind nicht bekannt
>   - Beispiel: Veränderungen der Vermögens- und Kapitalstruktur können bereits beschlossen (aber noch nicht umgesetzt) sein. Dann sind sie aus den Bilanzen und damit aus den Kennzahlen für externe Analysten nicht erkennbar.
> - Der Jahresabschluss wird durch die Bilanzpolitik (vgl. Kap. 8.2) beeinflusst.
> - Alle Angaben beziehen sich auf abgeschlossene Geschäftsjahre, deshalb sind nur vergangenheitsorientierte Aussagen möglich.

Mit der Bildung von Kennzahlen in der Jahresabschlussanalyse können verschiedene **Ziele** verfolgt werden:

- Interne **Leistungsbeurteilung**. Kennzahlen dienen der Erfassung des Ist-Zustandes und ermöglichen, ihre zeitliche Entwicklung zu verfolgen.
- **Positionsbestimmung**. Im Vergleich mit anderen, aber ähnlichen Unternehmen können Verbesserungsmöglichkeiten ermittelt werden.
- Bestimmung von **Zielerreichungsgraden**. Wenn für Kennzahlen Zielwerte vorliegen, lässt sich feststellen, ob und wo Verbesserungsbedarf besteht.
- **Qualitätsmanagement**. Kennzahlen können als Steuerungsinstrument bei der Bestimmung kontinuierlicher Verbesserungsprozesse dienen.
- **Dokumentation**. Kennzahlen können die Leistungsfähigkeit verdeutlichen und die Erfolge für interne und externe Stakeholder transparent machen.

BERATUNGSHINWEIS

Vor der Ermittlung von Kennzahlen muss geprüft werden, welche Kennzahlen im konkreten Beratungsfall brauchbar sind, welche tatsächlich benötigt werden und wem sie Informationen liefern sollen. Es sollen nur Kennzahlen gebildet werden, die auch tatsächlich ausgewertet werden. Die Auswahl von überflüssigen Zahlen kostet Zeit, ist teuer und kann zu Fehlentscheidungen führen. Bei der Auswahl sollten Ziel und Nutzen im Vordergrund stehen.

Die Aussagekraft von Kennzahlen darf nicht überschätzt werden, sie muss aber jeweils kritisch hinterfragt werden:

- Ihre **Zuverlässigkeit** und besonders ihre Eignung zu Analysezwecken sind jeweils im Einzelfall zu prüfen.
- Kennzahlen stellen immer nur eine **Momentaufnahme** dar, sie beziehen sich auf die Situation an einem Stichtag. Beispiele:
  - Der Jahresüberschuss kann von Einmal-Effekten beeinflusst sein.
  - Der Bestand an liquiden Mitteln ändert sich permanent.

- Mit Kennzahlen können nur Sachverhalte analysiert werden, die sich in **quantitativen Größen** ausdrücken lassen. Beispiele:
  - Das Wissen und Können der Mitarbeiter kann mit einer Kennzahl nicht zuverlässig abgebildet werden.
  - Das Image des Unternehmens als attraktiver Arbeitgeber lässt sich nicht quantitativ messen.
- Kennzahlen dürfen **nicht isoliert** betrachtet werden, weil sie sich gegenseitig beeinflussen können. Beispiel:
  - Die Eigenkapitalquote beeinflusst die Eigenkapitalrentabilität (vgl. Kap. 4.5.1).
- Es gibt keine Kennzahl, die als **Gesamtindikator** zeigen kann, wie die Situation des Unternehmens insgesamt ist, ob z. B. eine Existenzgefährdung vorliegt.

> **BERATUNGSHINWEIS**
>
> Die isolierte Analyse von einzelnen Kennzahlen kann niemals zu einem fundierten Urteil führen. Es ist immer ein Referenzwert erforderlich, z. B. durch einen chronologischen oder einen Branchenvergleich.

Die möglichen Arten der Kennzahlen lassen sich im Zusammenhang wie folgt darstellen:

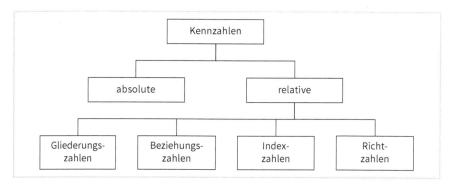

Absolute Zahlen werden ohne Berechnungen direkt aus der Finanzbuchhaltung oder anderen Unterlagen übernommen. Sie können auf Mengen- oder Wertangaben basieren. Ihre Aussagekraft ist gering, nur durch Vergleiche können sinnvoll Erkenntnisse gewonnen werden.

> **BEISPIELE**
>
> Jahresüberschuss, Höhe des Anlagevermögens, Bilanzsumme, Forderungen aus Lieferungen und Leistungen

Gliederungszahlen zeigen das relative Gewicht einer Teilgröße an der zugehörigen Gesamtgröße an. Gegenüber absoluten Zahlen haben sie den Vorteil, dass strukturelle Beziehungen klar dargestellt werden können.

> **BEISPIEL**
>
> Die Eigenkapitalquote (vgl. Kap. 4.2.2) gibt den Anteil des Eigenkapitals am Gesamtkapital an:
>
> $$\text{Eigenkapitalquote} = \frac{\text{Eigenkapital}}{\text{Gesamtkapital}} \cdot 100$$

Bei **Beziehungszahlen** werden logisch zusammenhängende absolute Größen zueinander in Beziehung gesetzt, zwischen denen eine Ursache-Wirkungs-Beziehung vermutet wird.

> **BEISPIELE**
>
> Aus dem Zusammenhang zwischen Jahresüberschuss und Umsatzerlösen wird die Umsatzrentabilität ermittelt:
>
> $$\text{Umsatzrentabilität} = \frac{\text{Jahresüberschuss vor Steuern vom Einkommen und Ertrag}}{\text{Umsatzerlöse}} \cdot 100$$
>
> Der Deckungsgrad A zeigt, in welchem Ausmaß das Anlagevermögen durch das Eigenkapital gedeckt ist:
>
> $$\text{Deckungsgrad A} = \frac{\text{Eigenkapital}}{\text{Anlagevermögen}} \cdot 100$$

Die Ursachen für eine Veränderung können mit der Beziehungszahl allein nicht festgestellt werden.

Mit Hilfe von **Indexzahlen** (Messzahlen) können Veränderungen von Kennzahlen im Zeitablauf übersichtlich dargestellt werden. Die Anfangswerte zum Beginn des Betrachtungszeitraums erhalten dazu den Basiswert 100.

Die Werte zu späteren Zeitpunkten werden dann im Verhältnis zu diesem Basiswert ermittelt. Es wird leicht erkennbar, wenn sich ein bestimmter Vergleichswert im Berichtsjahr gegenüber dem Wert im Basisjahr verändert hat. Die Indexzahl gibt dann die Veränderung in Prozent gegenüber dem Ausgangswert an. Zeitliche Entwicklungen können so hervorragend gezeigt und anschließend analysiert werden.

Die Entwicklung der Umsatzerlöse kann als prozentuale Veränderung seit der Basisperiode angegeben ermittelt werden.

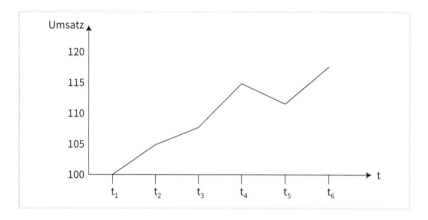

Richtzahlen setzen die Zahlen eines Unternehmens in Beziehung zu einer Orientierungsgröße, z. B. einem durchschnittlichen repräsentativen Branchenwert.

Die durchschnittliche Verzinsung auf dem Kapitalmarkt kann als Richtwert dienen für die angestrebte Gesamtkapitalrentabilität eines Unternehmens.

Eine andere Systematisierung orientiert sich an den Sachverhalten, die durch die Kennzahlen abgebildet werden sollen:

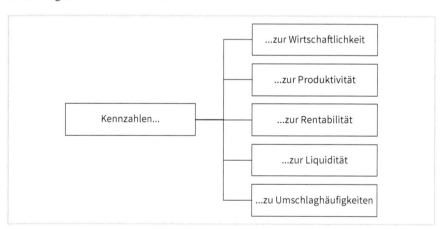

BERATUNGSHINWEIS

Je nach Erkenntnisinteresse können neben den hier vorgestellten typischen Kennzahlen auch individuelle an den Unternehmen orientierte Berechnungen sinnvoll sein. Welche Art von Kennzahl gewählt wird, hängt von dem jeweiligen Erkenntnisinteresse ab und damit im Einzelfall von den **Informationszielen**, die erreicht werden sollen.

Checkliste: Anforderungen an Kennzahlen

- Alle genutzten Zahlen müssen aus der aufbereiteten Bilanz stammen, damit Verzerrungen durch Vorschriften oder durch die Bilanzpolitik möglichst wenig Einfluss haben.
- Die Daten müssen quantitativ ausgedrückt sein, also mit Mengen oder Werten (auch Prozentwerten) gebildet werden.
- Die Daten müssen vollständig sein, damit aus den Ergebnissen sinnvolle Schlüsse gezogen werden können (z. B. alle Forderungen müssen gebucht sein).
- Die Aussagen von Kennzahlen müssen so klar sein, dass eine effiziente Auswertung problemlos möglich ist.
- Kennzahlen müssen vergleichbar sein. Sie müssen auf dieselbe Art und Weise gebildet worden sein.
- Kennzahlen müssen einen Referenzwert haben (z. B. Vorjahrswert, Durchschnittswert der Branche), damit sie interpretiert werden können.
- Kennzahlen müssen möglichst komprimierte Informationen liefern. Sie dürfen aber nicht so allgemein sein, dass die Informationen nicht mehr als Entscheidungsgrundlage genutzt werden können.
- Die Kennzahlen müssen mindestens jährlich auf ihre Relevanz hin überprüft werden. Gegebenenfalls müssen weitere Kennzahlen gebildet werden, um der Unternehmensführung aktuelle, notwendige und brauchbare Informationen liefern zu können. Wenn sich herausstellt, dass unnötige Kennzahlen gebildet werden, sind sie zu eliminieren.
- Bei der Bildung von Kennzahlen muss die Wirtschaftlichkeit beachtet werden. Ihr Nutzen muss höher sein als der Aufwand für ihre Ermittlung.

Es mag fragwürdig erscheinen, komplexe Vorgänge durch komprimierte Kennzahlen abbilden zu wollen. Sie bilden aber die Basis für jede Analyse, weil sie fast das einzige Mittel sind, Unternehmensergebnisse transparent und vergleichbar zu machen. Ergänzende Analysen müssen aber das Bild ergänzen und abrunden, um Fehleinschätzungen vermeiden zu können.

BERATUNGSHINWEIS

Die Beurteilung ist notwendig immer subjektiv. Individuelle Einflussfaktoren wie Erfahrung, Bevorzugung bestimmter Verfahren, Zielvorstellungen, Interessen, erkenntnisleitende Vorgaben, Sympathie und Antipathie, Engagement, kognitive Dissonanzen und vieles andere fließen in die Beurteilung ein.

4.2 Analyse der Kapitalstruktur

Auf den Punkt gebracht

Die Kapitalstruktur zeigt die Zusammensetzung des Kapitals eines Unternehmens aus Eigen- und Fremdkapital. Die Kapitalstruktur ist ein Indikator für die finanzielle Unabhängigkeit und Stabilität des Unternehmens. Ihre Analyse und die Ermittlung der einschlägigen Kennzahlen sind Voraussetzungen für die Beurteilung der Finanzierung.

Das Kapital steht in der Bilanz auf der **Passivseite.** Es zeigt, wie die Vermögensgegenstände finanziert sind und die ausgewiesenen **Ansprüche an das Vermögen** eines Unternehmens.

BEISPIEL

Aktionäre sind Kapitalgeber für eine Aktiengesellschaft. Sie haben u. a. einen Anspruch auf die Beteiligung am Unternehmensgewinn.

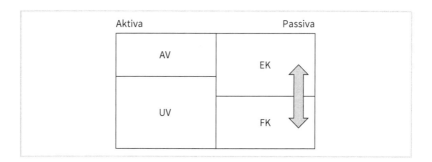

Die **Kapitalstruktur** ergibt sich aus der Zusammensetzung der **Passivseite** der Bilanz. Sie wird dargestellt durch das Verhältnis

$$\frac{\text{Eigenkapital}}{\text{Fremdkapital}}$$

und soll Aufschluss geben über Art, Fristigkeit und Sicherheit des Kapitals, um einerseits Finanzierungsrisiken und andererseits die Kreditwürdigkeit des Unternehmens abschätzen zu können. Die Abgrenzung zwischen Eigen- und Fremdkapital hat für die Bilanzanalyse erhebliche Bedeutung: Beide Größen werden bei zahlreichen Kapitalkennziffern genutzt.

Eine zufrieden stellende Kapitalstruktur wird je nach Branche sehr **unterschiedlich** sein. Bei Unternehmen mit hohem Anlagevermögen (z. B. Raffinerien) wird ein höherer Anteil des Eigenkapitals gefordert werden müssen als bei einem weniger anlageintensiven Unternehmen (z. B. einer Beratungsgesellschaft). Deshalb ist bei der Bewertung der Kapitalstruktur immer ein Branchenvergleich notwendig.

Die Kennzahlen zur Kapitalseite der Bilanz geben u. a. Informationen über
- den Grad der finanziellen Unabhängigkeit,
- den Umfang der Haftungs- und Garantiefunktion des Eigenkapitals,
- die Kreditwürdigkeit,
- die finanzielle Stabilität,
- die Verlustrisiken der Kapitalgeber,
- die Möglichkeiten der Kapitalbeschaffung oder
- das Kreditorenmanagement.

4.2.1   Umschlaghäufigkeit des Kapitals

Diese Kennzahl zeigt, wie oft sich das Gesamtkapital im Jahr umschlägt. Je höher die Umschlaghäufigkeit ist, desto schneller fließen die Finanzmittel über den Umsatzprozess wieder in das Unternehmen zurück.

$$\text{Umschlaghäufigkeit des Kapitals} = \frac{\text{Umsatzerlöse}}{\text{durchschnittliches Gesamtkapital}}$$

BERATUNGSHINWEIS

Je höher die Umschlaghäufigkeit des Kapitals ist, desto weniger Kapital ist im Unternehmen erforderlich.

4.2.2   Eigenkapitalquote

Auf den Punkt gebracht

Die Eigenkapitalquote gehört zu den wichtigsten Bilanzkennziffern. In diesem Kapitel erfahren Sie, welche Funktionen sie hat und wie sie im Rahmen der Jahresabschlussanalyse berechnet wird. Schließlich erhalten Sie Hinweise, wie die Eigenkapitalquote verbessert werden kann.

Das **Eigenkapital** ist in der Bilanz die rechnerische Differenz zwischen Vermögen und Schulden. Es ist das **Beteiligungskapital** der Eigentümer und steht dem Unternehmen langfristig zur Verfügung. Das Eigenkapital ermöglicht eine weitgehende Dispositionsfreiheit und schafft eine relative Unabhängigkeit von Kreditgebern. Es hat drei Funktionen:

- **Investitionsfunktion.** Investitionen sollen mit Eigenkapital finanziert werden, weil sie dem Unternehmen dauerhaft zur Verfügung stehen und deshalb mit Kapital finanziert sein sollen, das ebenfalls langfristig zur Verfügung steht (vgl. Kap. 4.4.1).
- **Kreditfunktion.** Das Eigenkapital dient als Grundlage und Sicherheit bei der Aufnahme von Fremdkapital. Aus Sicht der Gläubiger stellt das Eigenkapital Haftungskapital dar. Je höher der Eigenkapitalanteil ist, desto höher ist deshalb die Kreditwürdigkeit des Unternehmens einzuschätzen.
- **Betriebspolitische Funktion.** In Krisenzeiten ist ein Unternehmen mit höherem Eigenkapitalanteil konkurrenzfähiger, weil es bei der Preiskalkulation auf die Berücksichtigung der kalkulatorischen Zinsen auf das Eigenkapital für eine gewisse Zeit verzichten kann. Ein hoher Eigenkapitalanteil vermindert die Gefahr kurzfristiger Liquiditätsprobleme.

Der Anteil des Eigenkapitals am Gesamtkapital ist deshalb das wichtigste Kriterium bei einer Kapitalstrukturanalyse.

$$\text{Eigenkapitalquote} = \frac{\text{Eigenkapital}}{\text{Gesamtkapital}} \cdot 100 \text{ bzw. } \frac{\text{Eigenkapital}}{\text{Bilanzsumme}} \cdot 100$$

> **BEISPIEL**
>
> Bilanz
>
> | Aktiva | | Passiva | |
> |---|---|---|---|
> | Anlagevermögen | 600.000 € | Eigenkapital | 350.000 € |
> | | | | |
> | Umlaufvermögen | | Fremdkapital | |
> | Vorräte | 200.000 € | Langfristige Darlehen | 370.000 € |
> | Forderungen | 120.000 € | Verbindlichkeiten aus LuL | 250.000 € |
> | Kasse, Bank | 50.000 € | | |
> | | 970.000 € | | 970.000 € |
>
> $$\text{Eigenkapitalquote} = \frac{350.000\,€}{970.000\,€} \cdot 100 = 36.1\%$$

Allgemein gilt für das Eigenkapital:

Kriterium	
Rechtsverhältnis	Beteiligung
Fristigkeit	Unbefristet, eventuell kündbar
Verzinsung	Kein Anspruch
Gewinnbeteiligung	Recht auf Anteil am Gewinn
Mitwirkung an der Geschäftsführung	Unterschiedlich nach Rechtsform und Gesellschaftsvertrag
Geldentwertung	Risiko trägt der EK-Geber
Interessenlage	Langfristige Rendite

Eine zu niedrige Eigenkapitalquote trägt im Allgemeinen unmittelbar dazu bei, dass das Rating eines Unternehmens negativ ausfällt und ihm dadurch schlechtere Konditionen bei der Aufnahme von Fremdkapital eingeräumt werden. Bei den meisten Banken sind die Kreditmöglichkeiten und die Konditionen unmittelbar von der Eigenkapitalausstattung abhängig.

Nach HGB ist der definierte Umfang des Eigenkapitals abhängig von der Rechtsform.

- Bei **Personengesellschaften** entspricht das Eigenkapital dem Vermögen abzüglich des Fremdkapitals. Das sind die Mittel, die von den Eigentümern zur Verfügung gestellt worden sind, zuzüglich der nicht entnommenen Gewinne und abzüglich der Verluste.

```
    Einlagen
+   nicht entnommene Gewinne
./. eventuelle Verluste
=   Eigenkapital
```

- Bei **Kapitalgesellschaften** enthält das Handelsgesetzbuch detaillierte Regelungen. Danach gilt:

	Gezeichnetes Kapital	Grundkapital bei der AG
		Stammkapital bei der GmbH
+	Kapitalrücklagen	Vgl. § 272 Abs. 2 HGB
+	Gewinnrücklagen 1. Gesetzliche Rücklage 2. Rücklage für eigene Anteile 3. satzungsmäßige Rücklagen 4. andere Gewinnrücklagen	Vgl. §§ 266 Abs. 3 und 272 Abs. 3 HGB
+ / ./.	Gewinnvortrag/Verlustvortrag	Übertragung von Gewinn oder Verlust aus Vorjahren
+ / ./.	Jahresüberschuss/Jahresfehlbetrag	Ergebnis vor der Gewinnausschüttung
=	Eigenkapital	

Zur Abgrenzung von Eigen- und Fremdkapital, die sich auf die Ergebnisse der Jahresabschlussanalyse auswirkt, gehören weitere Detailprobleme:

- **Stille Beteiligungen** können nach HGB unter bestimmten Umständen (z. B. Nachrangabrede, längerfristige Kapitalüberlassung, Verlustbeteiligung des Stillen) Eigenkapital darstellen.
- **Genussrechte** können bei entsprechender Gestaltung (z. B. Erfolgsabhängigkeit, Teilnahme am Verlust, Längerfristigkeit der Kapitalüberlassung und Nachrangigkeit) als Eigenkapital ausgewiesen werden.

- **Hybride Finanzierungsinstrumente** wie z. B. Wandel- und Optionsanleihen enthalten sowohl einen Eigenkapital- als auch einen Fremdkapitalanteil. Eine erfolgsabhängige Verzinsung ist ein Anhaltspunkt für Eigenkapital.

BERATUNGSHINWEIS

Die Eigenkapitalquote der nichtfinanziellen Kapitalgesellschaften beträgt ca. 33 %. Eine allgemeingültige »richtige« Eigenkapitalquote kann es nicht geben, sie hängt z. B. ab von der Branche, der Unternehmensgröße, den Interessen der Stakeholder und den Finanzierungsmöglichkeiten. Bei Darlehensaufnahme werden Banken ca. 30 % Eigenkapital verlangen.

Die Tabellen ermöglichen nach unterschiedlichen Gesichtspunkten einen Eindruck von der ungefähren durchschnittlichen Eigenkapitalausstattung:

Eigenkapitalquoten nach Branchen in Deutschland	
Chemische/Pharmazeutische Industrie	38 %
Textilindustrie	36 %
Gummi/Kunststoff/Glas/Keramik	38 %
Metallindustrie	35 %
Nahrungsmittel	33 %
Information/Kommunikation	32 %
Verarbeitendes Gewerbe	32 %
Maschinenbau	30 %
Elektroindustrie	30 %
Großhandel	30 %
Holzwaren/Druckerzeugnisse	28 %
Verkehr/Lagerei	27 %
Energie-/Wasserversorgung	27 %
Fahrzeugbau	27 %
Unternehmensdienstleistungen	23 %
Einzelhandel	23 %
Kraftfahrzeughandel	21 %
Baugewerbe	13 %

Eigenkapitalquoten nach Umsatzgrößenklassen in Deutschland	
< 10 Mio. Euro Umsatz	34 %
10 – 50 Mio. Euro Umsatz	37 %
> 50 Mio. Euro Umsatz	33 %

Eigenkapitalquoten nach Rechtsformen in Deutschland	
Kapitalgesellschaften	34 %
Nichtkapitalgesellschaften	26 %

Die Eigenkapitalquote kann erhöht werden durch Erhöhung des Eigenkapitals oder Senkung des Fremdkapitals.

> **BEISPIEL**
>
> Die Strukturbilanz der Rabe AG enthält Eigenkapital i. H. v. 40 Mio. € bei einem Gesamtkapital von 200 Mio. €. Die Eigenkapitalquote beträgt also
> $$\frac{40\,\text{Mio.}\,€}{200\,\text{Mio.}\,€} \cdot 100 = 20\,\%$$
>
> a) Um welchen Betrag müsste das Eigenkapital erhöht werden, um eine Eigenkapitalquote von genau 30 % zu erreichen?
>
> Weil durch die Erhöhung des Eigenkapitals (unter sonst gleichen Bedingungen) auch das Gesamtkapital erhöht wird, gilt
> $$\frac{40\,\text{Mio.}\,€ + x\,€}{200\,\text{Mio.}\,€ + x\,€} = 30\,\%$$
>
> $$40\,\text{Mio.}\,€ + x = 0{,}3 \cdot (200\,\text{Mio.}\,€ + x)$$
> $$40\,\text{Mio.}\,€ + x = 60\,\text{Mio.}\,€ + 0{,}3\,x$$
> $$x - 0{,}3\,x = 60\,\text{Mio.}\,€ - 40\,\text{Mio.}\,€$$
> $$0{,}7\,x = 20\,\text{Mio.}\,€$$
> $$x = 28{,}57\,\text{Mio.}\,€$$
>
> Die Kapitalerhöhung müsste 28,57 Mio. € betragen:
> $$\frac{68{,}57\,\text{Mio.}\,€}{228{,}57\,\text{Mio.}\,€} \cdot 100 = 30\,\%$$

b) Um welchen Betrag müsste das Fremdkapital verringert werden, um eine Eigenkapitalquote von genau 30 % zu erreichen?

$$\frac{40 \text{ Mio. } €}{200 \text{ Mio. } € - x €} \cdot 100 = 30 \%$$

$$40 \text{ Mio. } € = 0,3 \cdot (200 \text{ Mio. } € - x)$$
$$0,3 x = 40 \text{ Mio. } € - 60 \text{ Mio. } €$$
$$0,3 x = 20 \text{ Mio. } €$$
$$x = 66,67 \text{ Mio. } €$$

Das Fremdkapital müsste um 66,67 Mio. € verringert werden:

$$\frac{40 \text{ Mio.} €}{200 \text{ Mio.} € - 66,67 \text{ Mio.} €} = 30 \%$$

BERATUNGSHINWEIS

Welche Möglichkeiten zu einer Erhöhung des Eigenkapitals bestehen, ist wesentlich von der Rechtsform abhängig:

Rechtsform	Maßnahme	Nachteile
Alle Unternehmen	Gewinnthesaurierung	Die Eigentümer erhalten keine Ausschüttung
AG	Ausgabe neuer zusätzlicher Aktien	Der Aktienkurs wird sinken
GmbH	Die Gesellschafter schießen neues Kapital zu	Änderung des Gesellschaftsvertrags erforderlich
	Neue Gesellschafter übernehmen zusätzliche Geschäftsanteile	Änderung der Beteiligungsquoten Änderung des Gesellschaftsvertrags erforderlich
Personengesellschaften	Zusätzliche Kapitaleinlage der bisherigen Gesellschafter	Zustimmung aller Gesellschafter erforderlich
	Kapitaleinlage neuer Gesellschafter	Neue Gesellschafter haften auch für die bisherigen Verbindlichkeiten der Gesellschaft (§§ 28, 130, 173 HGB).
Stille Gesellschaft		Eigenkapital darf nur ausgewiesen werden, wenn der Stille auch an Verlusten beteiligt wird.

Die Kapitalerhöhungen sind an z. T. enge Voraussetzungen gebunden.

Hohe Eigenkapitalquote	
Vorteile	Nachteile
Hohe Kreditwürdigkeit, bessere Konditionen bei Aufnahme von Fremdkapital	Renditeansprüche der EK-Geber
Unabhängigkeit von Darlehensgebern	Alternative Anlagen können vorteilhafter sein
Nur kalkulatorische Zinsen, kein Zinsaufwand	Höhere Beteiligung am unternehmerischen Risiko
Höhere Liquidität, keine Zinszahlungen	
Kapital steht dauerhaft zur Verfügung	
In Krisenzeiten höhere Widerstandsfähigkeit	

BERATUNGSHINWEIS

Die Eigenkapitalquote ist allein kein eindeutiger Anzeiger für die Kreditwürdigkeit eines Unternehmens. Sie muss immer im Zusammenhang mit anderen Kennzahlen interpretiert werden.

4.2.2.1 Rücklagenquote

Rücklagen stellen einen wesentlichen Teil des Eigenkapitals dar. Sie unterstützen die finanzielle Stabilität eines Unternehmens. Die Entwicklung der Rücklagenquote (vgl. § 266 HGB Abs. 3 HGB) ermöglicht daher, die Ertragslage rückwirkend einzuschätzen.

$$\text{Rücklagenquote} = \frac{\text{Gesamte Rücklagen}}{\text{Eigenkapital}} \cdot 100$$

Bei der Betrachtung über einen Zeitraum wird erkennbar, in welchem Ausmaß Gewinnthesaurierungen oder Kapitalzuführungen vorgenommen worden sind, die das Eigenkapital erhöht und damit die Haftungsbasis verstärkt und die Aufnahme von Fremdkapital erleichtert haben.

Ein Rückgang der Rücklagenquote kann z. B. durch
- einen Verlustausgleich des abgelaufenen Geschäftsjahres oder
- von Auszahlungen an die Eigentümer

verursacht sein.

4.2.2.2   Selbstfinanzierungsgrad

Mit dem Selbstfinanzierungsgrad wird die Rücklagenquote insofern variiert, als nur die **Gewinnrücklagen** in die Berechnung einbezogen werden. In die Gewinnrücklage werden die Beträge aus den erwirtschafteten Gewinnen eingestellt, die nicht an die Anteilseigner ausgeschüttet, sondern im Unternehmen einbehalten werden (Gewinnthesaurierung). Das bedeutet, dass sich ein Unternehmen insoweit selbst finanziert. Dadurch werden die Finanzkraft und damit die Investitionsstärke erhöht.

Durch den Selbstfinanzierungsgrad kann also beschrieben werden, wie hoch in der Vergangenheit die Thesaurierungsmöglichkeiten ausgenutzt worden sind.

$$\text{Selbstfinanzierungsgrad} = \frac{\text{Gewinnrücklagen}}{\text{Eigenkapital}} \cdot 100 \text{ oder}$$

$$\text{Selbstfinanzierungsgrad} = \frac{\text{Gewinnrücklagen}}{\text{Bilanzsumme}} \cdot 100$$

Diese Finanzierungsform wird als offene Selbstfinanzierung bezeichnet und ist der Innenfinanzierung zuzurechnen. Die Beträge sind für Kapitalgesellschaften einfach zu ermitteln, denn nach § 266 Abs. 3 HGB sind sie besonders auszuweisen. § 152 Abs. 3 AktG regelt zusätzlich, dass zu den einzelnen Posten der Gewinnrücklagen in der Bilanz oder im Anhang detailliertere Angaben gemacht werden müssen.

4.2.3   Fremdkapitalquote

Fremdkapital umfasst alle in der Bilanz ausgewiesenen Schulden eines Unternehmens, zu denen auch die **Rückstellungen** zählen. Es wird von **externen Kapitalgebern** für einen befristeten Zeitraum zur Verfügung gestellt. In der Regel müssen dazu Sicherheiten geleistet werden, um sicherzustellen, dass der Betrag und die vereinbarten Zinsen zurückzahlgezahlt werden können. Die Skizze zeigt typische Formen:

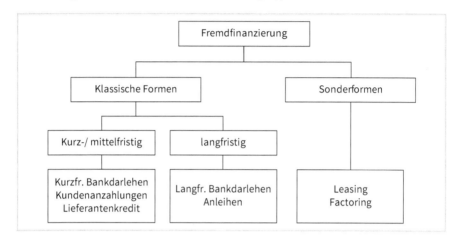

EXKURS

Darlehen

Durch einen Darlehensvertrag (vgl. § 488 Abs. 1 BGB) wird der Darlehensgeber verpflichtet, dem Darlehensnehmer einen Geldbetrag in der vereinbarten Höhe zur Verfügung zu stellen. Der Darlehensnehmer ist verpflichtet, einen geschuldeten Zins zu zahlen und bei Fälligkeit das zur Verfügung gestellte Darlehen zurückzuzahlen. Mandanten, die ein Darlehen in Anspruch nehmen wollen oder müssen, können zwischen verschiedenen Gestaltungen wählen, die Auswirkungen auf ihre Liquiditätslage haben:

- **Endfällige Darlehen.** Die Rückzahlung erfolgt einmalig am Ende der Laufzeit in einem Betrag. Während der Laufzeit werden nur die Zinsen für den Kreditbetrag gezahlt. Weil sich während der Laufzeit die Darlehenssumme nicht verringert, sind bei dieser Form über die gesamte Laufzeit die meisten Zinsen zu zahlen.
- **Annuitätendarlehen.** Der je Periode (Jahr/Monat) zu zahlende Betrag aus der Summe von Tilgung und Zinsen ist immer gleich hoch. Dadurch steigt

der Tilgungsanteil während der Laufzeit, der Zinsanteil sinkt entsprechend.

Das Verhältnis zwischen Zinsen und Tilgung wird bestimmt durch den vereinbarten Zins. Die Höhe der gesamten Annuität kann mithilfe des Annuitätenfaktors ermittelt werden, der aus einer Tabelle entnommen werden kann.

$$\frac{q^n}{q^n - 1} = \frac{1}{100}$$

Ein Annuitätendarlehen ist insgesamt günstiger als ein Tilgungsdarlehen, in der Summe müssen weniger Zinsen gezahlt werden.

Beispiel:
Die Weiß AG möchte eine zusätzliche Lagerhalle errichten. Die Finanzierung erfolgt mithilfe eines Annuitätendarlehens.

Darlehenshöhe	2.000.000 €
Zinssatz	10 %
Zahl der jährlichen Raten	5
Annuitätenfaktor	0,2637975

1	2	3	4	5
Jahr	Restschuld	Zinsen	Tilgung	Rate
1	2.000.000 €	200.000 €	327.595 €	527.595 €
2	1.672.405 €	167.241 €	360.354 €	527.595 €
3	1.312.051 €	131.205 €	396.390 €	527.595 €
4	915.661 €	91.566 €	436.029 €	527.595 €
5	479.636 €	47.964 €	479.631 €	527.595 €
Σ	0 €	637.976 €	2.000.000 €	

Die Weiß AG muss unter diesen Voraussetzungen jährliche Raten i. H. v. 527.595 € zahlen. Insgesamt fallen in den fünf Jahren 637.976 € Zinsen an.

- **Tilgungsdarlehen** (auch Ratendarlehen). Die Tilgung bleibt während der gesamten Laufzeit konstant. Weil die Zinsen aus der Restschuld berechnet werden, sinken die Raten während der Laufzeit.
- **Partiarisches Darlehen.** Der Darlehensgeber erhält statt oder zusätzlich zu den Zinsen eine Gewinnbeteiligung.
- **Darlehen mit tilgungsfreier Zeit.** Die Tilgung beginnt erst nach einer vorher festgelegten Zeit.

Die Laufzeit von langfristigen Darlehen beträgt im Allgemeinen mindestens vier und bis zu 30 Jahre. Sie werden in der Regel nur gegen dingliche Sicherheiten, insbesondere Grundpfandrechten, gewährt.

Korrespondierend zu der Eigenkapitalquote wird die Fremdkapitalquote (auch Anspannungskoeffizient oder Anspannungsgrad) gebildet:

$$\text{Fremdkapitalquote} = \frac{\text{Fremdkapital}}{\text{Gesamtkapital}} \cdot 100 \text{ bzw.}$$

$$\text{Fremdkapitalquote} = \frac{\text{Fremdkapital}}{\text{Bilanzsumme}} \cdot 100$$

Wegen GK = EK + FK hängen die Eigenkapitalquote und die Fremdkapitalquote unmittelbar miteinander zusammen.

BEISPIEL

Bilanz

Aktiva		Passiva	
Anlagevermögen	600.000 €	Eigenkapital	350.000 €
Umlaufvermögen		Fremdkapital	
Vorräte	200.000 €	Langfristige Darlehen	370.000 €
Forderungen	120.000 €	Verbindlichkeiten aus LuL	250.000 €
Kasse, Bank	50.000 €		
	970.000 €		970.000 €

$$\text{Fremdkapitalquote} = \frac{620.000 \,€}{970.000 \,€} \cdot 100 = 63,9\%$$

$$\text{Eigenkapitalquote} = \frac{350.000 \,€}{970.000 \,€} \cdot 100 = 36,1\%$$

Eigenkapitalquote + Fremdkapitalquote = 100 %.

Die Fremdkapitalquote gibt an, wie hoch der Anteil des Fremdkapitals am Gesamtkapital ist. Sie ist ein Maß für die Verschuldung und damit für die finanzielle Solidität des Unternehmens. Als betriebswirtschaftliche Finanzkennzahl dient sie der Beurteilung der Liquidität (vgl. Kap. 4.4.2) und des Kapitalrisikos eines Unternehmens. Sie ist naturgemäß (wie die Eigenkapitalquote) stark branchen- und bewertungsabhängig.

Je höher die Fremdkapitalquote ist, desto geringer wird die Bonität des Unternehmens beurteilt, desto weniger kreditwürdig ist das Unternehmen und desto höher ist folglich auch das Kapitalrisiko. Die bilanzanalytischen Probleme bei der Bildung und Interpretation der Fremdkapitalquote entsprechen denen bei der Eigenkapitalquote.

BERATUNGSHINWEIS

Die Fremdkapitalquote sollte **möglichst niedrig** sein, um die Kreditwürdigkeit zu erhalten und das Kapitalrisiko niedrig zu halten.

Hohe Fremdkapitalquote	
Vorteile	Nachteile
Ausnutzung des Leverage-Effektes möglich	Geringere Kreditwürdigkeit
Kapitalbeschaffung durch Darlehen ist kurzfristig möglich.	Abhängigkeit von den Gläubigern
Darlehenshöhe kann an die aktuellen Bedürfnisse angepasst werden.	Liquiditätsbelastung durch Zins- und Tilgungszahlungen
	Hohes Risiko der Überschuldung/ Zahlungsunfähigkeit

EXKURS

Bonität

Als Bonität wird die Fähigkeit und Bereitschaft eines Kreditnehmers bezeichnet, seine zukünftigen Zahlungsverpflichtungen vollständig und fristgerecht zu erfüllen. Mit einer Kreditwürdigkeitsprüfung werden die persönliche Integrität (Zuverlässigkeit und Zahlungswilligkeit eines Vertragspartners) und die materielle Bonität (wirtschaftliche Fähigkeit, die finanziellen Verpflichtungen zu erfüllen) festgestellt.

- Interne Informationen ergeben sich aus bestehenden Geschäftsverbindungen, insbesondere aus dem bekannten Zahlungsverhalten des Schuldners.
- Externe Informationen können bei Wirtschaftsauskunfteien eingeholt werden.

Beim **Rating** wird der systematische Versuch unternommen, ein objektives und ganzheitliches Bild über einen Darlehensnehmer zu erhalten, um das **Kreditausfallrisiko** einschätzen zu können. Dabei spielen auch qualitative (»weiche«) Faktoren wie Management, Controlling, Produktion und Marktumfeld eine erhebliche Rolle.

Die Kreditnehmer werden in **Bonitätsklassen** eingestuft, für die Ausfallwahrscheinlichkeiten ermittelt werden können. Je besser die Ratingklasse, desto geringer ist das Ausfallrisiko von Krediten. Ratings sind also nicht nur ein Kontrollinstrument, sie bieten den Mandanten auch die Möglichkeit einer **Analyse der Stärken und Schwächen** des Unternehmens.

Um Bonitätsklassen bilden zu können, wird eine Einstufung anhand einer definierten Skala vorgenommen. Die Bezeichnungen können dabei leicht unterschiedlich sein.

Rating-klasse	Beschreibung	Aussage zur Bonität	
AAA	Schuldner höchster Bonität geringstes Ausfallrisiko	ausgezeichnet	Investment Grade
AA+	Sichere Anlage geringes Ausfallrisiko		
AA			
AA-			
A+	geringes Ausfallrisiko Bei unvorhergesehenen negativen Ereignissen ergeben sich aber Auswirkungen auf die Bonität	sehr gut	
A			
A-			
BBB+	mittleres Ausfallrisiko anfällig bei negativer Wirtschaftsentwicklung	gut	
BBB			
BBB-		überdurchschnittlich	
BB+	hohes Ausfallrisiko befriedigende Sicherheit, dass Zins und Tilgung geleistet werden können		Speculative Grade
BB		durchschnittlich	
BB-			
B+	sehr hohes Ausfallrisiko geringe Sicherheit, dass Zins und Tilgung geleistet werden können	unterdurchschnittlich	
B-		Bestand des Unternehmens gefährdet Insolvenzgefahr	
CCC+	nur bei günstiger Entwicklung droht kein Zahlungsausfall		
CCC			
CCC-			
CC	hohe Wahrscheinlichkeit eines Zahlungsausfalls		
C			
D	Zahlungsausfall		

Beispiel: Bonitätsstufen der Agentur Standard & Poor's

Die Bewertung des Kreditrisikos durch die Banken darf sich nicht ausschließlich auf externe Ratings stützen. Sie müssen mit eigenen Methoden feststellen, ob das Kreditrisiko entsprechend ihren **Eigenkapitalanforderungen** ausreichend berücksichtigt ist.

4.2.3.1   Struktur des Fremdkapitals

Für eine Analyse der Fremdkapitalquote eines Unternehmens ist die Fristigkeit des Fremdkapitals (aus der Strukturbilanz) von wesentlicher Bedeutung. Je länger die Restlaufzeiten der Verbindlichkeiten sind, desto sicherer erscheint die Finanzierung, weil die Gefahr eines kurzfristigen **Liquiditätsabflusses** damit abnimmt. Je geringer der Anteil kurzfristiger Verbindlichkeiten ist, desto positiver wird die Kennzahl eingeschätzt.

> **BERATUNGSHINWEIS**
>
> Für langfristige Fremdfinanzierungen müssen – abhängig von der aktuellen Situation auf dem Kapitalmarkt – oft höhere Zinsen gezahlt werden als für kurzfristige. Sie sind zudem weniger flexibel an den tatsächlichen Kapitalbedarf anzupassen.

Eine mögliche Einteilung zeigt die Tabelle:

	Pensionsrückstellungen
+	Rückstellungen mit einem Erfüllungszeitpunkt > 5 Jahre
+	Unterlassene Pensionsrückstellungen
+	Verbindlichkeiten mit einer Laufzeit > 5 Jahre
=	Langfristiges Fremdkapital
	Verbindlichkeiten mit einer Laufzeit > 1 Jahr und < 5 Jahre
+	Rückstellungen mit einem Erfüllungszeitpunkt > 1 Jahr und < 5 Jahre
=	Mittelfristiges Fremdkapital
	Verbindlichkeiten mit einer Laufzeit bis 1 Jahr
+	Steuerrückstellungen
+	Rückstellungen mit einem Erfüllungszeitpunkt bis 1 Jahr
+	Passiver Rechnungsabgrenzungsposten
+	Zur Ausschüttung vorgesehener Betrag
=	Kurzfristiges Fremdkapital

Um eine komfortable Übersicht zu ermöglichen, können die Fristen und die Art der Verbindlichkeiten in einem **Verbindlichkeitenspiegel** erfasst werden.

BEISPIEL

Verbindlichkeitenspiegel							
		Jahr			Restlaufzeit		
Art der Verbindlichkeiten	Quote	01	02	03	≤ 1 Jahr	1 – 5 Jahre	> 5 Jahre
Verbindlichkeiten gegenüber Kreditinstituten							
Anzahlungen auf Bestellungen							
Verbindlichkeiten aus LuL							
Wechselverbindlichkeiten							
Sonstige Verbindlichkeiten							
Gesamte Verbindlichkeiten							

Die Quoten werden mit den Kennzahlen

$$\frac{\text{Langfristige Verbindlichkeiten}}{\text{Gesamte Verbindlichkeiten}} \cdot 100 \ \text{bzw.}$$

$$\frac{\text{Mittelfristige Verbindlichkeiten}}{\text{Gesamte Verbindlichkeiten}} \cdot 100 \ \text{und}$$

$$\frac{\text{Kurzfristige Verbindlichkeiten}}{\text{Gesamte Verbindlichkeiten}} \cdot 100$$

berechnet.

BERATUNGSHINWEIS

Um die bilanzpolitischen **Gestaltungsmöglichkeiten** durch Beeinflussung der Zusammensetzung der Verbindlichkeiten (vgl. Kap. 8.2.1) wenigstens etwas abzumildern, kann der Zähler als arithmetisches Mittel aus dem Bestand der jeweiligen Verbindlichkeiten am Anfang und am Ende der Periode ermittelt werden.

Die Zusammensetzung der Verbindlichkeiten lässt Schlüsse über **Finanzierungs- und Liquiditätsrisiken** zu:

- Bei Verbindlichkeiten gegenüber Kreditinstituten können notwendige Anschlussfinanzierungen und Anpassungen der Konditionen an den Kapitalmarkt möglich werden.
- Verbindlichkeiten aus Lieferungen und Leistungen erlauben Rückschlüsse auf die Liquiditätsverhältnisse am Bilanzstichtag, hohe Anteile können aber auch Hinweis sein auf Probleme bei der Finanzierung und bei der Kapitalbeschaffung.
- Die Inanspruchnahme von Wechselverbindlichkeiten kann ebenfalls ein Indiz sein für Finanzierungsprobleme, zumindest zum Bilanzstichtag.
- Einen Hinweis zur Beurteilung der Zahlungsgewohnheiten liefert die Kennziffer zum Lieferantenziel:

$$\text{Lieferantenziel (in Tagen)} = \frac{\text{Verbindlichkeiten aus LuL}}{\text{Wareneingang}} \cdot 360$$

Die Kennzahl gibt an, nach wie vielen Tagen Lieferantenrechnungen beglichen werden.

> **BERATUNGSHINWEIS**
>
> Ein kurzes Lieferantenziel zeigt, dass Skonti durch frühzeitige Begleichung von Verbindlichkeiten ausgenutzt werden. Ein langes Lieferantenziel deutet auf Liquiditätsschwierigkeiten hin, weil offenbar nicht genug flüssige Mittel zur Verfügung stehen, um die Rechnungen zu bezahlen.

- Anzahlungen auf Bestellungen spielen in manchen Branchen (z. B. im Schiffbau) eine große Rolle. Die Analyse sollte ergeben, dass sie zur Finanzierung des Produktionsprozesses verwandt worden sind.

> **BERATUNGSHINWEIS**
>
> Eine optimale Zusammensetzung der Verbindlichkeiten lässt sich nicht angeben. Die Fremdkapitalquote sollte möglichst niedrig sein. Bei einer Fremdfinanzierung ist langfristiges Fremdkapital kurzfristigem vorzuziehen.

4.2.3.2   Verschuldungsstruktur

Die Untersuchung der Verschuldungsstruktur ermöglicht eine weitergehende Analyse des Verschuldungsgrades. Die Verbindlichkeiten werden – abhängig vom Erkenntnisinteresse – nach unterschiedlichen Gesichtspunkten aussagefähigen Kategorien zugeordnet. Sie dazu nach ganz unterschiedlichen Gesichtspunkten eingeteilt werden. Die Ansätze differenzieren z. B. nach

- Gläubigern
- Ländern und Gebieten
- fest- bzw. variabel verzinslichen Verbindlichkeiten
- Restlaufzeiten
- u. a.

Um die Abhängigkeit von einem einzelnen Gläubiger darzustellen, werden die anteiligen Verbindlichkeiten gegenüber dem größten Gläubiger dargestellt:

$$\text{Verschuldungsstruktur} = \frac{\text{Verbindlichkeiten gegenüber dem größten Gläubiger}}{\text{Gesamtkapital}} \cdot 100 \text{ oder}$$

$$\text{Verschuldungsstruktur} = \frac{\text{Verbindlichkeiten gegenüber dem größten Gläubiger}}{\text{Gesamte Verbindlichkeiten}} \cdot 100$$

Ein hoher Wert weist auf ein hohes **Risiko** hin, denn finanzielle Engpässe sind zu befürchten, wenn der größte Gläubiger den Kredit kündigt. Das kann dann bis zur Gefährdung der Zahlungsfähigkeit und der Produktion und des gesamten Unternehmens gehen. Zudem wird ein bedeutender Fremdkapitalgeber Einfluss auf die Unternehmenspolitik nehmen wollen.

Zur Beschreibung der **Verschuldungssituation** kann auch das Lieferantenziel herangezogen werden, also die durchschnittliche Inanspruchnahme von Zahlungsfristen. Es kann mit der Kennzahl

$$\text{Kreditorenlaufzeit} = \frac{\text{Verbindlichkeiten aus LuL}}{\text{Materialaufwand}} \cdot 360$$

ermittelt werden. Durch lange Kreditorenlaufzeiten werden Finanzmittel freigesetzt, sie sind daher grundsätzlich anzustreben.

Die Umschlaghäufigkeit der Verbindlichkeiten aus Lieferungen und Leistungen (Kreditorenumschlag)

$$\text{Kreditorenumschlag} = \frac{\text{Materialaufwand} + \text{USt}}{\text{ø Verbindlichkeiten aus LuL}} \cdot 360$$

gibt Aufschluss über das Zahlungsverhalten des eigenen Unternehmens. Das Lieferantenziel

$$\text{Lieferantenziel} = \frac{360}{\text{Kreditorenumschlag}}$$

konkretisiert, nach wie viel Tagen Lieferantenrechnungen durchschnittlich beglichen werden.

> **BERATUNGSHINWEIS**
>
> Lange Zahlungsfristen können auch dazu führen, dass die Lieferanten einen Risiko- und Finanzierungsaufschlag in ihre Kalkulation einbeziehen. Dann können die niedrigeren Finanzierungskosten durch höhere Materialkosten kompensiert werden.

4.2.3.3 Verschuldungsgrad

Der Verschuldungsgrad (auch Anspannungskoeffizient) eines Unternehmens wird aus dem Verhältnis des Fremdkapitals zum Eigenkapital berechnet.

$$\text{Verschuldungsgrad} = \frac{\text{Fremdkapital}}{\text{Eigenkapital}} \cdot 100$$

Er ist ein Maß für die finanzielle **Solidität** eines Unternehmens. Die Formel beschreibt die Fähigkeit und das Risiko, auch bei entstehenden Verlusten aufgenommene Kredite bedienen zu können. Ein hoher Verschuldungsgrad zeigt eine hohe Abhängigkeit eines Unternehmens von externen Gläubigern. Die Anforderungen an die Stellung von Sicherheiten werden zunehmen.

Um die besonderen Risiken bei kurzfristigem Fremdkapital besser abschätzen zu können, kann zusätzlich die

$$\text{kurzfistige Verschuldungsquote} = \frac{\text{kurzfistiges Fremdkapital}}{\text{Gesamtkapital}} \cdot 100$$

ermittelt werden. Sie sollte möglichst niedrig sein.

Mit Hilfe des dynamischen Verschuldungsgrades wird aus dem Verhältnis zwischen dem Fremdkapital und Cashflow (vgl. Kap. 4.4.3)

$$\text{Dynamischer Verschuldungsgrad} = \frac{\text{Fremdkapital}}{\text{Cashflow}}$$

berechnet, in wie vielen Perioden das Unternehmen seine Schulden vollständig tilgen könnte (Schuldentilgungsdauer), wann also die Verschuldung des Unternehmens abgebaut ist. Dabei wird ein gleichbleibender Cashflow über die folgenden Jahre vorausgesetzt.

Ein hoher Wert kann auf Finanzierungsprobleme hindeuten. Unternehmen mit einem niedrigen dynamischen Verschuldungsgrad sind in Krisensituationen flexibler.

BERATUNGSHINWEIS

Es kann sinnvoll sein, zur Berechnung des dynamischen Verschuldungsgrades zunächst die aktuell verfügbaren liquiden Mittel (z. B. Kasse, Bankguthaben, kurzfristige Wertpapiere) vom Fremdkapital abzuziehen. Die Formel lautet dann:

$$\text{Dynamischer Verschuldungsgrad} = \frac{\text{Fremdkapital} - \text{liquide Mittel}}{\text{Cashflow}}$$

BEISPIEL

Die Hell GmbH weist in ihrer Bilanz Fremdkapital in Höhe von 12 Mio. € aus. Sie hat einen Cashflow von 4,2 Mio. € ermittelt.

$$\text{Dynamischer Verschuldungsgrad} = \frac{\text{Fremdkapital}}{\text{Cashflow}}$$

$$\text{Dynamischer Verschuldungsgrad} = \frac{12 \text{ Mio. } €}{4,2 \text{ Mio. } €} = 2,86$$

Wenn sie den gleichbleibenden Cashflow ausschließlich zur Rückzahlung des Fremdkapitals nutzt, hat die Hell GmbH ihre Schulden nach 2,86 Jahren (ca. 2 Jahre und 10 Monate) zurückgezahlt.

BERATUNGSHINWEIS

Eine weitere Möglichkeit zur Beurteilung einer vorliegenden Kapitalstruktur bietet der

$$\text{Leverage-Index} = \frac{\text{Eigenkapitalrentabilität}}{\text{Gesamtkapitalrentabilität}}$$

Wenn der Leverage-Index größer als 1 ist, kann die Eigenkapitalrentabilität durch eine veränderte Kapitalstruktur verbessert werden (vgl. Kap. 4.5.3).

Fremdfinanzierung	
Vorteile	Nachteile
Der Kapitalgeber hat keinen unmittelbaren Einfluss auf die Unternehmensleitung.	Eingeschränkte Verfügbarkeit des Fremdkapitals.
Der Kapitalgeber ist nicht am Gewinn beteiligt.	Die Zinsen fallen unabhängig vom Geschäftserfolg an.
Die Zinsleistungen für Fremdkapital sind betrieblicher Aufwand.	Die Gefahr der Überschuldung steigt.
	Gefahr eines Liquiditätsengpasses, der in eine Insolvenz führen kann.

BERATUNGSHINWEIS

Rückstellungen, die nicht zur Außenfinanzierung zählen, stellen ebenfalls eine Möglichkeit der Fremdfinanzierung dar. Rückstellungen werden für Verpflichtungen gebildet, von denen noch unbekannt ist, wann und in welcher Höhe sie zu leisten sind. Sie sind zum Zeitpunkt ihrer Bildung Gewinn mindernder Aufwand, führen aber nicht zu einer Auszahlung. Vorhandene liquide Mittel können daher bis zur Auflösung der Rückstellung anderweitig eingesetzt werden und haben insofern einen Finanzierungseffekt.

4.3 Analyse der Vermögensstruktur

Auf den Punkt gebracht

Die Ausstattung mit Vermögensgegenständen ist für jedes Unternehmen Voraussetzung für seine wirtschaftlichen Aktivitäten. Die Vermögenstruktur ist ein Indikator für die betriebliche Flexibilität des gebundenen Vermögens. Deshalb gehört die Analyse der Vermögensstruktur und die Ermittlung der einschlägigen Kennzahlen zu den zentralen Themen der Jahresabschlussanalyse.

Die Vermögensstruktur zeigt die Art, die Zusammensetzung, den Aufbau und die Bindungsfristen des Gesamtvermögens eines Unternehmens auf der Aktivseite der Bilanz. Sie gibt insbesondere Aufschluss über das Verhältnis des Anlagevermögens zum Umlaufvermögen und deren jeweilige Anteile am Gesamtvermögen.

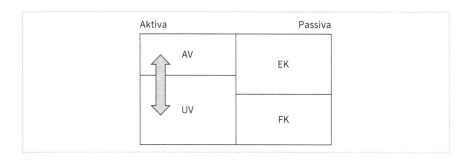

Zum **Anlagevermögen** gehören die Vermögensgegenstände, die dauernd dem Betriebszweck dienen sollen. Unterschieden werden immaterielle Vermögensgegenstände, Sachanlagen und Finanzanlagen. Zum **Umlaufvermögen** zählen alle Vermögensgegenstände, die nicht dazu bestimmt sind, dem Betriebszweck dauerhaft zu dienen, z. B. Vorräte, Forderungen, Kassenbestände und Bankguthaben.

Die Analyse der Vermögensstruktur kann sowohl durch einen Zeitvergleich als auch im Vergleich mit Unternehmen derselben Branche erfolgen. Die Intensitätskennzahlen ermöglichen Rückschlüsse auf die Anpassungsfähigkeit des Unternehmens bei Änderung der Beschäftigung, das **Vermögensrisiko** kann damit besser beurteilt werden.

4.3.1   Anlagenintensität

Auf den Punkt gebracht

In diesem Kapitel werden die Instrumente zur Analyse des langfristig gebundenen Vermögens dargestellt. Weil in der Beratung konsequent auch immer die Beeinflussung der Kennzahlen erörtert werden muss, werden auch die Gestaltungsmöglichkeiten durch zukunftssichere Alternativen dargestellt.

Das Anlagevermögen ist dazu bestimmt, dauernd dem Geschäftsbetrieb zu dienen (vgl. § 247 Abs. 2 HGB). Bei Kapitalgesellschaften ist es in drei Kategorien gegliedert: Immaterielle Vermögensgegenstände, Sachanlagen und Finanzanlagen (§ 266 Abs. 2 HGB). Die Entwicklung des Anlagevermögens müssen Kapitalgesellschaften in einem Anlagenspiegel (auch Anlagengitter) darstellen. Die Höhe des Anlagevermögens ist durch Sachverhaltsgestaltung beeinflussbar.

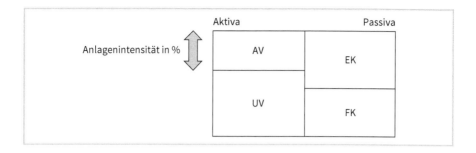

Zur Beurteilung des Anteils des langfristig gebundenen Vermögens ist die wichtigste Kennzahl die Anlagenintensität:

$$\text{Anlagenintensität} = \frac{\text{Anlagevermögen}}{\text{Gesamtvermögen}} \cdot 100$$

Die Kennzahl gilt als **Maß für die Flexibilität** eines Unternehmens. Der Anteil des Anlagevermögens ist bei den Unternehmen aber extrem unterschiedlich und stark von der jeweiligen Branche und dem Alter der Anlagen abhängig.

- Produktionsbetriebe haben durch intensiven Maschineneinsatz und Automatisierung im Allgemeinen ein hohes Anlagevermögen, bei Handels- und Dienstleistungsunternehmen wird es niedrig sein.
- Wenn die Anlagegüter bereits ganz oder teilweise abgeschrieben sind, stehen sie mit dem niedrigen Wert in der Bilanz, die Anlageintensität ist entsprechend niedrig.
- Wenn Vermögensgegenstände erst in letzter Zeit angeschafft worden sind, hatten sie einen höheren Anschaffungswert und sind erst in geringem Ausmaß abgeschrieben. Die Anlagenintensität ist entsprechend hoch.

Ob die Zusammensetzung des Vermögens und der Anteil der langfristigen Vermögensgegenstände üblich ist oder wesentlich von den üblichen Werten abweicht, muss vor dem Hintergrund der Branchenzugehörigkeit beurteilt werden. Wichtig ist die Analyse der chronologischen Entwicklung.

Allgemein lassen sich die tendenziellen Vor- und Nachteile einer hohen bzw. niedrigen Anagenintensität zusammenfassen:

Hohe Anlagenintensität	
Vorteile	Nachteile
Relativ neue Anlagen, wenig abgeschrieben	Hohe Kapitalbindung
Hoher Rationalisierungsgrad	Geringe Flexibilität bei Beschäftigungsschwankungen, daher höheres Unternehmensrisiko
Geringer Reparaturbedarf	Geringe Anpassungsfähigkeit bei technologischen Veränderungen
Kurzfristig keine Ersatzinvestitionen erforderlich	Abschreibungen sind Fixkosten

BERATUNGSHINWEIS

Bei Liquiditätsproblemen (vgl. Kap. 4.4.2) gibt es bei der Anlagenintensität wenige Ansatzmöglichkeiten für Verbesserungen.
Eine im Vergleich hohe Anlagenintensität kann negativ beurteilt werden, weil die Produktionsmöglichkeiten eingeschränkt würden, wenn bei Zahlungsschwierigkeiten das Anlagevermögen in liquide Mittel umgewandelt würde. Eine geringe Anlagenintensität kann darauf hindeuten, dass das Unternehmen überwiegend über alte Anlagen verfügt, die bereits weitgehend abgeschrieben sind und daher nur noch über einen geringen Buchwert verfügen.

Durch sachverhaltsgestaltende Maßnahmen kann die Anlagenintensität nachhaltig beeinflusst werden:

- Durch **Leasing** (vgl. Kap. 4.3.1) lässt sich die Kennzahl herabsetzen. Die Leasinggüter werden i.d.R. nicht beim Leasingnehmer bilanziert und können deshalb bei der Berechnung der Anlagenintensität nicht berücksichtigt werden. Dafür muss der Leasingnehmer regelmäßige Leasingraten zahlen. Diese Aufwendungen sind aus der Kennzahl nicht ersichtlich.
- Durch **Outsourcing**, der Auslagerung von Aufgaben, die bisher innerhalb des Unternehmens realisiert wurden, an externe Experten kann auf eigene Anlagen verzichtet werden. Dadurch sinkt die Anlagenintensität.

Outsourcing	
Vorteile	**Nachteile**
Kostensenkung bei Spezialisierung der Auftragnehmer	Erhöhter Kommunikationsbedarf
Steigerung der Qualität durch Übertragung an Experten	Geringere Kontrollmöglichkeiten
Zeitersparnis	Abhängigkeit von Auftragnehmern
Höhere Flexibilität, Outsourcing wird nur bei Bedarf in Anspruch genommen	Möglicher Verlust von Arbeitsplätzen und damit von Know-how
Verringerung von Risiken	Vertrauliche Informationen müssen weitergegeben werden

- Aufgrund ihrer Zusammensetzung steigt die Kennzahl auch, wenn das Umlaufvermögen geringer wird.

BEISPIEL

	Vorher	Nachher
Anlagevermögen	500.000 €	500.000 €
Umlaufvermögen		
Vorräte	300.000 €	**200.000 €**
Liquide Mittel	100.000 €	100.000 €
Bilanzsumme	900.000 €	800.000 €
Anlagenintensität	$\dfrac{500.000\ €}{900.000\ €} \cdot 100 = 55{,}6\,\%$	$\dfrac{500.000\ €}{800.000\ €} \cdot 100 = 62{,}5\,\%$

Die Verringerung der Lagerbestände führt zu einer höheren Anlagenintensität.

Die Aussagefähigkeit der Kennzahl wird deutlich verbessert, wenn ihre Entwicklung **über mehrere Jahre** hinweg beobachtet wird. Zusätzlich ist der Vergleich mit anderen Unternehmen der Branche notwendig.

Leasing

Unter Leasing versteht man die **Gebrauchsüberlassung** von Gütern auf der Grundlage eines Leasingvertrages. Der Leasinggeber bleibt rechtlich der Eigentümer, der Leasingnehmer nutzt das Objekt und zahlt dafür ein Entgelt, die Leasingrate. Am Ende der Grundmietzeit wird das Leasingobjekt an den Leasinggeber zurückgegeben oder vom Leasingnehmer gekauft. Alternativ kann der Leasingvertrag verlängert werden.

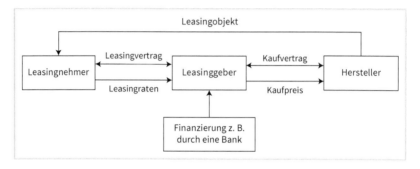

Der Leasingnehmer
- erhält das Nutzungsrecht an dem geleasten Gegenstand;
- ist Besitzer, aber Eigentümer bleibt der Leasinggeber;
- zahlt die Leasingraten.

Der Leasinggeber
- erwirbt den Leasinggegenstand und wird Eigentümer;
- überlässt dem Leasingnehmer das Nutzungsrecht daran;
- erhält die Leasingraten.

Eine entscheidende Frage ist die **Zurechnung der Leasinggegenstände** zum Leasinggeber oder Leasingnehmer. Mangels eigener Zurechnungskriterien im HGB erfolgt die Zuordnung in Anlehnung an die steuerlichen Kriterien, die durch Rechtsprechung und Finanzverwaltung entwickelt worden sind (»Leasingerlass«). Danach erfolgt der Ansatz beim wirtschaftlichen Eigentümer.

	Der Leasinggegenstand ist zuzurechnen ...	
	... dem Leasinggeber,	... dem Leasingnehmer,
Leasingvertrag ohne Optionsrecht	wenn die Grundmietzeit zwischen 40 % und 90 % der betriebsgewöhnlichen Nutzungsdauer liegt;	wenn die Grundmietzeit weniger als 40 % oder mehr als 90 % der betriebsgewöhnlichen Nutzungsdauer beträgt;
Leasingvertrag mit Kaufoption	wenn die Grundmietzeit zwischen 40 % und 90 % der betriebsgewöhnlichen Nutzungsdauer liegt und der Restkaufpreis mindestens gleich dem linearen Buchwert oder dem gemeinen Wert ist;	wenn die Grundmietzeit weniger als 40 % oder mehr als 90 % der betriebsgewöhnlichen Nutzungsdauer beträgt oder wenn die Grundmietzeit zwischen 40 % und 90 % der betriebsgewöhnlichen Nutzungsdauer liegt und der Restkaufpreis niedriger als der lineare Buchwert oder der gemeine Wert ist;
Leasingvertrag mit Mietverlängerungsoption	wenn die Grundmietzeit zwischen 40 % und 90 % der betriebsgewöhnlichen Nutzungsdauer liegt und die Anschlussmiete mindestens die AfA des linearen Buchwertes oder des niedrigeren gemeinen Wertes beträgt.	wenn die Grundmietzeit weniger als 40 % oder mehr als 90 % der betriebsgewöhnlichen Nutzungsdauer beträgt oder wenn die Grundmietzeit zwischen 40 % und 90 % der betriebsgewöhnlichen Nutzungsdauer liegt und die Anschlussmiete niedriger als die AfA des linearen Restbuchwertes oder des niedrigeren gemeinen Wertes beträgt;
Leasingverträge über spezielle Leasinggegenstände		in jedem Fall.

BEISPIEL

Zur Finanzierung einer Produktionshalle mit einem Investitionsvolumen von 600.000 € stehen der Blau AG zwei Alternativen zur Auswahl:
  a) Fälligkeitsdarlehen mit einer Annuität von 22.015 € pro Monat, beginnend am 01.03.01, endend am 30.08.03 (30 Monate).
  b) 5-jähriger Leasingvertrag, beginnend ebenfalls am 01.03.01 mit monatlichen Raten i. H. v. 11.000 €.

Am 30.08.03 hat die Halle einen geschätzten Wert von 30.000 €.
Welche Alternative führt zu einem niedrigeren Aufwand bei einer Nutzungsdauer von 5 Jahren?

Lösung
Der Zinsaufwand bei dem Darlehen beträgt 30 Monate · 22.015 € ./. 600.000 € = 60.450 €.

Vergleich

Ratendarlehen	Zinsen	60.450 €	
	Abschreibung	600.000 €	660.450 €
	Restwert		30.000 €
	Aufwand		630.450 €
Leasing	Aufwand	60 Monate · 11.000 €	660.000 €

Bei dem Darlehen ist der Aufwand über 5 Jahre um 29.550 € geringer.

Leasing	
Vorteile für den Leasingnehmer	Nachteile für den Leasingnehmer
Für Anschaffungen ist kein Eigenkapital erforderlich.	Die Leasingraten stellen Fixkosten dar.
Die Anschaffung ist i. d. R. bilanzneutral, Kennzahlen werden nicht beeinflusst.	Während der Vertragslaufzeit sind Kostenanpassungen nicht möglich.
Die Leasingraten werden unter bestimmten Bedingungen steuerlich als Betriebsausgaben behandelt.	Leasing ist teuer. Je nach Vertragsgestaltung können die Leasingraten 120 bis 140 % des Kaufpreises ausmachen.
Der Leasingnehmer muss i. d. R. keine Sicherheiten stellen.	
Leasingverträge sind flexibel gestaltbar.	

4.3.1.1 Altersstruktur des Anlagevermögens

Die Altersstruktur wird als Indikator für die Qualität des Sachanlagevermögens angesehen. Dabei wird angenommen, dass ein Unternehmen mit neueren Anlagen eher in der Lage sein wird, seine Marktposition auch auf Dauer zu behaupten bzw. weiter auszubauen.

Die Anlagenintensität sinkt mit dem Alter des Sachanlagevermögens, weil die Anlagegüter im Zeitablauf weiter abgeschrieben sind und damit ihr Buchwert niedriger ist. Weil aber die Ausstattung mit neuen, modernen und wirtschaftlich arbeitenden Anlagen Voraussetzung ist für eine langfristige Sicherung der Existenz und des Wachstums des Unternehmens, ist die Untersuchung der Altersstruktur eine Voraussetzung für die Beurteilung eines Unternehmens.

Die Kennzahl **Anlagenabnutzungsgrad** zeigt, welche Höhe die gesamten Abschreibungen während der Lebensdauer der Anlagen im Verhältnis zu den historischen Anschaffungs- oder Herstellungskosten des Anlagevermögens bisher erreicht haben, in welchem Umfang das Sachanlagevermögen also bereits abgeschrieben ist.

$$\text{Anlagenabnutzungsgrad des SAV} = \frac{\text{Kumulierte Abschreibungen auf das SAV}}{\text{SAV zu AHK}}$$

Alternativ kann statt des Anlagevermögens zu historischen Anschaffungs- bzw. Herstellungskosten auch der Buchwert des Anlagevermögens verwendet werden. Anzusetzen sind dann aber nur das immaterielle Anlagevermögen und die Sachanlagen. Finanzanlagen werden nicht angesetzt, weil sie nicht ersetzt werden müssen und i.d.R. keine planmäßigen Abschreibungen erfolgen.

Der Wert der Kennzahl liegt dann offenbar zwischen 0 % (keine Abschreibungen, neue Anlagen) und 100 % (Anlagen bereits vollständig abgeschrieben). Allgemein gibt die Kennziffer einen Hinweis darauf, ob in den vergangenen Perioden in ausreichendem Umfang **Investitionen** vorgenommen worden sind und ob damit die Produktionseinrichtungen laufend dem technischen Fortschritt angepasst worden sind.

Externe haben in der Regel nur einen eingeschränkten Überblick über die Nutzungsdauer der einzelnen Vermögensgegenstände und sie kennen auch die bereits voll abgeschriebenen Anlagen nicht. Häufig wird es daher sinnvoll sein, den Anlagenabnutzungsgrad getrennt für unbewegliches und bewegliches Sachanlagevermögen zu ermitteln, denn die Nutzungsdauer und als Folge die Abschreibungssätze können sehr unterschiedlich sein.

BERATUNGSHINWEIS

Die kumulierten Abschreibungen auf Sachanlagen und die Anschaffung- oder Herstellungskosten des Anlagevermögens können dem Jahresabschluss entnommen werden.

Große und mittelgroße Kapitalgesellschaften müssen im Anhang einen Anlagenspiegel veröffentlichen, in dem – ausgehend von den gesamten Anschaffungs- und Herstellungskosten – die Zugänge, Abgänge, Umbuchungen und Zuschreibungen des Geschäftsjahres sowie die Abschreibungen gesondert aufzuführen sind (§ 284 Abs. 3 HGB).

BEISPIEL

Die Schwarz GmbH legt folgenden Anlagespiegel vor (Auszug):

	AB zu AHK	Zugänge zu AHK	Abgänge zu AHK	Abschreibungen kumuliert	Restwert 31.12.02	Restwert 31.12.01	Abschreibungen für 02
immaterielle VG							
Sachanlagen	195.000 €	52.000 €	39.000 €	78.000 €	130.000 €	132.600 €	36.400 €

Der Anlagenabnutzungsgrad beträgt $\dfrac{78.000\ €}{195.00\ € + 52.000\ € - 39.000\ €} \cdot 100 = 37,5\ \%$

Wie der Anlagenabnutzungsgrad zu beurteilen ist, hängt wesentlich von der **Branchenzugehörigkeit** des Unternehmens ab. Dabei ist darauf zu achten, dass die ermittelte Kennzahl durch Miete oder Leasing von Anlagevermögen und von der gewählten Abschreibungsmethode beeinflusst wird, die wiederum von bilanz- und steuerpolitischen Überlegungen beeinflusst wird (vgl. Kap. 4.3.1).

Außerdem muss auch berücksichtigt werden, dass die rein finanztechnische Betrachtung unter Umständen völlig anders ausfallen kann als die technische Beurteilung der Anlagenabnutzung. Die Vergleichbarkeit ist daher nicht selbstverständlich gegeben.

Je höher der Anlagenabnutzungsgrad ist, desto höher ist die Wahrscheinlichkeit, dass das Unternehmen mit veralteten Produktionsanlagen arbeitet und – jedenfalls bei einer geringen Investitionsquote (vgl. Kap. 4.3.1.2) – zeitnah Ersatzinvestitionen erforderlich werden, die zusätzliches Kapital erfordern. Es besteht dann die Gefahr, dass die

Verschuldung des Unternehmens ansteigen wird. Andererseits ist der Anlagenabnutzungsgrad auch dann niedrig, wenn relativ günstige Reinvestitionen getätigt worden sind. Allgemein wird ein Wert von über 50 % als Hinweis auf ein veraltetes Sachanlagevermögen gedeutet. Bei einem niedrigen Anlagenabnutzungsgrad ist dagegen unwahrscheinlich, dass in nächster Zeit die Sachanlagen ersetzt werden müssen.

Der Anlagenabnutzungsgrad muss im Zusammenhang mit der **Investitionspolitik** des Unternehmens analysiert und bewertet werden, weil das Ausmaß der Anlagenabnutzung weitgehend durch die Investitionstätigkeit des Unternehmens bestimmt wird.

Die Anlagenintensität muss deshalb durch die jahresbezogene Investitionsquote ergänzt werden.

Die **durchschnittliche Lebensdauer** des gesamten Anlagevermögens kann mit dem Quotienten aus historischen Anschaffungskosten und Abschreibungen des Anlagevermögens bestimmt werden:

$$\text{Durchschnittliche Lebensdauer des AV} = \frac{\text{Historische AHK}}{\text{Abschreibungen}}$$

Das **durchschnittliche Alter** des Anlagevermögens lässt sich ermitteln, wenn man die kumulierten Abschreibungen durch die Abschreibungen der Periode teilt.

$$\text{Durchschnittliches Alter des AV} = \frac{\text{kumulierte Abschreibungen}}{\text{Abschreibungen der aktuellen Periode}}$$

> **BEISPIEL**
>
> Eine Maschine mit einer Nutzungsdauer von 10 Jahren ist zum Preis von 2 Mio. € erworben worden. Die lineare jährliche Abschreibung beträgt 200.000 €.
> Bei einer Betrachtung nach 5 Jahren betragen die kumulierten Abschreibungen 5 · 200.000 € = 1 Mio. €.
> Teilt man die kumulierten Abschreibungen durch die Abschreibungen der aktuellen Periode, erhält man das Alter der Maschine:
>
> $$\text{Alter der Maschine} = \frac{1.000.000 \ €}{200.000 \ €} = 5 \ \text{Jahre}$$

Die erwartende Restnutzungsdauer des Anlagevermögens lässt sich in ähnlicher Weise ermitteln:

$$\text{Erwartete Restnutzungsdauer} = \frac{\text{Anlagevermögen}}{\text{Abschreibungen der Periode}}$$

BERATUNGSHINWEIS

Arbeitet ein Unternehmen mit einem deutlich älteren Anlagevermögen als die Wettbewerber, kann dies ein Indiz dafür sein, dass in den Folgeperioden Investitionen notwendig werden, um den Investitionsstau aufzuholen. Das würde zu einem Abfluss von liquiden Mitteln führen, der z. B. durch Kapitalerhöhungen oder Fremdfinanzierungen ausgeglichen werden müsste.

Mit Hilfe der **Abschreibungsintensität** (auch Abschreibungsquote) soll die durchschnittliche Nutzungsdauer der Vermögensgegenstände ermittelt werden. Sie gibt als Prozentsatz an, in welchem Umfang im abgelaufenen Geschäftsjahr die historischen Anschaffungs- und Herstellungskosten des Sachanlagevermögens abgeschrieben worden sind.

$$\text{Abschreibungsintensität} = \frac{\text{Jahresabschreibungen auf das SAV}}{\text{SAV zu AHK}} \cdot 100$$

BEISPIEL

Die Spedition Braun kauft zum 01.01.01 zwei Lkw zum Stückpreis von 120.000 €. Die Nutzungsdauer wird sechs Jahre betragen. Pro Jahr betragen die Abschreibungen linear 20.000 € je Lkw.

Die Abschreibungsintensität beträgt $\frac{40.000 \ €}{240.000 \ €} \cdot 100 = 16,66\%$

Je höher der ermittelte Prozentsatz ist, desto kürzer ist offensichtlich die angenommene Nutzungsdauer. Als Folge ist der kurzfristige Investitionsbedarf umso höher, je höher die Kennzahl ist. Der Rationalisierungsgrad wird in diesem Falle auch höher sein. Im Hinblick auf die künftige Marktposition und die Wettbewerbsfähigkeit kann das grundsätzlich positiv eingeschätzt werden

BEISPIEL

Wenn die Geschäftsausstattung im Wesentlichen aus immer wieder kurzfristig erneuerten Anlagegütern – z. B. PCs oder Laptops – besteht, ist die Abschreibungsintensität höher als in Unternehmen, die ihre Anlagegüter über einen längeren Zeitraum nutzen.

Eine im Zeitablauf abnehmende Abschreibungsintensität kann dagegen darauf hindeuten, dass die letzten Investitionen bereits länger zurückliegen und entsprechender Investitionsbedarf besteht.

BERATUNGSHINWEIS

Um die Analysemöglichkeiten zu verbessern, kann die Abschreibungsintensität auch für einzelne Positionen des Sachanlagevermögens berechnet werden. Dadurch wird der Einfluss, den die Zusammensetzung des Sachanlagevermögens hat, zurückgedrängt und die Erkenntnisse werden differenzierter und präziser.

Die Problematik bei der **Interpretation** der Abschreibungsintensität ist hauptsächlich darin zu sehen, dass die Abschreibungen häufig nicht allein nutzungsbedingt vorgenommen werden, sondern bilanzpolitisch beeinflusst sind. So könnte z. B. eine sinkende Abschreibungsintensität auf die Auflösung stiller Reserven zugunsten des Gewinns hindeuten. Sofern solche Einflüsse nicht festgestellt und eliminiert werden können, wird die Abschreibungsintensität – wie alle Kennzahlen, die Abschreibungen berücksichtigen – verzerrt. Hinweise auf die Abschreibungspolitik des Unternehmens und ihre eventuelle Veränderung kann man aber erhalten, wenn die Abschreibungsintensität über einen längeren Zeitraum hinweg beobachtet wird.

4.3.1.2 Investitionsquote

Die Investitionsquote ermöglicht die **Analyse der Investitionspolitik** in einem Unternehmen. Die Grundform

$$\text{Investitionsquote} = \frac{\text{Gesamte Nettoinvestitionen}}{\text{Anlagevermögen zu AHK am Anfang des GJ}} \cdot 100$$

setzt die Nettoinvestitionen ins Verhältnis zu einem Größenmerkmal, weil die Höhe der Investitionen wesentlich von der Unternehmensgröße abhängt.

Erläuterung

	Sachanlageinvestition
./.	Abgang zu Buchwerten
=	Nettosachanlageinvestition

Als Varianten sind üblich

$$\text{Investitionsquote} = \frac{\text{Nettoinvestitionen in das SAV}}{\text{Sachanlagevermögen zu historischen AHK}} \cdot 100 \text{ und}$$

$$\text{Investitionen in \% des Umsatzes} = \frac{\text{Gesamte Nettoinvestitionen}}{\text{Umsatzerlöse}} \cdot 100$$

Durch Berücksichtigung der historischen Anschaffungs- und Herstellungskosten wird vermieden, dass durch wertmäßige Abnahme des Anfangsbestandes aufgrund von Abschreibungen bei gleichbleibenden Nettoinvestitionen eine höhere Quote ausgewiesen wird, obwohl die Investitionen nicht gestiegen sind.

BERATUNGSHINWEIS

Eine hohe Investitionsquote legt die Annahme von Rationalisierungen oder Erweiterungsinvestitionen nahe, eine niedrige Investitionsquote lässt auf Ersatzinvestitionen schließen.

Die Investitionsdeckung wird mit der Formel

$$\text{Investitionsdeckung} = \frac{\text{Jahresabschreibungen auf das SAV}}{\text{Investitionen in das SAV}} \cdot 100$$

berechnet. Sie zeigt, ob der abschreibungsbedingte Werteverzehr innerhalb einer Periode durch die Investitionen kompensiert worden ist.

BERATUNGSHINWEIS

Der Vergleich von Abschreibungen und Investitionen ermöglicht eine Aussage darüber, ob ein Unternehmen wächst oder eher schrumpft. Bei einer Investitionsdeckung von mehr als 100 % sind die Abschreibungen vollständig durch Neuanschaffungen gedeckt. Der Bestand des Sachanlagevermögens nimmt zu und es kann eine Kapazitätserhöhung vermutet werden. Eine Investitionsdeckung unter 100 % zeigt dagegen eine Abnahme des Sachanlagevermögens in der beobachteten Periode.

Die Kennzahl ist aber kritisch zu beurteilen, weil sie durch unterschiedliche Einflüsse erheblich verzerrt sein kann:

- **Azyklische Investitionstätigkeit.** Weil Investitionen in Sachanlagen normalerweise unregelmäßig erfolgen, ist eine Analyse für nur eine Periode wenig aufschlussreich. Insbesondere, wenn große Anlagen im Abstand von mehreren Jahren ersetzt werden, kommt es zu deutlichen Schwankungen. Eine Beobachtung muss immer über einen längeren Zeitraum erfolgen, um Verzerrungen durch besondere Aktivitäten oder auch fehlendes Engagement in einzelnen Jahren zu vermeiden.
- **Leasing.** Wenn Sachanlagen nicht erworben, sondern geleast werden, fallen anstelle von Abschreibungen Leasingaufwendungen an. Die Leasinggüter werden i. d. R.

beim Leasingnehmer nicht abgeschrieben, die Leasingraten werden aber in der GuV erfasst und mindern den Jahresüberschuss.

- **Preissteigerungen.** In der Finanzbuchhaltung beziehen sich die Abschreibungen auf die historischen Anschaffungskosten, die Investitionen werden aber zu aktuellen Preisen berücksichtigt. Je höher die Preissteigerungsrate ist und je länger der Zeitraum bis zur Neuinvestition ist, desto größer werden dadurch die Ungenauigkeiten.
- **Technischer Fortschritt.** Neuere Maschinen und Anlagen sind meistens leistungsfähiger als die bisherigen. Dieselben Produktionskapazitäten sind dann durch geringere Investitionen möglich, bei demselben finanziellen Aufwand ergibt sich eine höhere Leistungsfähigkeit.

Je größer die Kennzahlen zur Investitionsanalyse sind, desto größer ist die **Investitionsneigung** in dem Unternehmen. Die technische Ausstattung ist dann tendenziell auf neuem Stand und die mögliche zukünftige Entwicklung des Unternehmens kann damit optimistisch gesehen werden.

Ob die Investitionen ausreichen, ist auch im Vergleich zur Konkurrenz zu beurteilen. Im Vergleich kann anhand der Investitionsquoten geschlossen werden, ob Wachstum und eine verstärkte Marktposition angestrebt werden. Andere Kennzahlen sollten allerdings die Einschätzung stützen.

EXKURS

Kapitalwertmethode

Eine überzeugende Möglichkeit, die Vorteilhaftigkeit einer Investition zu ermitteln, ist die **Kapitalwertmethode**. Alle Einzahlungen und Auszahlungen, die einer Investition zuzurechnen sind, werden periodengerecht erfasst und auf den Investitionszeitpunkt t_0 abgezinst.

So kann festgestellt werden, ob eine Investition unter den gegebenen Annahmen sinnvoll ist. Auch ein Vergleich bei mehreren Alternativen ist möglich. Die Investition, die zum Planungszeitpunkt den günstigsten Wert aus den abgezinsten Ein- und Auszahlungen aufweist, ist die vorteilhafteste.

Um zukünftige Ein- und Auszahlungen abzinsen zu können, wird zunächst ein Kalkulationszinssatz »i« festgelegt. Er kann grundsätzlich frei festgelegt gewählt werden, etwa orientiert

- an dem Zinssatz, zu dem Fremdkapital aufgenommen werden kann;
- an dem Zinssatz, der für alternative Anlagen mit gleichem Risiko erzielt werden könnte;
- an der angestrebten Mindestverzinsung.

Mit diesem Zinssatz i werden dann alle zukünftigen Auszahlungen (A_1, A_2, ... A_n) und alle zukünftigen Einzahlungen (E_1, E_2 ... E_n) der Investition A_0 auf den Zeitpunkt t_0 bezogen.

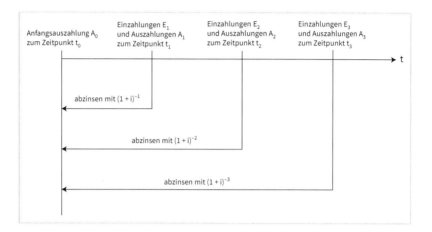

Der Kapitalwert einer Investition ist also die Summe aller durch diese Investition verursachten Ein- und Auszahlungen, abgezinst auf den Zeitpunkt der Investition. Seine Höhe ist abhängig von dem Zins, der bei den Berechnungen zu Grunde gelegt wird. Die Formel zur Berechnung lautet

$$K = -A + \sum_{n=1}^{n}(E_t - A_t) \cdot (1+i)^{-t} + L_n(1+i)^{-n}$$

wobei

K	Kapitalwert
A_0	Anschaffungsauszahlung
Σ	Summe
$(E_t - A_t)$	Einzahlungen minus Auszahlungen der Periode t
$(1+i)^{-t}$	Abzinsungsfaktor
L_n	Liquidationserlös am Ende der Nutzungsdauer

Die Abzinsungsfaktoren können finanzmathematischen Tabellen (z. B. https://link.springer.com/content/pdf/bbm%3A978-3-8349-6798-5%2F1.pdf) entnommen werden.

Ergibt sich ein Kapitalwert
- größer 0, ist die Investition vorteilhaft. Die tatsächliche Verzinsung ist höher als die kalkulierte Verzinsung;
- genau 0, verzinst sich die Investition genau zum Kalkulationszinssatz;
- kleiner 0, ist die Investition abzulehnen. Die tatsächliche Verzinsung ist niedriger als i.

Bei einem Vergleich mit alternativen Investitionen fällt die Entscheidung für die Investition mit dem höchsten – positiven – Kapitalwert.

Beispiel:
Die Weiß GmbH beabsichtigt, eine Maschine zum Preis von 10.000 € anzuschaffen. Die Nutzungsdauer soll 5 Jahre betragen, der Kalkulationszinssatz beträgt 10 %. Der Kapitalwertwertberechnung liegen folgende Annahmen zu Grunde:

Zeitpunkt	t_0	t_1	t_2	t_3	t_4	t_5
Einzahlungen		4.000	3.800	3.500	3.500	3.500
Auszahlungen	10.000	1.500	800	700	800	600
Überschuss	- 10.000	2.500	3.000	2.800	2.700	2.900

Daraus errechnet sich:

$$\text{Kapitalwert} = -10.000 + \frac{2.500}{1{,}1^1} + \frac{3.000}{1{,}1^2} + \frac{2.800}{1{,}1^3} + \frac{2.700}{1{,}1^4} + \frac{2.900}{1{,}1^5}$$

Kapitalwert = – 10.000 + 2.273 + 2.479 + 2.104 + 1.844 + 1.801
Kapitalwert = 501

Diese Investition ist lohnend, weil der Kapitalwert positiv ist, die tatsächliche Verzinsung ist höher als 10 %.

Auch bei dieser zunächst überzeugenden Methode müssen die Ergebnisse aber vorsichtig interpretiert werden:
- Die berücksichtigten Zahlenreihen sind Erwartungs- bzw. Erfahrungswerte, die mit Unsicherheiten behaftet sind.
- In komplexen Organisationen kann es schwierig sein, Veränderungen einer einzelnen Investition zuzuordnen.
- Alternativen, die möglicherweise noch bessere Ergebnisse ergäben, bleiben außer Betracht.

4.3.1.3 Wachstumsquote

Die Investitionsquote allein sagt noch nichts aus über das Wachstum des Unternehmens, denn erst wenn die Nettoinvestitionen höher sind als die Abschreibungen, kann von einer **Zunahme der Produktionskapazitäten** ausgegangen werden. Die Wachstumsquote stellt daher die Nettoinvestitionen den Abschreibungen einer Periode gegenüber und zeigt damit den Umfang der Neuinvestitionen, die über die Ersatzinvestitionen hinausgehen.

$$\text{Wachstumsquote} = \frac{\text{Nettoinvestitionen in das SAV}}{\text{Abschreibungen auf das SAV}} \cdot 100$$

Diese Kennzahl zeigt, ob ein Unternehmen tatsächlich **wächst, stagniert oder schrumpft**. Bei einer Wachstumsquote von 100 % wird der Wertverlust der alten Anlagen durch die Neuinvestitionen genau ausgeglichen. Liegt die Quote dauerhaft > 100 %, so kann daraus geschlossen werden, dass die Unternehmenspolitik auf Wachstum ausgerichtet ist. Bei einem Wert < 100 % ist dagegen ein Substanzverlust festzustellen.

Auch bei der Interpretation der Wachstumsrate ist aber zu berücksichtigen, dass Investitionen nicht immer kontinuierlich, sondern unregelmäßig erfolgen. Nicht in jedem Jahr erfolgen Investitionen im selben Umfang. Ein einzelner Wert erlaubt deshalb noch keine tragfähigen Erkenntnisse. In jedem Falle wird vorausgesetzt, dass die grundsätzliche Unternehmensstruktur erhalten bleibt, also keine wesentlichen Änderungen im Produktionsprogramm stattfinden.

> **BERATUNGSHINWEIS**
>
> Dieselbe Kennzahl kann auch unter einem **Finanzierungsaspekt** analysiert werden: Bei einer Wachstumsquote über 100 % kann die Finanzierung der Nettoinvestitionen nicht mehr ausschließlich über Abschreibungsgegenwerte erfolgen.

4.3.2 Umlaufintensität

> **Auf den Punkt gebracht**
>
> In diesem Kapitel werden die Instrumente zur Analyse des kurzfristig gebundenen Vermögens dargestellt. Weil in der Beratung konsequent auch immer die Beeinflussung der Kennzahlen erörtert werden muss, werden auch die Gestaltungsmöglichkeiten durch zukunftssichere Alternativen dargestellt.

Als Pendant zur Anlagenintensität wird die Umlaufintensität (auch Umlaufquote, Arbeits-intensität) ermittelt. Sie setzt das Umlaufvermögen eines Unternehmens ins Verhältnis zum Gesamtvermögen.

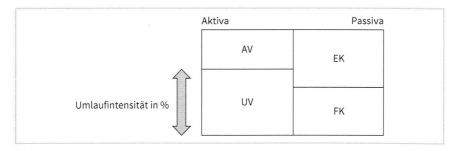

$$\text{Umlaufintensität} = \frac{\text{Umlaufvermögen}}{\text{Gesamtvermögen}} \cdot 100$$

Die Umlaufintensität gibt also den prozentualen Anteil des Vermögens am Gesamtver-mögen an, das kurzfristig im Unternehmen gebunden ist.

BEISPIEL

Aktiva	Euro	Passiva	Euro
Anlagevermögen	72.800	Eigenkapital	70.000
Vorräte	42.000		
Forderungen	7.000	langfr. Fremdkapital	28.000
Liquide Mittel	4.200	kurzfr. Fremdkapital	28.000
	126.000		126.000

Die Umlaufintensität beträgt $\dfrac{42.000\ € + 7.000\ € + 4.200\ €}{126.000\ €} \cdot 100 = 42,2\,\%$

Die Summe aus der für ein Unternehmen zu einem bestimmten Zeitpunkt ermittelten Anlagenintensität und Umlaufintensität ist stets 100 %, entspricht also dem Gesamtver-mögen bzw. der Bilanzsumme.

BERATUNGSHINWEIS

Die Höhe der Umlaufintensität ist von der Branche abhängig: Produktions-unternehmen verfügen im Allgemeinen über eine geringere Umlaufintensität als Handelsunternehmen, weil hohe Lagerbestände zu einer Steigerung der Umlaufintensität führen. Vergleiche sind deshalb nur innerhalb einer Branche sinnvoll.

Die Höhe der Umlaufintensität lässt Schlüsse zur Kapitalbindung und zur Kostenflexibilität zu. Aus bilanzanalytischer Sicht soll für die Umlaufintensität ein möglichst hoher Wert angestrebt werden. Je niedriger nämlich der Anteil des langfristigen Vermögens am Gesamtvermögen (Anlagenintensität) ist, desto unwahrscheinlicher ist tendenziell eine nahe Zahlungsunfähigkeit. Mit sinkender Bindungsdauer

- sinkt die kurzfristige Kapitalbindung,
- sinken – unter sonst gleichen Bedingungen – die Fixkosten, weil das Umlaufvermögen das Kapital für einen kürzeren Zeitraum bindet als das Anlagevermögen,
- lässt sich das Vermögen schneller liquidieren,
- sinken der Kapitalbedarf und die Kosten des Kapitaldienstes. Das bedeutet, dass Forderungen und Vorräte verhältnismäßig schnell in liquide Mittel umgewandelt werden können,
- haben Beschäftigungsänderungen geringere Auswirkungen auf den Erfolg, die Kostenremanenz nimmt ab: bei sinkendem Umsatz können z. B. die Vorräte kurzfristig angepasst werden,
- steigt tendenziell die Kapazitätsausnutzung,
- sinkt die Notwendigkeit von Ersatzinvestitionen,
- steigt die Anpassungsfähigkeit an geänderte Anforderungen des Marktes,
- steigt i. d. R. auch der Umsatz.

> **BERATUNGSHINWEIS**
>
> Bei höherem Umsatz werden höhere Vorratsbestände benötigt und höhere Kundenforderungen vorliegen. Beide Bilanzposten gehören zum Umlaufvermögen.

Veränderungen der Umlaufintensität sind in der Regel **nicht zufällig**. Deshalb müssen weitergehende Analysen des Umlaufvermögens insbesondere zu den Forderungen und zum Vorratsvermögen angestellt werden.

> **BERATUNGSHINWEIS**
>
> Die Ergebnisse der Analyse der Umlaufintensität müssen vorsichtig interpretiert werden, weil ihre Aussagekraft durch gleich mehrere Probleme eingeschränkt wird:
>
> - Bei der Beurteilung des Anteils des Umlaufvermögens am Gesamtvermögen sind Einzeluntersuchungen hinsichtlich der Vorrats- oder Forderungsquote erforderlich, damit ein Eindruck über die Absatzlage gewonnen werden kann.
> - Das Umlaufvermögen wird mit durchschnittlich aktuelleren Preisen in die Bilanzpositionen eingehen. Bei steigenden Preisen führt das zu einem

höheren Anteil des Umlaufvermögens am Gesamtvermögen und entsprechend zu einer höheren Umlaufintensität.

- Die Zuordnung von Vermögensgegenständen zum Umlauf- oder Anlagevermögen gibt nur bedingt Auskunft über die jeweilige Dauer der Kapitalbindung. So können auch Teile des Umlaufvermögens durchaus geplant langfristig im Unternehmen verbleiben, etwa der eiserne Bestand. Die Höhe des langfristig gebundenen Kapitals erscheint dadurch zu niedrig.
- Es kann kein Wert angegeben werden, nach dem die Vermögensstruktur gut oder schlecht ist. Es kann nicht einmal etwas über die angestrebten Anteile bzw. das wünschenswerte Verhältnis von Anlage- und Umlaufvermögen gesagt werden.

Die isolierte Betrachtung der Kennzahl erscheint also wenig aussagekräftig. Notwendig ist entweder eine sehr viel genauere Untersuchung der Inhalte der jeweiligen Bilanzpositionen oder die Absicherung der Erkenntnisse durch die Interpretation weiterer Kennzahlen.

Die Aussagekraft der Kennzahl Umlaufintensität nimmt allerdings zu, wenn ihre Entwicklung über mehrere Perioden hinweg interpretiert wird:

- Wenn die Kennzahlen Umlaufintensität bzw. Anlagenintensität zwar relativ konstant bleiben, aber Umlauf- und Anlagevermögen absolut kleiner werden, kann auf eine Abnahme der Kapazität geschlossen werden.
- Bei zunehmendem Anlagevermögen kann die Ursache entweder in einer Kapazitätserweiterung oder in Rationalisierungsmaßnahmen begründet sein. Sind lediglich unter »Technische Anlagen und Maschinen« größere Zugänge festzustellen, könnten eher Rationalisierungen der Grund sein. Wenn gleichzeitig auch bei »Grund und Boden, Gebäude« Zugänge festgestellt werden, ist tendenziell eher von einer Kapazitätserweiterung auszugehen.
- Bei unverändertem Anlagevermögen bleibt die Kapazität konstant, dann sind wohl nur Ersatzinvestitionen durchgeführt worden.

BERATUNGSHINWEIS

Ein Unternehmen muss eine Balance finden zwischen einem angestrebten niedrigen Umlaufvermögen, das hohe Flexibilität und geringe langfristige Kapitalbindung zeigt, und einem höheren Umlaufvermögen, mit dem das Unternehmen jederzeit seine Produktions- und Lieferverpflichtungen erfüllen kann.

Hohe Umlaufintensität	
Vorteile	Nachteile
Einfache Finanzierung mit kurzfristigem Fremd-kapital	Kann auf hohe bzw. überhöhte Lagerbe-stände hindeuten
Schnelle Reaktionen auf Beschäftigungsände-rungen möglich	Kann auf ausstehende Forderungen bei Kun-den hindeuten
Niedrige Fixkosten je Einheit	

BERATUNGSHINWEIS

Veränderungen der Umlaufintensität sind in der Regel nicht zufällig. Deshalb sind detailliertere Analysen insbesondere zu den Forderungen und zum Vorratsvermögen erforderlich.

4.3.2.1   Vorratsintensität

Die Vorratsintensität (auch Lagerintensität, Lagerhaltung, Vorratsquote) gibt Aufschluss über den Umfang der Vorräte an Roh-, Hilfs- und Betriebsstoffen (RHB) und an Halb- und Fertigerzeugnissen. Die Kennzahl ist ein Maßstab für die Kapitalbindung durch die Lagerhaltung.

BERATUNGSHINWEIS

Im Rahmen der Bilanzpolitik kann die Höhe der Vorräte zum Stichtag leicht und erheblich beeinflusst werden. Die gezielte Anwendung bestimmter Bewertungsmethoden beeinflusst ihren ausgewiesenen Wert ebenso wie die Festlegung der Beschaffungszeitpunkte, mit der die Vorratsmenge, die zu einem bestimmten Zeitpunkt ausgewiesen werden soll, gesteuert werden kann.

Zur Ermittlung der Vorratsintensität wird der Wert der Vorräte zum Gesamtvermögen ins Verhältnis gesetzt.

$$\text{Vorratsintensität} = \frac{\text{Vorräte}}{\text{Gesamtvermögen}} \cdot 100$$

Für Analysezwecke ist es sinnvoll, die Vorräte nochmals zu unterteilen und die Vorratsintensität für Roh-, Hilfs- und Betriebsstoffe und für Halb- und Fertigfabrikate jeweils gesondert zu berechnen:

$$\text{Vorratsintensität}_{RHB} = \frac{\text{Vorräte an Roh-, Hilfs-und Betriebsstoffen}}{\text{Gesamtvermögen}} \cdot 100 \quad \text{bzw.}$$

$$\text{Vorratsintensität}_{HFF} = \frac{\text{Vorräte an Halb- und Fertigfabrikate}}{\text{Gesamtvermögen}} \cdot 100$$

BERATUNGSHINWEIS

Alternativ zum Gesamtvermögen können die Umsatzerlöse als Bezugsgröße verwendet werden.

BEISPIEL

Die Bilanzsumme der Silber GmbH beträgt 1.500.000 €. Aus der Bilanz ist erkennbar, dass Roh-, Hilfs- und Betriebsstoffe im Wert von 250.000 € und Halb- und Fertigfabrikate im Wert von 150.000 € vorhanden waren.

$$\text{Vorratsintensität} = \frac{400.000 \text{ €}}{1.500.000 \text{ €}} \cdot 100 = 26,7\,\%$$

$$\text{Vorratsintensität}_{RHB} = \frac{250.000 \text{ €}}{1.500.000 \text{ €}} \cdot 100 = 16,7\,\%$$

$$\text{Vorratsintensität}_{HFF} = \frac{150.000 \text{ €}}{1.500.000 \text{ €}} \cdot 100 = 10,0\,\%$$

BERATUNGSHINWEIS

Im produzierenden Gewerbe haben die Halb- und Fertigprodukte den größten Anteil an den Vorräten. Ihr Umfang ist wesentlich von der gewählten Absatzstrategie abhängig:
- Make to Order: Die Fertigung beginnt erst, wenn die Kundenaufträge vorliegen. Deshalb können die Vorräte niedrig sein. Diese Strategie ist oft mit längeren Lieferzeiten verbunden.

- Make to Stock: Die Produktion erfolgt anhand von Nachfrageprognosen auf Lager. Das führt tendenziell zu hohen Vorratsbeständen.
- Assemble to Order: Spezifische Varianten der Produkte werden nach individuellen Kundenwünschen hergestellt. Das führt zu einem hohen Bestand an Halbfertigerzeugnissen.

Je geringer die Vorratsintensität, desto geringer sind die Kapitalbindung und das Lagerrisiko und entsprechend niedriger sind die Lagerhaltungskosten (vgl. Kap. 4.3.2.3). Ein geringer prozentualer Anteil der Vorräte am Gesamtvermögen deutet auf eine gut funktionierende Supply-Chain hin.

Je höher die Vorratsintensität ist, desto mehr Kapital wird durch die Lagerhaltung gebunden.

Ein hoher prozentualer Anteil der Vorräte am Gesamtvermögen
- verringert die finanzielle Flexibilität des Unternehmens,
- enthält das Risiko der mangelnden Verwertbarkeit der Lagerbestände,
- kann durch Absatzprobleme entstehen.

Die Ursache für eine hohe Vorratsintensität kann in verschiedenen Bereichen liegen:
- Erhöhung der Läger für Halb- und Fertigprodukte kann auf Absatzprobleme hindeuten
- Umstellung der Lagerhaltung und Änderung der Vorratspolitik
- Hohe Lagerreichweiten
- Rückläufige Umsätze
- Einführung neuer Produktionstechnik
- Erwartung eines größeren Auftrags
- Vorbereitung auf höhere Verkaufszahlen, Ausweitung der Produktion
- Vorbereitung auf erwartete Engpässe bei den Lieferanten
- Vorbereitung auf erwartete Preissteigerungen im Einkauf, die höher ausfallen als die Kosten der Kapitalbindung
- Veränderte Mengenrabattstaffeln
- Verbesserung der jederzeitigen Lieferfähigkeit

HINWEIS

Die Lagerreichweite gibt die Zeit an, für die der Lagerbestand bei einem durchschnittlichen Materialverbrauch ausreicht.

$$\text{Lagerreichweite in Tagen} = \frac{\text{durchschnittlicher Lagerbestand}}{\text{durchschnittlicher Bedarf pro Tag}}$$

BEISPIEL

Vorbereitung auf erwartete Engpässe bei den Lieferanten
Im September 2019 haben britische Unternehmen auffallend hohe Vorräte
angelegt, um erwarteten Problemen beim Bezug von Produkten aus der EU
durch den Brexit vorzubeugen.

Eine niedrigere Vorratsintensität kann erreicht werden durch:
* Verkürzung der Lagerdauer
* Reduzierung der Bestände auf ein Sicherheitsminimum
* Beseitigung von Vertriebshindernissen
* Verkürzung der Bestellzyklen auf die optimale Bestellmenge (vgl. Kap. 4.3.2.2)

4.3.2.2   Umschlaghäufigkeit der Vorräte

Die Kennzahl Umschlaghäufigkeit der Vorräte (auch Lagerumschlag, Lagerumschlagsge-
schwindigkeit, Lagerumschlagshäufigkeit, Vorratsumschlag, Warenumschlag) zeigt die
Relation zwischen den Aufwendungen für die Roh-, Hilfs- und Betriebsstoffe und dem
durchschnittlichen Lagerbestand an Roh-, Hilfs- und Betriebsstoffen.

$$\text{Umschlaghäufigkeit der RHB} = \frac{\text{Aufwendungen für RHB}}{\text{Durchschnittlicher Lagerbestand an RHB}} \cdot 100$$

Ein abnehmender Wert muss als ungünstig beurteilt werden, weil dann die Lagerhaltung
und damit die Kapitalbindung zugenommen hat.

Rohstoffe, Zwischenprodukte, unfertige und fertige Erzeugnisse sollen möglichst nur
kurze Zeit im Unternehmen verbleiben: Der Bestand an Vorräten soll **möglichst niedrig**
sein. Zur Berechnung wird der Bestand an Vorräten auf die Umsatzerlöse bezogen:

$$\text{Umschlagdauer der Vorräte} = \frac{\text{durchschnittlicher Bestand an Vorräten}}{\text{Umsatzerlöse}} \cdot 360$$

Die Kennzahl zeigt, wie viele Tage die Vorräte durchschnittlich im Unternehmen verbleiben und wie lange entsprechend das zur Finanzierung der Vorräte gebundene Kapital
durchschnittlich im Unternehmen gebunden ist.

Die Läger müssen einerseits so dimensioniert sein, dass keine Produktionsstörungen
und Lieferengpässe auftreten, andererseits soll aber die Lagerdauer möglichst kurz sein,
um möglichst geringe **Kapitalbindungskosten** zu verursachen.

Die Umschlaghäufigkeit der Vorräte kann sich für die gesamten Vorräte eines Unternehmens beziehen oder nur auf Teile des Lagers oder auch nur für einzelne Produkte berechnet werden. Für einen Betriebs- bzw. Branchenvergleich kann sich die Kennzahl allerdings nur auf die gesamten Vorräte beziehen.

BERATUNGSHINWEIS

Besonders für Handelsunternehmen ist die Umschlaghäufigkeit der Vorräte eine wichtige Kennzahl. Wegen der Differenzierungsmöglichkeiten nach Gesamtbetrieb, Artikelgruppen, einzelnen Artikeln oder nach einzelnen Betrieben (z. B. Filialen) ist sie ein Indikator für Stärken und Schwächen des Handelsunternehmens.

BERATUNGSHINWEIS

Als **optimale Bestellmenge** wird die Bestellmenge bezeichnet, bei der die Summe aus den Bezugs- und Lagerhaltungskosten (Gesamtkosten für die bestellte Menge) in einem Planungsraum am niedrigsten sind.

Bezugskosten.
Die gesamten Abwicklungskosten einer Bestellung enthalten die Vorbereitungskosten, die Kosten des Bestellabschlusses, die Verbuchungskosten und die Kosten des Zahlungsverkehrs.

$$\text{Bezugskosten je Bestellung} = \frac{\text{Summe der Bestellkosten einer Periode}}{\text{Anzahl der Bestellkosten einer Periode}}$$

Lagerhaltungskosten.
Sie enthalten die Kosten für Personal, Lagerräume, Versicherungen, Wertminderung durch Schwund und Überalterung und die Kosten für das gebundene Kapital.
Der **Lagerhaltungskostensatz**

$$\text{LHKS} = \left(\frac{\text{Lagerkosten}}{\text{Durchschnittlicher Lagerwert}} \cdot 100 \right) + \text{kalkulatorischer Jahreszins}$$

gibt an, wie hoch die Kosten der Lagerhaltung (Kostenintensität) in Abhängigkeit vom Wert der gelagerten Ware sind.

Je größer die bestellte Menge, desto höher sind die Lagerkosten, denn die bestellte Menge muss zunächst vollständig gelagert werden. Die Bezugskosten sind aber niedriger, weil weniger Bestellvorgänge abgewickelt werden müssen. Je kleiner die bestellte Menge, desto niedriger sind die Lagerkosten. Die Bezugskosten sind aber höher, weil mehr Bestellvorgänge erfolgen müssen.

Um dieses Problem der optimalen Bestellmenge rechnerisch zu lösen, kann die sog. **Andler-Formel** (Andler'sche Formel) genutzt werden. Sie wird mit folgender Formel berechnet:

$$X_0 = \sqrt{\frac{200 \cdot J \cdot BK}{EP \cdot LHKS}}$$

Dabei gilt:

X_0	=	Optimale Bestellmenge
J	=	Jahresbedarf in Mengeneinheiten
BK	=	Kosten pro Bestellung
EP	=	Kaufpreis pro Mengeneinheit
LHKS	=	Lagerhaltungskostensatz

BEISPIEL

Die Gold KG benötigt pro Jahr 1.000 Transportkisten zum Stückpreis von 50 €. Für jede Bestellung fallen Bezugskosten i. H. v. 20 € an, der Lagerhaltungskostensatz wurde mit 10 % ermittelt. Wie hoch ist die optimale Bestellmenge?

$$X_0 = \sqrt{\frac{200 \cdot J \cdot BK}{EP \cdot LHKS}}$$

$$X_0 = \sqrt{\frac{200 \cdot 1.000 \cdot 20 \text{ €}}{50 \text{ €} \cdot 10 \%}}$$

$$X_0 = \sqrt{\frac{4.000.000 \text{ €}}{5 \text{ €}}} = 894,4$$

Die optimale Bestellmenge beträgt 894 Stück.

Die Formel ist einfach einsetzbar, wenn die Parameter bereits bekannt sind. Ihre Nachteile müssen aber bekannt sein:
- Sie geht von einem (unwahrscheinlichen) konstanten und linearen Verbrauch aus.
- Preisschwankungen können nicht berücksichtigt werden.

- Eventuelle Mindestabnahmemengen können nicht berücksichtigt werden.
- Wenn die Formel auf einzelne Artikel angewandt wird, kann es wegen der unterschiedlichen Mengen zu Kapazitätsproblemen kommen.
- Die optimale Bestellmenge ist vom Herstellungs- und Vertriebsprozess abhängig und kann sich deshalb ändern.

Erkenntnisse lassen sich aus der Kennzahl Vorratsintensität insbesondere aus einem Zeitvergleich gewinnen. Allerdings sind zu ihrer Interpretation zusätzlich Informationen erforderlich.

> **BEISPIEL**
>
> Wenn die Vorratsintensität im zeitlichen Vergleich gestiegen ist, kann das auf Mängel der Lager- und Beschaffungsorganisation hindeuten. Es kann aber auch sein, dass gezielt günstige Einkaufsbedingungen (z. B. Rabatte) ausgenutzt worden sind.
> Bei der Vorratsintensität für Halb- und Fertigerzeugnisse kann eine Erhöhung sowohl auf Absatzprobleme hindeuten als auch aus einer bewussten Veränderung der Vorratspolitik resultieren.

Hohe Vorratsintensität	
Vorteile	Nachteile
Sichere Produktionsmöglichkeiten	Hohe Kapitalbindung
Flexibilität bei zusätzlichen Aufträgen	Hohe Kosten der Läger

4.3.2.3 Weitere Lagerkennzahlen

Wegen der Bedeutung der Läger werden bei einer Analyse zusätzliche Lagerkennzahlen berücksichtigt, die Auskunft darüber geben können, ob im Vergleich eine wirtschaftliche Lagerhaltung vorliegt.

Die **Lagerumschlaghäufigkeit** misst, wie oft der Lagerbestand in einer Periode umgeschlagen worden ist.

$$\text{Lagerumschlaghäufigkeit} = \frac{\text{Wareneinsatz}}{\text{durchschnittlicher Lagerbestand}}$$

Bei einer niedrigen Lagerumschlaghäufigkeit könnten die Bestände zu hoch sein, bei einer außergewöhnlich hohen Lagerumschlaghäufigkeit kann ein zu niedriger Lagerbestand vermutet werden. Produktionsbereitschaft und Service könnten dadurch gefährdet sein.

> **BERATUNGSHINWEIS**
>
> Je höher der Lagerumschlag, desto kürzer ist die durchschnittliche Lagerdauer.

Der **Lagerzinssatz** gibt an, wie viel Prozent Zinsen das im Lagerbestand gebundene Kapital durchschnittlich kostet.

$$\text{Lagerzinssatz} = \frac{\text{Zinssatz} \cdot \text{Ø Lagerdauer in Tagen}}{360}$$

Der **durchschnittliche Lagerbestand** gibt – wert- oder mengenmäßig – die durchschnittlichen Bestände währen eines Jahres an. Er kann vereinfacht mit der Formel

$$\text{Durchschnittlicher Lagerbestand} = \frac{\text{Anfangsbestand} + \text{Endbestand}}{2}$$

ermittelt werden. Einen genaueren Wert liefert die Formel

$$\text{Dirchschnittlicher Lagerbestand} = \frac{\text{Anfangsbestand} + 12\,\text{Monatsendbestände}}{13}$$

Die **Lagerdauer** der Vorräte beträgt

$$\text{Lagerdauer in Tagen} = \frac{360}{\text{Umschlaghäufigkeit der Vorräte}}$$

Eine Erhöhung der Umschlagshäufigkeit führt also zu einer Verkürzung der Lagerdauer.

> **BEISPIEL**
>
> Durch den Verkauf von Handmixern konnte die Grau GmbH im vergangenen Jahr Umsatzerlöse i. H. v. 240.000 € erzielen. Der durchschnittliche Wert der Lagerbestände betrug 20.000 €. Wie hoch ist die Umschlaghäufigkeit der Vorräte von Handmixern? Wie viele Tage befinden sich die Handmixer durchschnittlich im Lager?
>
> $$\text{Umschlaghäufigkeit der Vorräte} = \frac{240.000\ \text{€}}{20.000\ \text{€}} = 12$$

Das Lager hat sich im vergangenen Jahr 12 Mal (also einmal im Monat) umgeschlagen.

$$\text{Lagerdauer in Tagen} = \frac{360}{12} = 30 \text{ Tage}$$

Die Handmixer verbleiben durchschnittlich 30 Tage im Lager.

Zur Ermittlung, wie lange die Vorräte für die Produktion bzw. den Verkauf reichen, wird die
Lagerreichweite berechnet. Sie zeigt, wie lange der durchschnittliche Lagerbestand bei
einem durchschnittlichen Verbrauch ausreicht. Sie ist von Bedeutung für die Beurteilung der Lieferfähigkeit.

$$\text{Lagerreichweite} = \frac{\text{durchschnittlicher Lagerbestand}}{\text{durchschnittlicher Verbrauch der Periode}}$$

Die Lagerdauer soll **möglichst kurz** sein, damit die Läger möglichst effizient genutzt
werden. Ihr Anstieg deutet auf eine suboptimale Vorratshaltung hin, die auf der Beschaf-
fungsseite durch ein ineffizientes Beschaffungswesen und auf der Absatzseite durch
eine Überschätzung der Absatzmöglichkeiten verursacht sein kann.

Je höher die Umschlaghäufigkeit der Vorräte und je niedriger deshalb die Lagerdauer
ist, desto geringer ist offenbar das durch die Lagerhaltung gebundene Kapital. Als Folge
daraus wird das Liquiditätspotenzial besser ausgenutzt. Maßnahmen zur Erhöhung der
Umschlagshäufigkeit wären z. B.
- Reduzierung des Sicherheitsbestandes
- Verkürzung der Beschaffungszeiten
- Optimierung des Sortiments

BERATUNGSHINWEIS

Diese Überlegungen greifen zu kurz, wenn die Unternehmensleitung gerade
bewusst und aufgrund von nachvollziehbaren Entscheidungen die Bestände
der Vorräte erhöht hat. Gründe dafür können z. B. sein:
- Erwartete Preissteigerungen, die höher ausfallen als die Kosten der Kapi-
  talbindung
- Einführung neuer Produktionstechnik
- Ausweitung der Produktion
- Erwartung eines größeren Auftrags

- Veränderte Mengenrabattstaffeln
- Umstellung der Lagerhaltung
- Verbesserung der jederzeitigen Lieferfähigkeit (Beispiel: Wichtige Ersatzteile werden vorgehalten, um Stillstandzeiten zu vermeiden)
- Lagerpositionen werden aus spekulativen Gründen aufgebaut (Beispiel: Wein kann durch Lagerung wertvoller werden)

Hohe Umschlaghäufigkeit der Vorräte	
Vorteile	Nachteile
Kurze Lagerdauer	Mehr Bestellvorgänge erforderlich
Niedrige Kapitalbindung	Sinnvolle Erhöhung der Vorräte unterbleibt
Produkte veralten und verderben weniger	Lange Lagerdauer kann Produkte qualitativ verbessern (z. B. Wein, Whisky, Käse)

Um die Vorratspolitik tatsächlich beurteilen zu können und Ursachen für festgestellte Entwicklungen finden zu können, müssen weitere Kennzahlen und zusätzliche Informationen herangezogen werden.

4.3.2.4   Forderungsintensität

Die Forderungsintensität (auch Forderungsquote) stellt das Verhältnis der Forderungen zum Gesamtvermögen eines Unternehmens dar. Sie drückt also den Anteil bestehender Forderungen an der Bilanzsumme aus.

$$\text{Forderungsintensität} = \frac{\text{Forderungen}}{\text{Gesamtvermögen}} \cdot 100$$

Wenn keine Besonderheiten vorliegen, werden zur Berechnung die Forderungen aus Lieferungen und Leistungen genutzt. Die Kennzahl bezieht sich dann auf ausstehende Zahlungen von Kunden.

> **BEISPIEL**
>
> Bei der Grün GmbH betragen die Forderungen aus Lieferungen und Leistungen zum Bilanzstichtag am 31. Dezember 01 300.000 € bei einer Bilanzsumme von 1.800.000 €.
>
> $$\text{Forderungsintensität} = \frac{300.000 \text{ €}}{1.800.000 \text{ €}} \cdot 100 = 16,7\,\%$$
>
> Die Forderungsintensität beträgt 16,7 %.

Die Forderungsintensität ist hoch, wenn ein großer Teil des gesamten Vermögens durch die Forderungen gebunden ist. Sie müssen teuer finanziert werden, schmälern die Rendite und bergen Ausfallrisiken. Anzustreben ist folglich eine **niedrige** Forderungsintensität. Je geringer ihr Wert, desto schneller liquidiert ein Unternehmen seine Forderungen. Das zeugt von einem wirksamen Forderungsmanagement.

BERATUNGSHINWEIS

Dem Forderungsmanagement muss besondere Aufmerksamkeit gelten, weil Schuldner nicht selten ihr Verhalten an die Erfahrungen mit einem Gläubiger anpassen, also verspätet und erst nach Mahnung zahlen.

Die isolierte Betrachtung der Kennzahl kann allerdings zu Fehlinterpretationen führen. Ein Anstieg kann sowohl positive wie negative Gründe haben.

Anstieg der Forderungsintensität	
Positive Gründe	Negative Gründe
Umsatzsteigerung	Verschlechterte Zahlungsmoral der Kunden
	Verspätete Rechnungsstellung

Die Forderungsintensität muss über mehrere Jahre und im Branchenvergleich analysiert werden. Die Erkenntnis wird erhöht, wenn zusätzlich auch die absoluten Werte betrachtet werden. Die Entwicklung des Forderungsbestandes kann durch entsprechende Aufzeichnungen leicht verfolgt und bewertet werden:

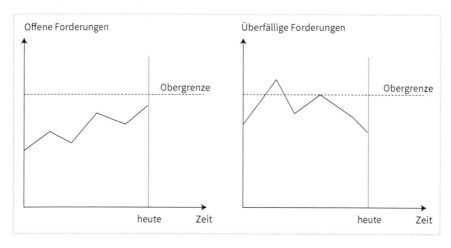

BERATUNGSHINWEIS

Eine Verbesserung der Forderungsintensität kann erreicht werden durch
- den Verkauf von Forderungen (Factoring),
- Vereinbarung kürzerer Zahlungsziele mit den Kunden,
- ein konsequentes Mahnwesen,
- ein wirkungsvolles, schnell reagierendes und trotzdem kundenorientiertes Forderungsmanagement.

Hohe Forderungsintensität	
Vorteile	Nachteile
Kann auf gestiegene Umsätze hindeuten	Hinweis auf schlechtes Forderungsmanagement
	Hinweis auf verspätete Rechnungstellung
	Schlechte Zahlungskonditionen
	Belastung der Liquidität
	Risiko von Zahlungsausfällen

Zur Ergänzung sollte die Umschlagshäufigkeit der Forderungen bei der Beratung berücksichtigt werden.

EXKURS

Factoring
Factoring ist der **Verkauf von Geldforderungen** aus Waren- und Dienstleistungsgeschäften im Rahmen eines Vertrages. Der Factor (z. B. eine Bank) übernimmt die Forderungen und überweist den Gegenwert – abzüglich einer Factoringgebühr – an den Forderungsverkäufer. So lassen sich Forderungen sofort – also noch vor ihrer Fälligkeit – in Liquidität umwandeln.
Die Kosten für das Factoring hängen von den in Anspruch genommenen Serviceleistungen, von der Bonität der Abnehmer und dem vereinbarten Diskontierungs-Zinssatz ab. Die Höhe der Factoringgebühr beträgt meist zwischen 0,5 und 2,5 %.

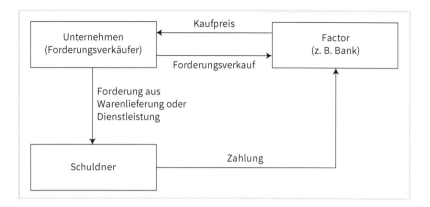

Je nach konkreter Ausgestaltung des Factorings werden unterschieden:

- **Echtes Factoring**. Finanzierungsfunktion (Vorfinanzierung), Dienstleistungsfunktion (Übernahme des Mahn- und Inkassowesens) und Delkrederefunktion (Übernahme des Bonitätsrisikos) werden durch den Factor übernommen.
- **Unechtes Factoring**. Der Factor übernimmt nur die Finanzierungsfunktion und die Dienstleistungsfunktion.
- **Offenes Factoring**. Der Schuldner wird über das Factoring informiert und zahlt mit befreiender Wirkung an den Factor.
- **Stilles Factoring**. Der Schuldner wird über das Factoring nicht informiert und zahlt weiter wie bisher.
- **Halboffenes Factoring**. Mit einem Vermerk auf den Rechnungen wird die Zusammenarbeit mit dem Faktor angezeigt, aber auf eine ausdrückliche Abtretungserklärung wird verzichtet.

Die Vorteile des Factorings aus Sicht des Forderungsverkäufers sind insbesondere:

- Durch den schnellen und sicheren Erhalt der Forderungsgegenwerte ergibt sich eine Verbesserung der Liquidität (vgl. Kap. 4.4.2).
- Das Ausfallrisiko wird – bei entsprechender Vertragsgestaltung – auf den Factor übertragen.
- Durch Verlagerung des Inkassos und des Mahnwesens an den Factor werden Kosten im Bereich der Debitorenbuchhaltung eingespart.
- Durch die Möglichkeit, längere Zahlungsziele zu gewähren, ergeben sich Wettbewerbsvorteile.
- Wenn die bereitstehenden Geldmittel zum Ausgleich kurzfristiger Verbindlichkeiten genutzt werden, verbessert sich die Eigenkapitalquote (vgl. Kap. 4.2.2).

4.3.2.5 Umschlaghäufigkeit der Forderungen

Für den unternehmerischen Erfolg ist die **zeitnahe** Realisation der Forderungen unverzichtbar. Der unerwartete Ausfall von Forderungen durch Zahlungsunfähigkeit oder mangelnde Zahlungsbereitschaft stellt ein erhebliches Risiko für die Liquidität und damit eine existenzielle Gefahr dar.

Die Umschlagsdauer der Forderungen (auch Kundenziel, Debitorendauer, Days Sales Outstanding (DSO)) kann mit der folgenden Kennzahl ermittelt werden:

$$\text{Umschlaghäufigkeit der Forderungen aus LuL} = \frac{\text{Umsatzerlöse} + \text{USt}}{\text{Ø Debitorenbestand}}$$

Die **Debitorenlaufzeit** gibt an, wie viele Tage es im Durchschnitt dauert, bis Umsatzerlöse liquiditätswirksam werden, also bis die Kunden ihre Rechnungen beglichen haben. Sie ist ein unverzichtbarer Bestandteil der Finanzplanung und zeigt, ob die Liquiditätssituation des Unternehmens verbesserungsfähig ist.

$$\text{Debitorenlaufzeit in Tagen} = \frac{\text{Durchschnittlicher Bestand an Forderungen}}{\text{Umsatzerlöse}} \cdot 360$$

> **BEISPIEL**
>
> Der Forderungsbestand der Braun GmbH hat sich im Laufe des Geschäftsjahres 01 von 480.000 € auf 525.000 € erhöht. Die Umsatzerlöse betrugen in diesem Zeitraum 8.000.000 €. Nach wie viel Tagen zahlen durchschnittlich die Kunden der Braun GmbH ihre Rechnungen?
>
> $$\text{Debitorenlaufzeit in Tagen} = \frac{\frac{480.000\,€ + 525.000\,€}{2}}{8.000.000\,€} \cdot 360$$
>
> $$\text{Debitorenlaufzeit in Tagen} = \frac{502.500}{8.000.000\,€} \cdot 360$$
>
> $$\text{Debitorenlaufzeit in Tagen} = 22{,}6$$
>
> Die durchschnittliche Debitorenlaufzeit beträgt 22,6 Tage.

MERKE

Die Umschlaghäufigkeit der Forderungen sollte grundsätzlich möglichst hoch sein, denn das deutet auf kurze Kundenziele und eine niedrige Kapitalbindung durch ein effizientes Forderungsmanagement hin.

Eine Verschlechterung der Umschlagsdauer der Forderungen kann
- auf branchenübliche Veränderungen zurückzuführen sein,
- durch konjunkturelle Entwicklungen bedingt sein,
- auf eine Verlängerung der Zahlungsziele zurückzuführen sein,
- ihre Ursache darin haben, dass Kunden mit schlechter Bonität beliefert worden sind,
- im Abbau von Skontoregelungen liegen,
- daran liegen, dass die Barumsätze zurückgegangen sind.

BERATUNGSHINWEIS

Die Interpretation der Kennzahl kann zu unterschiedlichen Schlüssen führen:
- Eine kurze Debitorenlaufzeit kann zeigen, dass durch ein verbessertes Forderungsmanagement – etwa durch gezielte Gewährung von Skonti und den Ausbau eines effizienten Mahnwesens – der Eingang von Zahlungsmitteln beschleunigt werden könnte.
- Eine lange Debitorenlaufzeit kann zeigen, dass eine Umsatzerhöhung auch um den Preis von risikoreicheren Geschäften durchgeführt worden ist. Einen Hinweis dazu kann die Veränderung der

$$\text{Forderungsausfallquote} = \frac{\text{ausgefallene Forderungen}}{\text{gesamter Forderungsbestand}} \cdot 100$$

liefern.
- Eine lange Debitorenlaufzeit kann weiter darauf hindeuten, dass Kunden besonders attraktive Konditionen eingeräumt worden sind, um die eigene Marktposition zu festigen und auszubauen.

Die Stichtagsbetrachtung kann zu falschen Ergebnissen führen, wenn z. B. Kunden ihre lang ausstehenden Zahlungen kurz vor dem Bilanzstichtag begleichen.
Vorteilhaft ist, wenn die durchschnittliche Debitorenlaufzeit kürzer ist als die durchschnittliche Kreditorenlaufzeit.

4.4 Analyse der Finanzstruktur

Auf den Punkt gebracht

Durch die Analyse der Finanzstruktur soll festgestellt werden, ob die Kapital- und Vermögens-
seite in einem angemessenen Verhältnis zueinander stehen. Dazu werden die horizontalen
Kennzahlen zu den Deckungsgraden und zur Liquidität herangezogen.
Die Sicherung der Liquidität ist die wichtigste Voraussetzung für den langfristigen Bestand des
Unternehmens.

4.4.1 Deckungsgrade

Die Kennzahlen zur Anlagendeckung zeigen, in welchem Umfang die **Finanzierungsregeln**
tatsächlich eingehalten worden sind. Je höher sie sind, je höher also die langfristige Finanzierung des Anlagevermögens ist, desto größer ist die finanzielle Stabilität des Unternehmens.

Die Deckungsgrade (auch Anlagedeckungsgrad, Anlagendeckung) werden durch die
Gegenüberstellung verschiedener langfristiger Passiva und Aktiva ermittelt. Sie zeigen
den Zusammenhang zwischen der Kapitalbeschaffung (Finanzierung) und der Mittelverwendung (Investitionen).

Der Bildung von Deckungsgraden liegen Vorstellungen zur **Fristenkongruenz** (Übereinstimmung) zugrunde, die zwischen Kapitalbindung und Kapitalverfügbarkeit bestehen
sollte. Die Bindungsdauer der investierten Mittel soll mit der zugehörigen Kapitalüber-
lassungsdauer mindestens übereinstimmen.

Die Deckungsgrade beruhen auf der sog. **Goldenen Bilanzregel**: Vermögensgegenstände, die langfristig im Unternehmen verbleiben, sollen auch langfristig finanziert
sein. Die übrigen Vermögensgegenstände, z. B. die meisten Gegenstände des Umlaufvermögens, können auch mit kurzfristig verfügbaren Mitteln finanziert sein.

BEISPIEL

Wenn Vorräte kurzfristig finanziert werden entsteht daraus in der Regel kein
Problem: Die Vorräte werden i. d. R. kurzfristig verkauft und aus den Umsatzerlösen können die offenen Lieferantenrechnungen beglichen werden.
Ein Vermögensgegenstand im Anlagevermögen (z. B. eine Maschine) wird dagegen langfristig genutzt und Umsatzerlöse erst über einen langen Zeitraum
erzielt. Eine kurzfristige Finanzierung (z. B. durch Verkauf) scheidet aus. Eine
langfristige Finanzierung kann ausschließlich durch Eigenkapital oder durch
langfristiges Fremdkapital (z. B. ein langfristiges Bankdarlehen) erfolgen.

Werden die Finanzierungsvorgänge **fristenkongruent** gestaltet, gibt es für das Unternehmen langfristig keine Liquiditätsprobleme (vgl. Kap. 4.4.2). Es befindet sich in einem finanziellen Gleichgewicht. Mit den Deckungsgraden lässt sich folglich die finanzielle Stabilität eines Unternehmens beurteilen.

> **BERATUNGSHINWEIS**
>
> Je mehr Vermögen durch Eigenkapital finanziert ist, desto sicherer ist es dem Zugriff von Gläubigern – etwa bei Schwierigkeiten bei der Bedienung von Zins- und Tilgungsraten – entzogen.

4.4.1.1 Deckungsgrad A

Der Deckungsgrad A (auch Deckungsgrad 1, Deckungsgrad 1. Grades) beschreibt den einfachsten Zusammenhang, der sich aus der Forderung nach Fristenkongruenz ergibt: Das Anlagevermögen soll durch das Eigenkapital gedeckt sein. Eigenkapital steht dem Unternehmen ohne Fristigkeit zur Verfügung, es muss nicht (wie z.B. ein Darlehen) zu einem späteren Zeitpunkt zurückgezahlt werden.

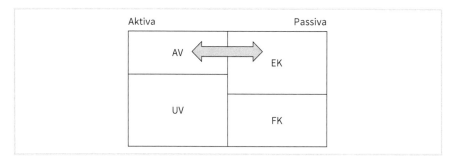

Die Kennzahl zeigt, in welchem Ausmaß die Forderung erfüllt ist:

$$\text{Deckungsgrad A} = \frac{\text{Eigenkapital}}{\text{Anlagevermögen}}$$

bzw. in Prozent ausgedrückt

$$\text{Deckungsgrad A} = \frac{\text{Eigenkapital}}{\text{Anlagevermögen}} \cdot 100$$

Wenn das Anlagevermögen vollständig durch Eigenkapital gedeckt, beträgt der Deckungsgrad A 100 %.

HINWEIS

Der Deckungsgrad A entspricht der »**Goldenen Finanzregel**«, wonach langfristiges Vermögen i. d. R. durch Eigenkapital gedeckt sein sollte. Angesichts der geringen Eigenkapitalausstattung deutscher Unternehmen ist diese Forderung aber kaum realistisch umzusetzen.

BEISPIEL

Bilanz

Aktiva	Euro	Passiva	Euro
Anlagevermögen	1.160	Eigenkapital	900
Umlaufvermögen		Fremdkapital	
Vorräte	240	Pensionsrückstellungen	300
Forderungen aus LuL	260	Verbindlichkeiten aus LuL	250
Kasse, Bank	190	Darlehen bis 1 Jahr Laufzeit	400
	1.850		1.850

$$\text{Deckungsgrad A} = \frac{\text{Eigenkapital}}{\text{Anlagevermögen}} \cdot 100$$

$$\text{Deckungsgrad A} = \frac{900}{1.160} \cdot 100 = 77,6\,\%$$

Die Bedingung ist nicht erfüllt, der Deckungsgrad A liegt unter 100 %.

Liegt der Deckungsgrad A unter 100 %, ist das Anlagevermögen zum Teil fremdfinanziert. Bei einem Deckungsgrad von beispielsweise 60 % müssten 40 % des Anlagevermögens mit Fremdkapital finanziert werden.

BERATUNGSHINWEIS

Es kann im Einzelfall trotzdem kurzfristig betriebswirtschaftlich sinnvoll sein, Anlagevermögen durch Fremdkapital zu finanzieren, wenn dadurch perspektivisch die Rentabilität des Unternehmens erhöht wird. Allerdings ist dabei zu berücksichtigen, dass Prognosen immer unsicher sind.

4.4.1.2   Deckungsgrad B

Mit der Berechnung des Deckungsgrades B (auch Deckungsgrad II, Deckungrad 2. Grades, Vermögensdeckungsgrad) wird berücksichtigt, dass ein Teil des Fremdkapitals ebenfalls langfristig zur Verfügung steht und deshalb zur Finanzierung des Anlagevermögens genutzt werden kann. Es wird also festgestellt, ob das Anlagevermögen durch das gesamte langfristige Kapital (Eigenkapital + langfristiges Fremdkapital), gedeckt ist.

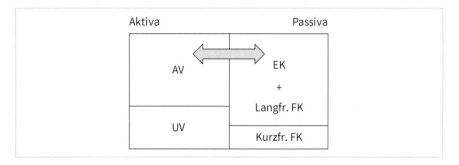

$$\text{Deckungsgrad B} = \frac{\text{Eigenkapital} + \text{langfr. Fremdkapital}}{\text{Anlagevermögen}}$$

bzw. in Prozent ausgedrückt

$$\text{Deckungsgrad B} = \frac{\text{Eigenkapital} + \text{langfr. Fremdkapital}}{\text{Anlagevermögen}} \cdot 100$$

HINWEIS

Der Deckungsgrad A entspricht der »**Goldenen Bankregel**«, wonach die Kapitalbindungsfristen mindestens so lang sein sollen wie das damit finanzierte Vermögen.

BEISPIEL

Bilanz

Aktiva		Passiva	
	Euro		Euro
Anlagevermögen	1.160	Eigenkapital	900
Umlaufvermögen		Fremdkapital	
Vorräte	240	Pensionsrückstellungen	300
Forderungen aus LuL	260	Verbindlichkeiten aus LuL	250
Kasse, Bank	190	Darlehen bis 1 Jahr Laufzeit	400
	1.850		1.850

$$\text{Deckungsgrad B} = \frac{\text{Eigenkapital} + \text{langfr. Fremdkapital}}{\text{Anlagevermögen}} \cdot 100$$

$$\text{Deckungsgrad B} = \frac{900 + 300}{1.160} \cdot 100 = 103,4\,\%$$

Die Bedingung ist erfüllt, der Deckungsgrad B liegt über 100 %.

BERATUNGSHINWEIS

Das langfristig verfügbare Kapital beträgt durchschnittlich ca. 106 % des Anlagevermögens.

Je weiter der Deckungsgrad B über 100 % liegt, desto größere Anteile des Umlaufvermögens sind – zusätzlich zum Anlagevermögen – durch langfristiges Kapital finanziert. Dadurch wird eine höhere finanzielle Stabilität des Unternehmens erreicht.

Wenn der Deckungsgrad B unter 100 % liegt, sind Teile des Anlagevermögens kurzfristig finanziert. Bei Fälligkeit kurzfristiger Verbindlichkeiten könnte das Unternehmen in Zahlungsschwierigkeiten geraten, weil das Anlagevermögen kurzfristig nicht liquidierbar ist.

Deshalb sollte der Deckungsgrad B deutlich über 100 % liegen (Ziel 110 % bis 150 %).

4.4.1.3 Deckungsgrad C

Wieder mit dem Grundgedanken der Fristenkongruenz berücksichtigt der Deckungsgrad C (auch Anlagedeckungsgrad III, Erweiterte Anlagedeckung), dass es auch im Umlaufvermögen (entgegen der Definition, das Umlaufvermögens stünde nur kurzzeitig zur Verfügung) Vermögensgegenstände geben kann, die tatsächlich langfristig gebunden sind, weil sie sehr wohl für die Betriebsbereitschaft zwingend erforderlich sind. Der »**Eiserne Bestand**« ist ein Sicherheitsbestand an Waren bzw. Roh-, Hilfs- und Betriebsstoffen, der bei unvorhergesehenen Störungen die Lieferfähigkeit bzw. die Betriebsbereitschaft und eine reibungslose Abwicklung der Produktion gewährleisten soll. Im laufenden Betrieb sollte er nicht angegriffen werden.

> **BEISPIEL**
>
> Die Bäckerei Schwarz benötigt pro Tag 50 kg Mehl. Die Lieferzeit für das Mehl beträgt 2 Tage. Wie hoch müsste der Eisernen Bestand der Bäckerei sein, damit das Unternehmen bei einem Lieferengpasses noch 3 Tage weiterarbeiten kann?
> Mindestbestand = Anzahl der Tage · Tagesverbrauch
> Der Eiserne Bestand der Bäckerei müsste 3 Tage · 50 kg = 150 kg betragen.

Die Höhe des Eisernen Bestandes ist sehr unterschiedlich und abhängig vom Bedarf, vom Bestellrhythmus, von der Bestellmenge, von den Lieferfristen u. a.

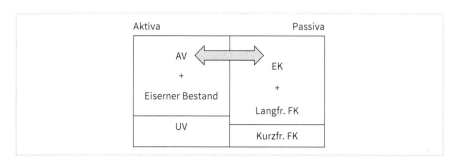

$$\text{Deckungsgrad C} = \frac{\text{Eigenkapital} + \text{langfr. Fremdkapital}}{\text{Anlagevermögen} + \text{Eiserner Bestand}}$$

bzw. in Prozent ausgedrückt

$$\text{Deckungsgrad C} = \frac{\text{Eigenkapital} + \text{langfr. Fremdkapital}}{\text{Anlagevermögen} + \text{Eiserner Bestand}} \cdot 100$$

BERATUNGSHINWEIS

Das Eigenkapital und das langfristige Fremdkapital sollten zusammen das gesamte Anlagevermögen und zusätzlich den Eisernen Bestand decken.

BEISPIEL

Bilanz

Aktiva		Passiva	
	Euro		Euro
Anlagevermögen	1.160	Eigenkapital	900
Umlaufvermögen		Fremdkapital	
Vorräte	240	Pensionsrückstellungen	300
davon Eiserner Bestand	50		
Forderungen aus LuL	260	Verbindlichkeiten aus LuL	250
Kasse, Bank	190	Darlehen bis 1 Jahr Laufzeit	400
	1.850		1.850

$$\text{Deckungsgrad C} = \frac{\text{Eigenkapital} + \text{langfr. Fremdkapital}}{\text{Anlagevermögen} + \text{Eiserner Bestand}} \cdot 100$$

$$\text{Deckungsgrad C} = \frac{900 + 300}{1.160 + 50} \cdot 100 = 99,2\,\%$$

Die Bedingung ist knapp nicht erfüllt, der Deckungsgrad C liegt unter 100 %.

Die Deckungsgrade müssen vorsichtig interpretiert werden. Ihre **Schwächen** resultieren vor allem daraus, dass sie an Bilanzpositionen gebunden sind:

- Die Höhe der Bilanzansätze stimmt mit den erwarteten Zahlungsströmen nicht notwendig überein.
- Bei Unternehmen, die ihr Anlagevermögen geleast haben, verbessert sich rechnerisch der Anlagendeckungsgrad.
- Angaben über Fälligkeitstermine der verwendeten Größen sind in Bilanzen relativ ungenau.

BEISPIEL

Nach § 266 Abs. 3 HGB werden die Verbindlichkeiten nach ihrer Art unterschieden, im Anhang muss der Gesamtbetrag der Verbindlichkeiten mit einer Restlaufzeit von mehr als fünf Jahren angegeben werden (§ 285 Nr. 1a HGB).

- Die festgestellten Höhen der Deckungsgrade sind stichtagsbezogen. Sie beschreiben die Situation zu einem Zeitpunkt in der Vergangenheit.
- Nur in besonderen Fällen gibt es Hinweise auf die Entwicklung nach Aufstellung der Bilanz.
- Bei der Bewertung der Vermögensgegenstände gibt es Spielräume und Gestaltungsmöglichkeiten.
- Unvorhersehbare Ereignisse können trotz Einhaltung der Finanzierungsregeln zu Liquiditätsproblemen führen.
- Kostengesichtspunkte, Gewinnaussichten und Autonomieaspekte spielen bei der Berechnung der Deckungsgrade keine Rolle.

Deshalb ist fraglich, ob die Deckungsgrade eine Aussage zur optimalen Finanzierung eines Unternehmens liefern können. Trotz dieser offenkundigen Probleme sollten sie aber ein wesentliches Element jeder Jahresabschlussanalyse sein:

- Sie bieten einfache und transparente Entscheidungshilfen, die gegebenenfalls im Einzelfall modifiziert werden können.
- Im Vergleich über mehrere Perioden sind Veränderungen erkennbar, die – gleiche Vorgehensweise vorausgesetzt – wertvolle Hinweise erlauben über die finanzielle Entwicklung.
- Da die Regeln allgemein gebräuchlich sind, wird ihre Einhaltung bei der Einschätzung und Bewertung durch Externe eine wichtige Rolle spielen.

4.4.2   Liquiditätsanalyse

Liquidität bezeichnet die Fähigkeit und Bereitschaft, jederzeit bestehende **Zahlungsverpflichtungen** der Höhe nach und fristgerecht erfüllen zu können. Laufende Kosten und eingehenden Rechnungen müssen jederzeit bezahlt werden können. Die dazu notwendigen »liquiden Mittel« sind Kassenbestände und Guthaben bei Kreditinstituten. Andere Vermögensgegenstände können in kürzerer oder längerer Frist (z. B. durch Verkauf) in liquide Mittel umgewandelt werden.

> BERATUNGSHINWEIS
>
> Der Begriff »Liquide Mittel« ist im HGB nicht definiert, es handelt sich um einen Begriff der Bilanzierungspraxis.

Kassenbestände umfassen alle Haupt- und Nebenkassen, auch Bestände in ausländischer Währung und Bargeldbestände in Automaten. In der Praxis werden darunter auch Postwertzeichen erfasst.

Fremdwährungspositionen müssen zum Devisenkassamittelkurs umgerechnet werden. In der Steuerbilanz kann aufgrund von § 6 Abs. 1 Nr. 2 EStG die Bewertung nicht über die Anschaffungskosten hinausgehen.

Bundesbankguthaben haben – insbesondere bei kleinen und mittleren Unternehmen – kaum Bedeutung, weil sie selten vorkommen.

Als »**Guthaben bei Kreditinstituten**« werden auch Guthaben bei Bausparkassen bilanziert. Gesperrte, eingefrorene und nicht konvertierbare ausländische Konten sind dagegen als »sonstige Vermögensgegenstände« zu bilanzieren, weil sie eben nicht kurzfristig zur Verfügung stehen.

Schecks gelten grundsätzlich als liquide Mittel. Wenn aber ihre Einlösung zweifelhaft ist, sind sie als Forderungen zu erfassen.

Wenn Zahlungen durch eine zu niedrige Liquidität nicht oder nur verspätet geleistet werden können, wirkt sich das negativ auf die Reputation aus. Dauerhaft fehlende Liquidität hat **Zahlungsunfähigkeit** zur Folge. Andererseits ist eine hohe Liquiditätsreserve unproduktiv angelegtes Vermögen.

BEISPIEL

Die Schreinerei »Grau« kauft regelmäßig Bretter und andere Rohstoffe bei denselben Händlern ein.

1. Mangelndes Liquiditätsmanagement führt dazu, dass die Rechnungen nicht pünktlich bezahlt werden können. Auf Dauer werden die Händler Vorkasse verlangen, neue Lieferanten werden nicht zu finden sein, die Kreditauskünfte werden belastet.

2. Die Schreinerei hat durch die Bezahlung eines großen Auftrags hohe Liquiditätszuflüsse, die sich auf dem Geschäftskonto ansammeln. Diese überhöhte Liquidität könnte z. B. in eine verbesserte Geschäftsausstattung mit höherer Kapazität oder in höher verzinsliche Finanzanlagen investiert werden.

BERATUNGSHINWEIS

Auch ein rentabel arbeitendes Unternehmen kann zahlungsunfähig werden. Es müssen nur einige Kunden später als erwartet bezahlen oder ein Zahlungspflichtiger ganz ausfallen. Liquiditätsschwierigkeiten sind dann die fast unausweichliche Folge. Sie gehören zu den größten Problemen und zu den häufigsten Ursachen für Insolvenzen.

Daher muss die Liquidität **systematisch geplant und sorgfältig überwacht** werden.

Voraussetzung für die Ermittlung und Sicherstellung der Liquidität ist die exakte Planung aller anfallenden Ein- und Ausgaben. Aus der Differenz ergibt sich die Liquidität, die zur Verfügung steht, um die finanziellen Verpflichtungen zu erfüllen. Dabei kann auch ein Liquiditätsengpass erkennbar werden.

4.4.2.1   Liquiditätsregeln

Liquiditätsregeln beziehen sich auf das Verhältnis zwischen Teilen des Umlaufvermögens und den kurzfristigen Verbindlichkeiten.

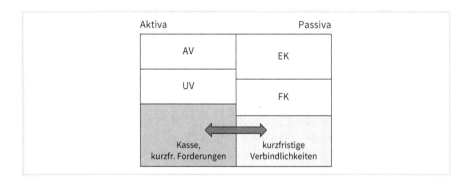

Welche Teile des Umlaufvermögens (z. B. Flüssige Mittel, Forderungen, Vorräte) und der kurzfristigen Schulden (z. B. Lieferantenverbindlichkeiten) dabei aufeinander bezogen werden sollen, wird je nach Branche, aber auch abhängig vom konkreten Erkenntnisinteresse, unterschiedlich gesehen.

Mit dieser Ungenauigkeit werden die

$$\text{1:1-Regel} \quad \frac{\text{Teile des Umlaufvermögens}}{\text{kurzfristiges Fremdkapital}} = \frac{1}{1} \quad \text{bzw. die}$$

$$\text{1:2-Regel} \quad \frac{\text{Teile des Umlaufvermögens}}{\text{kurzfristiges Fremdkapital}} = \frac{2}{1}$$

aufgestellt. Beide sichern zwar die jederzeitige Zahlungsfähigkeit, ein Liquiditätsmanagement können sie aber schon deshalb nicht wirkungsvoll ersetzen, weil die Gefahr der Überliquidität besteht.

Andererseits können nur solche Verbindlichkeiten berücksichtigt werden, die zum Zeitpunkt der Analyse bzw. zum Zeitpunkt der Datenermittlung bereits bestehen. Spätere, auch kurzfristige Verbindlichkeiten wie Mieten und Personalkosten, sind nicht erfasst und können so zu Zahlungsproblemen führen.

Die **statische** Liquiditätsanalyse basiert auf Bestandgrößen der Aktiv- und Passivseite und untersucht zu einem Stichtag, in welchem Verhältnis die Bindungsfristen der vorhandenen Liquidität gegenüber den Verbindlichkeiten stehen.

Die **dynamische** Liquidationsanalyse ist dagegen zeitraumbezogen. Anhand von Stromgrößen wird festgestellt, welche Finanzmittel aus dem betrieblichen Leistungsprozess erwirtschaftet worden sind und wie sie verwendet worden sind.

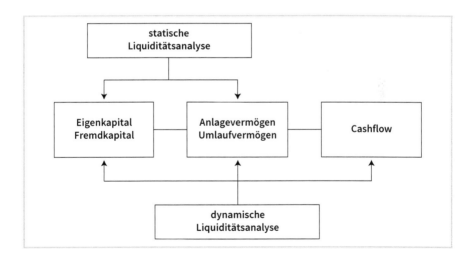

4.4.2.2   Liquiditätsrechnung

Die Liquidität kann mit Hilfe einer **Liquiditätsrechnung** prognostiziert werden. Sie soll vollständig und zeitpunktgenau die Höhe der Ein- und Auszahlungen für einen definierten Zeitraum darstellen. Ausgehend von den Beständen werden für jede Periode die geplanten Ein- und Auszahlungen erfasst und der Endbestand ermittelt:

> Anfangsbestand an liquiden Mitteln
> + Einzahlungen
> ./. Auszahlungen
> ————————————————
> = Endbestand an liquiden Mitteln

BEISPIEL

Vereinfachter Liquiditätsplan für die Schreinerei Grau (in Euro)

	Januar	Februar	März
Bestand	50.000	63.000	40.000
Erlöse aus dem Verkauf von Möbeln	160.000	120.000	150.000
Verkauf eines Transportfahrzeuges		8.000	
Aufnahme eines Darlehens		40.000	
Summe Einzahlungen	160.000	168.000	150.000
Kauf von Rohstoffen	50.000	80.000	60.000
Kauf von Werkzeugen		12.000	
Löhne und Gehälter	90.000	90.000	95.000
Werkstattmiete	5.000	5.000	5.000
Kauf eines Transportfahrzeuges			45.000
Zahllast von Darlehen	2.000	4.000	4.000
Summe Auszahlungen	147.000	191.000	209.000
Endbestand	**63.000**	**40.000**	**- 19.000**

Im Monat März ergibt sich voraussichtlich ein Engpass an liquiden Mitteln. Als Gegenmaßnahme kämen z. B. die Inanspruchnahme eines Kontokorrentkredits oder die Verschiebung des Fahrzeugkaufs in Betracht.

Die systematische Liquiditätsplanung ist ein kontinuierlicher Prozess, in dem gegebenenfalls Notwendigkeiten für Korrekturen festgestellt werden. Zugleich können Möglichkeiten gesucht werden, zukünftige Abweichungen von den Plänen zu vermeiden. Eine Reaktion ist insbesondere erforderlich, wenn strukturelle Mängel erkennbar werden.

4.4.2.3 Liquiditätskennzahlen

Zur Bildung von Kennzahlen zur Liquidität werden die Zahlungsmittelbestände in drei Gruppen eingeteilt:

Liquide Mittel 1. Ordnung stehen sofort zur Verfügung. Dazu zählen:
- Kassenbestand,
- Bundesbankguthaben,
- Guthaben bei Kreditinstituten.

Liquide Mittel 2. Ordnung lassen sich kurzfristig in Geld transformieren, z. B.:
- Wertpapiere des Umlaufvermögens,
- Schecks,
- Wechsel,
- kurzfristige Forderungen.

Liquide Mittel 3. Grades lassen sich nur relativ aufwendig umwandeln und stehen nur mittelfristig zur Verfügung, beispielsweise:
- Waren,
- Halb- und Fertigerzeugnisse,
- Roh-, Hilfs- und Betriebsstoffe.

Je höher der Bestand an liquiden Mitteln im Vergleich zu den kurzfristigen Verbindlichkeiten ist, desto eher kann ein Unternehmen seinen finanziellen Verpflichtungen nachkommen und desto geringer ist die Gefahr der **Zahlungsunfähigkeit** und einer folgenden Insolvenz.

BERATUNGSHINWEIS

Weil mit den liquiden Mitteln keine Gewinne und meistens auch keine Zinserträge zu erzielen sind, gilt der Grundsatz: »Der Bestand an liquiden Mitteln soll so hoch wie nötig, aber so niedrig wie möglich sein.«
Aus unternehmerischer Sicht ist es sinnvoller, nicht benötigte liquide Mittel gewinnbringend anzulegen.

Um die Liquidität differenziert beurteilen zu können, werden Liquiditätsgrade ermittelt. Sie sollen Auskunft geben über das finanzielle Gleichgewicht eines Unternehmens.

BERATUNGSHINWEIS

In einem Unternehmen müssen immer genügend Zahlungsmittel vorhanden sein, um die fälligen Verbindlichkeiten begleichen zu können. Ziel ist es jedoch nicht, möglichst hohe Zahlungsmittelbestände zu haben. Die Aufrechterhaltung der Liquidität dient vielmehr der Existenzsicherung und der Gewinnmaximierung.

Liquidität 1. Grades (auch Barliquidität): Die Liquidität 1. Grades gibt an, wie hoch die kurzfristigen liquiden Mittel (Kasse, Bank u. Ä.) im Verhältnis zu dem kurzfristigen Fremdkapital (z. B. Verbindlichkeiten, fällig in den nächsten drei Monaten) sind:

$$\text{Liquidtät I} = \frac{\text{kurzfristige liquide Mittel}}{\text{kurzfristiges Fremdkapital}} \cdot 100$$

BERATUNGSHINWEIS

Die Quote müsste theoretisch 100 % betragen, damit die kurzfristigen Verbindlichkeiten jederzeit beglichen werden können. Allerdings sind nicht alle sofort fällig, deshalb sind Werte unter 100 % üblich. Als Richtwert für die Liquidität 1. Grades gelten Werte zwischen 20 % und 30 % als ausreichend. Werte unter 20 % sind allerdings aus analytischer Sicht problematisch.

Die Aussagekraft dieser Kennzahl ist begrenzt, hauptsächlich wegen ihrer Stichtagsbezogenheit:
- Ihre Zuverlässigkeit hängt davon ab, ob die Kreditorenbuchhaltung auf aktuellem Stand ist oder ob bewusst aus bilanzpolitischen Erwägungen Einfluss genommen worden ist, z. B. wenn eingegangene Rechnungen nicht sofort erfasst werden, sondern einige Tage liegen bleiben.
- Solange noch nicht beanspruchte Kreditlinien vorhanden sind, droht keine Zahlungsunfähigkeit.
- Weil die Liquiditätskennzahlen stichtagsbezogen sind, können laufende Zahlungen nicht abgebildet werden.
- Die unterstellten Fristigkeiten sind ungenau.
- Einmaleffekte können das Ergebnis verfälschen, z. B. die Bezahlung einer hohen Rechnung kurz vor dem Bilanzstichtag.
- Durch Aufnahme eines Darlehens kurz vor dem Bilanzstichtag und Rückzahlung kurz danach kann die Kennzahl leicht manipuliert werden.

- Der Bedarf an liquiden Mitteln muss nicht konstant sein. Es kann Phasen geben, in denen mehr liquide Mittel benötigt werden als in anderen.
- Die vergangenheitsbezogenen Liquiditätskennzahlen können eine geplante Aufnahme von Darlehen nicht berücksichtigen.
- Bevorstehende Investitionen können die Liquidität erheblich belasten.
- Bei bevorstehenden Kapitalerhöhungen oder -herabsetzungen werden sich die Kennzahlen grundlegend ändern.
- Der Jahresabschluss, aus dem die Kennzahl berechnet wird, liegt erst deutlich nach dem Bilanzstichtag vor. Die Einreichungsfrist beträgt – abhängig von der Größe und der Rechtsform – bis zu einem Jahr. Die Zahlen sind dann nicht mehr aktuell.
- Aus den Ergebnissen der Vergangenheit kann nicht auf die zukünftige Liquidität geschlossen werden. Die Höhe der Kennzahl beruht auf Geschäftsfällen in der Vergangenheit, daraus lassen sich keine Prognosen ableiten.

BERATUNGSHINWEIS

Ein hoher Bestand an liquiden Mitteln sichert zwar die Zahlungsfähigkeit eines Unternehmens, aus der Kennzahl »Barliquidität« alleine können keine zuverlässigen Schlüsse für weitere Maßnahmen gezogen werden.

Die **Liquidität 2. Grades** (auch einzugsbedingte Liquidität) gibt an, wie hoch die kurzfristigen liquiden Mittel zuzüglich der kurzfristigen Forderungen (fällig innerhalb der nächsten 3 oder nach anderer Auffassung 12 Monate) im Verhältnis zu dem kurzfristigen Fremdkapital sind.

$$\text{Liquidtät II} = \frac{\text{kurzfristige liquide Mittel} + \text{kurzfristige Forderungen}}{\text{kurzfristiges Fremdkapital}} \cdot 100$$

Wenn diese Kennzahl niedriger ist als 100 %, wird ein Teil der kurzfristigen Verbindlichkeiten durch kurzfristig zur Verfügung stehendes Kapital nicht gedeckt. Als Folge droht dann ein Liquiditätsengpass. Zusätzlich zu den Problemen der Stichtagsbezogenheit, wie bei der Liquidität 1. Grades, hängt die Größe dieser Kennzahl auch ab vom Stand der Debitorenbuchhaltung.

BEISPIEL

Durch beschleunigte Erfassung und Buchung von Warenausgängen entstehen Forderungen, gleichzeitig könnten Wareneingänge mit einigen Tagen Verzögerung erfasst und verbucht werden. Es wird aber unterstellt, dass Forderungen aus LuL dieselbe Laufzeit haben wie Verbindlichkeiten aus LuL. Unsicherheiten über den Zeitpunkt von Zahlungseingängen werden nicht berücksichtigt.

Die **Liquidität 3. Grades** (Liquidität auf mittlere Sicht) gibt an, wie hoch das gesamte Umlaufvermögen im Verhältnis zum kurzfristigen Fremdkapital ist.

$$\text{Liquidtät III} = \frac{\text{Umlaufvermögen}}{\text{kurzfristiges Fremdkapital}} \cdot 100$$

Je nach Erkenntnisinteresse wird als Bezugsgröße auch die Summe aus dem kurz- und mittelfristigen Fremdkapital gewählt.

$$\text{Liquidtät III} = \frac{\text{Umlaufvermögen}}{\text{kurzfristiges} + \text{mittelfristiges Fremdkapital}} \cdot 100$$

Bei dieser Kennzahl ergibt sich – zusätzlich zu den für die Liquidität 1. und 2. Grades genannten Schwierigkeiten – das Problem, dass das Umlaufvermögens nach dem strengen Niederstwertprinzip zu bewerten ist, wodurch stille Reserven enthalten sein können. Die Vergleichbarkeit wird dadurch erheblich unsicherer.

BEISPIEL

Die Blau GmbH legt folgende (verkürzte) Bilanz vor:

Aktiva			Passiva
	Euro		Euro
Anlagevermögen	72.800	Eigenkapital	70.000
Vorräte	42.000		
Forderungen	7.000	langfr. Fremdkapital	28.000
Liquide Mittel	4.200	kurzfr. Fremdkapital	28.000
	126.000		126.000

1. Welche Werte ergeben sich für die Liquiditätsgrade?

$$\text{Liquidität I} = \frac{4.200\ \text{€}}{28.000\ \text{€}} \cdot 100 = 15\,\%$$

$$\text{Liquidität II} = \frac{4.200\ \text{€} + 7.000\ \text{€}}{28.000\ \text{€}} \cdot 100 = 40\,\%$$

$$\text{Liquidität II} = \frac{4.200\ \text{€} + 7.000\ \text{€} + 42.000\ \text{€}}{28.000\ \text{€}} \cdot 100 = 190\,\%$$

2. Ist die Banker's Rule eingehalten, wenn bekannt ist, dass die Vorräte 12 % stille Reserven enthalten?

$$\text{Liquidität III} = \frac{(42.000\ \text{€}\ -\ 5.040\ \text{€}) + 7.000\ \text{€} + 4.200\ \text{€}}{28.000\ \text{€}} \cdot 100 = 172\,\%$$

Der Wert liegt unter 200 %, die Banker's Rule ist nicht erfüllt.

Indizien für eine mangelnde Liquidität sind z. B.

* Bankguthaben nehmen ab und sind sehr niedrig,
* Finanzanlagen werden aufgelöst oder sind gar nicht vorhanden,
* Bankschulden sind ungewöhnlich hoch und nehmen zu,
* Verbindlichkeiten aus Lieferungen und Leistungen sind außerordentlich hoch.

Sofern die Kennzahlen eine nicht ausreichende Liquidität signalisieren, kann es dafür sehr unterschiedliche **Gründe** geben, z. B.:

* **Investitionen** in das Anlagevermögen. Anlagevermögen steht zwar dauerhaft dem Unternehmen zur Verfügung, führt aber zum Zeitpunkt der Investition zu einem Mittelabfluss.
* **Erhöhung der Vorräte**. Der Zugang von Vorräten ist zwar grundsätzlich erfolgsneutral, führt aber zu einem Abfluss von liquiden Mitteln. Trotzdem kann es sinnvoll sein, die Vorräte zu erhöhen, z. B. wenn

- Preissteigerungen erwartet werden,
- ein Mengenrabatt in Anspruch genommen werden soll,
- Lieferschwierigkeiten absehbar sind.

- **Längere Kreditoren- als Debitorenziele.** Wenn den Kunden ein längeres Zahlungsziel eingeräumt wird als von den Lieferanten gewährt wird, sinkt tendenziell der Bestand an liquiden Mitteln.

- **Abbau von Fremdkapital.** Die Rückzahlung von Fremdkapital erfolgt aus den liquiden Mitteln.

- **Vorfinanzierung bei Auftragsfertigung.** Insbesondere bei langfristiger Auftragsfertigung kann eine Vorfinanzierung zu einem Liquiditätsengpass führen.

- **Rückgang der Umsatzerlöse.** Umsatzerlöse können durch sinkende Absatzpreise oder durch geringere Absatzmengen verursacht werden.

- **Saisonbedingte Liquiditätsschwankungen.** In manchen Branchen sind die Zahlungsströme über das Jahr sehr volatil.

- **Kostensteigerungen.** Wenn Kostensteigerungen – z. B. aufgrund der Wettbewerbssituation – nicht über die Verkaufspreise weitergegeben werden können, wird die Liquidität negativ beeinflusst.

BERATUNGSHINWEIS

Wenn die Kennzahlen zeigen, dass Maßnahmen zur Verbesserung der Liquidität erforderlich sind, muss für jedes Unternehmen individuell geprüft und entschieden werden, welche Schritte unternommen werden können. Grundsätzlich müssen dann

- Einzahlungen erhöht und früher erhalten und
- Auszahlungen vermindert und später geleistet

werden. Nicht alle der folgenden – beispielhaften – Maßnahmen sind in jedem Unternehmen umsetzbar. Ihre Wirkung und besonders der Zeitpunkt, an dem sie wirksam werden, hängen von zahlreichen Einflüssen ab, die bei allen Überlegungen berücksichtigt müssen.

- Verkauf von nicht betriebsnotwendigen Gegenständen des Anlage- oder Umlaufvermögens
- Verkauf von Finanzanlagen des Umlaufvermögens
- Leasing: Vermögensgegenstände werden gemietet, dadurch wird die Anschaffungsauszahlung vermieden, es fallen aber in Zukunft Mietaufwendungen an.

- Sale-and-lease-back: Vermögensgegenstände werden verkauft und anschließend zurückgemietet. Der Verkauf führt zu einem einmaligen hohen Zufluss an Zahlungsmitteln, aber zu einem Abfluss für die Mietaufwendungen in der Zukunft
- Outsourcing von bestimmten Tätigkeiten. Die Fremdvergabe soll zu niedrigeren Ausgaben führen
- Vereinbarung von Anzahlungen
- Optimierung der Lagerhaltung durch Verringerung der Bestände. Wo möglich, kann just-in-time-Lieferung vereinbart werden
- Reduzierung der Außenstände durch
  - zeitnahe Fakturierung,
  - klare (kurze) Zahlungsziele,
  - Schaffung von Anreizen zu pünktlicher Zahlung (Skonti),
  - konsequentes Mahnwesen,
  - Versicherung der Kundenforderungen gegen Ausfall
- Factoring. Durch Verkauf von Forderungen kann ein zeitnaher Zahlungseingang erreicht werden, der allerdings geringer ist als die Forderungen, weil der Factor eine Factoringgebühr und gegebenenfalls weitere Gebühren einbehält. Die Liquidität 1. Grades wird so verbessert, die Liquidität 2. Grades nimmt aber ab, weil die Zunahme des Bestandes an Zahlungsmitteln geringer als die Abnahme des Forderungsbestandes
- Verschiebung von Investitionen auf einen späteren Zeitpunkt
- Umschuldung kurzfristiger Verbindlichkeiten in langfristige Darlehen. Die Liquidität kann kurzfristig verbessert werden, das Zahlungsproblem wird aber in die Zukunft verlagert
- Kapitalerhöhung durch Bareinlagen
- Aufnahme eines stillen Gesellschafters
- Zusätzliche Aufnahme von Darlehen

Diese Maßnahmen sind grundsätzlich geeignet, kurzfristige Liquiditätsengpässe zu überbrücken. Allerdings ist zu berücksichtigen, dass einige zu eine höheren Liquiditätsbelastung in der Zukunft führen.

Hohe Liquidität	
Vorteile	Nachteile
Jederzeitige Zahlungsfähigkeit	Opportunitätskosten bei alternativen renditestarken Anlagemöglichkeiten
Hohe Flexibilität auch bei kurzfristigen Finanzentscheidungen	

4.4.2.4   Working Capital

Eine weitere Kennzahl zur Beurteilung der Zahlungsfähigkeit eines Unternehmens ist das Working Capital (auch Betriebskapital). Aus der Differenz zwischen dem Umlaufvermögen und dem kurzfristigen Fremdkapital ergibt sich, ob die kurzfristigen Verbindlichkeiten aus eigenen Mitteln bezahlt werden können.

> **BERATUNGSHINWEIS**
>
> Das Working Capital zeigt, welche Mittel ein Unternehmen für Investitionen und andere Ausgaben zur Verfügung hat, nachdem die kurzfristigen Verbindlichkeiten bezahlt sind.

	Umlaufvermögen
./.	kurzfristige Verbindlichkeiten
=	Working Capital

- Ein positiver Wert zeigt, dass die kurzfristigen Verbindlichkeiten durch das Umlaufvermögen vollständig gedeckt sind und dass ein Teil des Umlaufvermögens mit langfristig zur Verfügung stehendem Kapital finanziert wird.
- Ein negativer Wert bedeutet dagegen, dass das Umlaufvermögen nicht ausreicht, um die gesamten kurzfristigen Verbindlichkeiten zu decken und folglich ein Teil des Anlagevermögens kurzfristig finanziert ist. Die Goldene Bilanzregel ist damit nicht eingehalten.

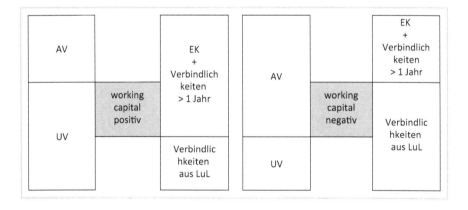

Die Kennziffer Working Capital ist ein Gradmesser für die Zahlungsfähigkeit und die finanzielle Flexibilität eines Unternehmens. Sie ist einerseits Maßstab für Liquidität und zeigt andererseits eventuellen Finanzierungsbedarf. Die Kennzahl ist ein wichtiger Indikator für eine nahende Krisensituation, besonders wenn sie sich im Vergleich zum Umsatzwachstum verschlechtert.

BEISPIEL

Aktiva		Passiva	
	Euro		Euro
Anlagevermögen	82.800	Eigenkapital	70.000
Vorräte	42.000		
Forderungen	7.000	langfr. Fremdkapital	38.000
Liquide Mittel	4.200	kurzfr. Fremdkapital	28.000
	136.000		136.000

Das Working Capital beträgt (42.000 € + 7.000 € + 4.200 €) – 28.000 = 25.200 €

BERATUNGSHINWEIS

Die Höhe des Working Capital verändert sich nur bei Geschäftsfällen, die sowohl langfristige als auch kurzfristige Bilanzpositionen betreffen. **Beispiel:** Barverkauf eines Grundstücks
Bei Geschäftsfällen, die entweder nur kurzfristige Bilanzpositionen oder nur langfristige Bilanzpositionen betreffen, ändert sich das Working Capital nicht. **Beispiel:** Begleichung einer kurzfristigen Verbindlichkeit durch Barzahlung

Das Working Capital verbessert sich, wenn sich Forderungen, Bestände und kurzfristige Verbindlichkeiten verringern, da diese Faktoren für die kurzfristige Kapitalbindung verantwortlich sind.

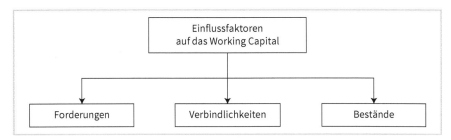

Der Anteil des Working Capitals am Umlaufvermögen wird mit der Working Capital Ratio ausgedrückt.

$$\text{Working Capital Ratio} = \frac{\text{Working Capital}}{\text{Umlaufvermögen}} \cdot 100$$

Diese Kennzahl soll einen Wert von 30 % bis 50 % haben.

BEISPIEL

Aktiva		Passiva	
	Euro		Euro
Anlagevermögen	82.800	Eigenkapital	70.000
Vorräte	42.000		
Forderungen	7.000	langfr. Fremdkapital	38.000
Liquide Mittel	4.200	kurzfr. Fremdkapital	28.000
	136.000		136.000

Ist die Working Capital Ratio nach dieser Bilanz zufriedenstellend?

$$\text{Working Capital Ratio} = \frac{\text{Working Capital}}{\text{Umlaufvermögen}} \cdot 100 \;\rightarrow\; \frac{25.200\ €}{53.200\ €} \cdot 100 = 47,4\,\%$$

Die Working Capital Ratio liegt im gewünschten Bereich.

4.4.3   Cashflow-Analyse

Der Cashflow zeigt den Überschuss der Einnahmen über die Ausgaben. Erkennbar wird, in welchem Maße ein Unternehmen Finanzmittel aus eigener Kraft erwirtschaftet hat. Sie stehen dem Unternehmen frei zur Verfügung und können für Investitionen, Schuldentilgung, Gewinnausschüttung oder Aufstockung der liquiden Mittel eingesetzt werden.

MERKE

Der Cashflow bietet zusätzliche Informationsmöglichkeiten über die Finanz- und Ertragskraft eines Unternehmens, die aus dem Jahresabschluss direkt nicht erkennbar sind.

4.4.3.1 Cashflow

Zur Ermittlung des Cashflows werden die **tatsächlichen Einzahlungen** und **tatsächlichen Auszahlungen** innerhalb eines bestimmten Zeitraums gegenübergestellt und so die tatsächlichen Einnahmeüberschüsse festgestellt, die in einem Unternehmen erwirtschaftet worden sind. Er wird aus dem Jahresüberschuss ermittelt, indem dieser um alle nicht auszahlungswirksamen Aufwendungen und alle nicht einzahlungswirksamen Erträge korrigiert wird. Es handelt sich also um eine Stromgröße.

Im Gegensatz zu vielen anderen Kennzahlen werden beim Cashflow Größen in Beziehung gesetzt, die sich durch Bilanzpolitik kaum beeinflussen lassen. Der Cashflow ist damit ein Indikator für die Selbstfinanzierungskraft und die finanzielle Unabhängigkeit eines Unternehmens. Je höher der Cashflow ist, desto positiver ist die Liquidität eines Unternehmens zu beurteilen.

MERKE

Für Anteilseigner, Kreditgeber und Investoren ist der Cashflow von großer Bedeutung, weil er zeigt, ob ein Unternehmen in der untersuchten Periode in der Lage war, seine Substanz zu erhalten.

BERATUNGSHINWEIS

Der Cashflow ist weniger manipulierbar als der Jahresüberschuss. Trotzdem werden die Wirkungen von Investitionen bzw. Abschreibungen erfasst:

Jahresüberschuss	sinkt	steigt
Cashflow	steigt	sinkt
Möglicher Grund	Größere Investitionen haben zu höheren Abschreibungen geführt	Verzicht auf Investitionen
Beurteilung	In Zukunft steigende Jahresüberschüsse zu erwarten	Kurzfristige Verbesserung auf Kosten der zukünftigen Entwicklung

Zur **Berechnung** des Cashflows wird zwischen der direkten und der indirekten Methode unterschieden.

Bei der **direkten Ermittlung** werden alle auszahlungswirksamen Aufwendungen von den einzahlungswirksamen Erträgen abgezogen, der Cashflow ergibt sich aus der Differenz von Einzahlungen und Auszahlungen:

einzahlungswirksame Erträge	
	Umsatzerlöse
	Beteiligungserträge
	Zinserträge
	Subventionen
	Deinvestitionen
	Eigenkapitaleinlagen
	Kreditaufnahmen
	sonstige Einzahlungen
./. auszahlungswirksame Aufwendungen	
	Personalaufwand
	Materialaufwand
	Zinsaufwand
	Steuern
	Investitionen
	Eigenkapitalentnahmen
	Tilgung von Krediten
	Sonstige Auszahlungen
= Cashflow	

BEISPIEL

		in Tsd. Euro
	Umsatzerlöse	820
+	Darlehensaufnahmen	46
./.	Materialaufwand	230
./.	Personalaufwand	295
./.	Investitionen	122
./.	Tilgung von Darlehen	56
=	Cashflow	163

Diese Berechnung auf der Basis von tatsächlichen Ein- und Auszahlungen führt zwar zu einem bewertungsunabhängigen genauen Ergebnis, kann aber nur durchgeführt werden, wenn die notwendigen **Daten** zur Verfügung stehen. Das ist aber bei einer externen

Analyse nicht der Fall, weil die notwendigen Informationen im Normalfall nicht zur Verfügung stehen. Die Analysemöglichkeiten sind eingeschränkt, weil in den Gewinn- und Verlustrechnungen von Kapitalgesellschaften wichtige ausgabe- und einnahmeunwirksame Beträge nicht gesondert ausgewiesen werden müssen.

Deshalb wird in der Praxis bei einer externen Analyse die **indirekte Methode** zur Ermittlung des Cashflows angewandt: Die zahlungswirksamen Erträge und die zahlungswirksamen Aufwendungen werden auf einem »Umweg« ermittelt: Ausgehend vom Jahresüberschuss werden alle zahlungsunwirksamen Aufwendungen (z. B. Abschreibungen oder die Erhöhung der Rückstellungen) hinzugerechnet und alle zahlungsunwirksamen Erträge (z. B. Zuschreibungen) abgezogen. Der »Rest« müssen dann die zahlungswirksamen Erträge und Aufwendungen sein.

> **MERKE**
>
> Für die externe Ermittlung des Cashflows ist in der Regel nur die indirekte Methode anwendbar.

	Jahresüberschuss	
./.	nicht zahlungswirksame Erträge	
		Aktivierte Eigenleistungen
		Minderung des Gewinnvortrages
		Zuschreibungen
		Entnahme aus Rücklagen
		Auflösung von Wertberichtigungen
		Auflösung von Rückstellungen
		Bestandserhöhungen an fertigen und unfertigen Erzeugnissen
+	nicht zahlungswirksame Aufwendungen	
		Einstellungen in die Rücklagen
		Erhöhung des Gewinnvortrages
		Abschreibungen
		Erhöhung der Rückstellungen
		Bestandminderung an fertigen und unfertigen Erzeugnissen
=	Cashflow	

BERATUNGSHINWEIS

Eine vereinfachte Ermittlung des Cashflows nach der indirekten Methode erfolgt mit der sog. »Praktikerformel«:

	Jahresüberschuss/-fehlbetrag
+ / ./.	Abschreibungen/Zuschreibungen
+ / ./.	Veränderung langfristiger Rückstellungen
=	Brutto-Cashflow

BEISPIEL

Von der Grün GmbH sind folgende Daten bekannt:

	01	02
	in Euro	in Euro
Jahresüberschuss	200.000	176.000
Abschreibungen	136.000	120.000
Zuschreibungen	112.000	104.000
Zuführung zu langfr. Rückstellungen	40.000	48.000
Verringerung der langfr. Rückstellungen	32.000	40.000
Cashflow	232.000	200.000

Die Skizze zeigt den Unterschied der Ermittlungsmethoden:

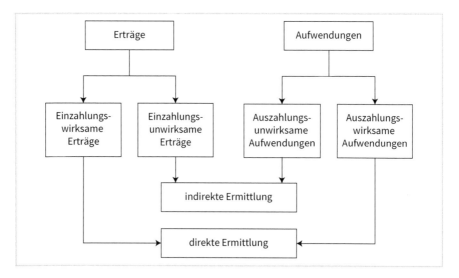

Beide Methoden führen selbstverständlich – entsprechende Informationen vorausgesetzt – zu demselben Ergebnis.

BEISPIEL

Zum Bilanzstichtag 01 der Grau AG liegen folgende Daten (alle Angaben in Euro) vor:

Umsatzerlöse	216.000	
Veränderungen des Bestandes an fertigen und unfertigen Erzeugnissen	20.000	
sonstige betriebliche Erträge	4.000	
		240.000
Materialaufwand a) Aufwendungen für Roh-, Hilfs- und Betriebsstoffe b) Aufwendungen für bezogene Leistungen	60.000 12.000	
Personalaufwand a) Löhne und Gehälter b) soziale Abgaben und Aufwendungen für Altersversorgung und für Unterstützung	48.000 12.000	
Abschreibungen a) Sachanlagen b) Umlaufvermögen	60.000 4.000	
sonstige betriebliche Aufwendungen	32.000	
Abschreibungen auf Finanzanlagen und Wertpapiere des UV	4.000	
Zinsen und ähnliche Aufwendungen	20.000	
		252.00
Steuern	0	
Jahresüberschuss		-12.000

Weitere Angaben stehen nicht zur Verfügung. Alle Erträge und Aufwendungen sind zahlungswirksam.

Direkte Methode

Zahlungsgleiche Erträge		
Umsatzerlöse	216.000	
sonstige betriebliche Erträge	4.000	220.000
Zahlungsgleiche Aufwendungen		
Materialaufwand	72.000	
Personalaufwand	60.000	
sonstige betriebliche Aufwendungen	32.000	
Zinsen uns ähnliche Aufwendungen	20.000	184.000
außerordentlicher Aufwand		
Cashflow		36.000

Indirekte Methode

Jahresüberschuss			-12.000
+	Zahlungsungleicher Aufwand		
	Abschreibungen SAV	60.000	
	Abschreibungen UV	4.000	
	Abschreibungen auf Finanzanlagen	4.000	68.000
./.	Zahlungsungleiche Erträge		
	Bestandserhöhungen		-20.000
Cashflow			36.000

Trotz eines Jahresfehlbetrages ist ein positiver Cashflow ausgewiesen.

Da der Cashflow den finanzwirtschaftlichen Überschuss zeigt, kann er verwendet werden

- zur Durchführung von Investitionen,
- zur Schuldentilgung und
- zur Aufrechterhaltung der Liquidität.

Dazu müssen dann allerdings ausgabenrelevante Aufwendungen nach der Bilanzaufstellung (z. B. Privatentnahmen und Investitionen) vom Cashflow abgezogen werden.

Zahlungswirksame Erträge, die nach der Bilanzierung getätigt werden (z. B. Deinvestitionen) müssen hingegen addiert werden. Aus dem Brutto-Cashflow kann dann der Netto-Cashflow entwickelt werden:

	Brutto-Cashflow
./.	Steuern
./.	Privatentnahmen
+	Zuführung in Rücklagen
./.	Auflösung von Rücklagen
=	Netto-Cashflow

> **HINWEIS**
>
> Welche Steuern hierbei zum Abzug kommen, hängt von dem Erkenntnisinteresse ab. Nach IDW Standard werden sowohl die betrieblichen Steuern als auch die persönliche Einkommenssteuer des Unternehmers berücksichtigt.

Wenn der Cashflow zeigen soll, wie viel Geld für die Auszahlung an die Anteilseigner verbleibt oder für eine Absenkung des Verschuldungsgrades (vgl. Kap. 4.2.3.3) tatsächlich zur Verfügung steht, muss zusätzlich die Investitionstätigkeit erfasst werden:

	Netto-Cashflow
./.	Ersatz- und Erweiterungsinvestitionen
+	Deinvestitionen
=	Free Cashflow

> **HINWEIS**
>
> Der Free Cashflow kann auch aus den Angaben der Kapitalflussrechung (vgl. Kap. 4.4.4) entwickelt werden:
>
> | | Cashflow aus laufender Geschäftstätigkeit |
> |-----|---|
> | + | Cashflow aus Investitionstätigkeit (in der Regel negativ) |
> | = | Free Cashflow |

Der Free Cashflow kann nicht durch Bilanzpolitik manipuliert werden. Daher können Schlüsse, die auf der Interpretation dieser Kennzahl beruhen, als relativ zuverlässig angesehen werden:

- Wenn der Free Cashflow ausgeglichen ist, kann das Unternehmen seine Investitionen aus dem laufenden Mittelzufluss bestreiten.
- Wenn der Free Cashflow positiv ist, können darüber hinaus Schulden getilgt oder Zahlungen an die Anteilseigner geleistet werden.
- Bei einem negativen Free Cashflow müssen für Investitionen entweder flüssige Mittel eingesetzt oder zusätzliche Kredite aufgenommen werden.

BERATUNGSHINWEIS

Die nachhaltige Höhe des Free Cashflows ist für Banken eine Kennzahl für die Fähigkeit, eingeräumte Darlehen zu bedienen und wird deshalb auch als Berechnungsgrundlage für die Finanzierungskapazität verwendet.

Ertragskraft

Weil die Höhe des Jahresüberschuss weitgehend beeinflussbar ist z. B. durch

- Ausübung von Wahlrechten,
- unterschiedliche Abschreibungsmethoden,
- Sonderabschreibungen,
- Zuführung und Auflösung von Rückstellungen,
- Wertberichtigungen

ist der Cashflow kein sinnvoller Beurteilungsmaßstab für die Ertragskraft eines Unternehmens. Er ermöglicht aber zusätzliche Erkenntnisse und damit eine bessere Einschätzung.

BERATUNGSHINWEIS

Wenn Unternehmen eine größere Investition durchgeführt haben, geht im Anschluss daran der Gewinn oft zurück, weil die Abschreibungen zugenommen haben und weil die Investition erst nach einiger Zeit zu höheren Erträgen führt. Dann ist der niedrigere Gewinn eben kein Zeichen für eine gesunkene Ertragskraft. Durch Analyse des Cashflows kann eine solche Fehleinschätzung vermieden werden.

Finanzkraft

Der Cashflow zeigt, in welchem Umfang in einem Unternehmen Finanzmittel aus eigener Kraft erwirtschaftet worden sind. Bei der Interpretation des Cashflows als finanzwirtschaftlicher Überschuss wird angenommen, dass der Cashflow in liquider Form verfügbar ist und dass die liquiden Mittel, die durch den Cashflow gezeigt werden, auch ein Maß sind für die Innenfinanzierungsmöglichkeiten der Organisation sind.

Dadurch besteht die Möglichkeit, die finanzielle Lage eines Unternehmens einschätzen zu können. Als finanzwirtschaftlicher Indikator gibt er Auskunft darüber, in welchem Umfang ein Unternehmen aus seinem operativen Kerngeschäft Finanzmittel erwirtschaftet hat.

> **BERATUNGSHINWEIS**
>
> Wie bei anderen Analysen auch ist zu beachten, dass die Daten, die der Cashflow-Ermittlung zu Grunde liegen, vergangenheitsbezogen sind. Deshalb kann auch nur eine Aussage darüber getroffen werden, welchen Innenfinanzierungsspielraum ein Unternehmen in der Vergangenheit hatte. Eine Prognose des Cashflows ist sinnvoll, aber wegen der unvermeidlichen Unsicherheiten vorsichtig zu interpretieren. Zudem ergeben sich weitere Schwierigkeiten:
> - Eine genaue Ermittlung ist für Externe schon deshalb nahezu unmöglich, weil die sonstigen betrieblichen Aufwendungen und Erträge sowohl zahlungswirksame wie zahlungsunwirksame Vorgänge abbilden können.
> - Im Umlaufvermögen können Stille Reserven gebildet worden sein.
> Ein hoher Cashflow kann auch auf Schwierigkeiten hindeuten, wenn beispielsweise nur in geringem Umfang Investitionen vorgenommen worden sind.

4.4.3.2   Cashflow-Kennzahlen

Mit Hilfe des Cashflows lassen sich weitere Kennzahlen ermitteln, die zur Analyse der Liquiditätslage genutzt werden können:

Der **operative Cashflow** je Aktie (auch Cashflow per Share) ist bei Aktiengesellschaften ein Maß zum Ausdruck der allgemeinen Fähigkeit, Schulden zu tilgen, Dividenden zu zahlen und zu investieren.

$$\text{Cashflow je Aktie} = \frac{\text{Cashflow}}{\text{Gewichteter Durchschnitt der Zahl der Aktien}}$$

Da der Cashflow je Aktie im Zeitablauf starken periodischen Schwankungen unterliegen kann, hat er bei Betriebs- und Zeitvergleichen nur eine geringe Aussagekraft und muss durch andere Analyseinstrumente ergänzt werden.

Durch das Verhältnis des Cashflows zum Eigen- oder Gesamtkapital (Cashflow-Rendite) kann ausgedrückt werden, in welchem Verhältnis die tatsächlichen Einnahmeüberschüsse zu dem jeweiligen Bezugskapital stehen:

$$\text{Cashflow-Rendite} = \frac{\text{Cashflow}}{\text{Eigenkapital}} \cdot 100 \text{ oder}$$

$$\text{Cashflow-Rendite} = \frac{\text{Cashflow}}{\text{Gesamtkapital}} \cdot 100$$

Die Kennzahl **Cashflow-Umsatzrendite** zeigt, wie viel Prozent der Umsatzerlöse für Investitionen, Kredittilgung und Gewinnausschüttung zur Verfügung stehen. Sie ist ein guter Indikator für die operative Ertrags- und Finanzierungskraft eines Unternehmens.

$$\text{Cashflow-Umsatzrendite} = \frac{\text{Cashflow}}{\text{Umsatzerlöse}} \cdot 100$$

> **BEISPIEL**
>
> Der Cashflow der Black GmbH beträgt 5.000.000 €, die Umsatzerlöse 48.000.000 €.
>
> $$\text{Cashflow-Umsatzrendite} = \frac{5.000.000 \text{ €}}{48.000.000 \text{ €}} \cdot 100 = 10,42\%$$
>
> Die Cashflow-Umsatzrendite beträgt 10,42 %.

Der **dynamische Verschuldungsgrad** ist eine ergänzende Kennzahl zur Beurteilung der Fähigkeit eines Unternehmens, seine Verbindlichkeiten zu tilgen. Er ist dynamisch, weil diese Kennzahl im Gegensatz zum statischen Verschuldungsgrad die **zeitraumbezogene** Größe Cashflow berücksichtigt. Er wird berechnet aus der Verschuldung des Unternehmens bezogen auf den Cashflow des letzten Geschäftsjahres:

$$\text{Dynamischer Verschuldungsgrad} = \frac{\text{Fremdkapital}}{\text{Cashflow}} \cdot 100$$

Die Kennzahl gibt an, in wie vielen Perioden das Unternehmen seine Schulden aus dem Umsatzprozess vollständig tilgen könnte (Schuldentilgungsdauer). Dabei wird ein gleichbleibender Cashflow unterstellt.

Für Investoren ist der dynamische Verschuldungsgrad ein wichtiger Indikator, um die finanzielle Stabilität eines Unternehmens zu bewerten. Auch bei der Kreditvergabe hat er große Relevanz. Ein hoher Wert kann auf mögliche Finanzierungsprobleme hindeuten. Unternehmen mit einem niedrigeren dynamischen Verschuldungsgrad können in Krisensituationen besser reagieren.

> **BERATUNGSHINWEIS**
>
> Die gesamte Verschuldung eines Unternehmens sollte das 3,5-fache des durchschnittlichen Cashflows der letzten drei Geschäftsjahre nicht überschreiten. Eine höhere Verschuldung hätte negative Auswirkungen auf die Kreditwürdigkeit. Je kleiner der dynamische Verschuldungsgrad ist, desto schneller kann die Tilgung der Schulden erfolgen. Ein Unternehmen mit kleinem dynamischen Verschuldungsgrad ist unabhängiger von seinen Gläubigern. Deshalb gilt ein geringer Wert als ein Indiz für die finanzielle Stabilität eines Unternehmens.

> **BEISPIEL**
>
> Die Blau AG weist in der Bilanz zum 31.12.01 Fremdkapital in Höhe von 7 Mio. Euro aus. Der jährlich erzielte Cashflow beträgt 2 Mio. Euro. Der dynamische Verschuldungsgrad beträgt
>
> $$\text{Dynamischer Verschuldungsgrad} = \frac{7.000.000\ \text{€}}{2.000.000\ \text{€}} = 3,5$$
>
> Die Blau AG kann die Verschuldung in 3,5 Jahren zurückzuführen, wenn der Cashflow konstant bleibt und wenn er jeweils vollständig zur Schuldentilgung eingesetzt wird.

Das Ausmaß der möglichen **Innenfinanzierung** kann durch die Kennzahlen zur Investitionsdeckung und zum Investitionsgrad angegeben werden:

$$\text{Investitionsdeckung} = \frac{\text{Cashflow}}{\text{Nettoinvestitionen in das AV}} \quad \text{oder}$$

$$\text{Investitionsgrad des Cashflows} = \frac{\text{Nettoinvestitionen in das AV}}{\text{Cashflow}} \cdot 100$$

4.4.4 Kapitalflussrechnung

Die Kapitalflussrechnung (auch Cashflow-Rechnung, Finanzflussrechnung, Zeitraumbilanz, Fondsrechnung, Cashflow-Statement) ist nur bei kapitalmarktorientierten Kapitalgesellschaften (§ 264 Abs. 1 HGB) und bei Konzernen (§ 297 Abs. 1 HGB) verbindlicher Teil des Jahresabschlusses. Sie soll zusätzlich zur Bilanz und der GuV einen Einblick in die Finanzlage des Unternehmens geben und insbesondere Aussagen zu den Zahlungsströmen ermöglichen. Für die Jahresabschlussanalyse ist sie eine wichtige Informationsquelle, weil sie direkt an die Zahlungsströme anknüpft und zu ihrem Verständnis keine Kenntnisse der Bilanzpolitik erforderlich sind.

> **HINWEIS**
>
> Wenn die in § 293 HGB genannten Schwellenwerte unterschritten werden, muss kein Konzernabschluss aufgestellt und entsprechend auch keine Kapitalflussrechnung erstellt werden. Selbstverständlich kann aber jedes Unternehmen auch außerhalb der gesetzlichen Verpflichtung eine Kapitalflussrechnung erstellen.

Wenn ein Jahresabschluss keine Kapitalflussrechnung enthält, erfolgt die Ermittlung der Zahlungsströme bei einer externen Jahresabschlussanalyse aus den Daten der Anfangs- und Schlussbilanz sowie aus der Gewinn- und Verlustrechnung.

Die Bilanz, die sich auf einen Stichtag bezieht, und die GuV, die nur erfolgswirksame Vorgänge erfasst, können die Zahlungsströme eines Geschäftsjahres nicht abbilden. Die Kapitalflussrechnung zeigt dagegen, wie die finanziellen Mittel erwirtschaftet worden sind und welche Investitions- und Finanzierungsmaßnahmen erfolgt sind.

Die Kapitalflussrechnung stellt den Ab- und Zufluss von Zahlungsmitteln in einer Periode dar. Im Ergebnis zeigt sie damit die **Veränderungen des Bestandes an Zahlungsmitteln** und Zahlungsmitteläquivalenten in dieser Periode. Für eine interne Kapitalflussrechnung werden dazu die Informationen aus der Finanzbuchhaltung genutzt, für externe Kapitalflussrechnungen stehen die Gewinn- und Verlustrechnung, das Anlagengitter und der Anhang zur Verfügung.

Die Kapitalflussrechnung hat eine Steuerungs-, Dokumentations- und Kontrollfunktion. Es wird erkennbar, ob die Finanzierung der Investitionen aus dem Umsatzprozess möglich war. Die Cashflows aus Investitionstätigkeit und aus Finanzierungstätigkeit machen zudem die Ursachen und Quellen der Veränderungen der liquiden Mittel transparent.

Die Kapitalflussrechnung stellt für externe Adressaten eine wichtige Informations- und Entscheidungsgrundlage dar. Intern dient sie vor allem dem Finanzcontrolling zur Einschätzung der finanziellen Lage, weil sie die Herkunft und die Verwendung von Einnahmen und Ausgaben systematisch erkennbar macht. Von der Geschäftsleitung kann sie als Steuerungsinstrument insbesondere für die Liquiditätsanalyse und -planung einge-setzt werden.

BERATUNGSHINWEIS

Form und Inhalt der Kapitalflussrechnung sind im HGB nicht vorgeschrieben. Ihre Ausgestaltung richtet sich nach dem Erkenntnisinteresse der Adressaten und den verfügbaren Daten. Allerdings enthält der Rechnungslegungsstandard 21 (DSR 21) Einzelheiten dazu. Er soll Einblick in die Fähigkeit des Unternehmens geben,

*   finanzielle Überschüsse zu erwirtschaften,
*   die finanziellen Verpflichtungen zu erfüllen,
*   Gewinnausschüttungen vorzunehmen.

Ausgangspunkt der Kapitalflussrechnung ist der Finanzmittelfonds am Beginn der betrachteten Periode.

HINWEIS

Der Finanzmittelfonds enthält nur die Zahlungsmittel und die Zahlungsmittel-äquivalente. Das sind kurzfristige, äußerst liquide Finanzmittel, die jederzeit in Zahlungsmittel umgewandelt werden können und nur unwesentlichen Wertschwankungen und Einlöserisiken unterliegen, z. B. Festgelder mit einer kurzen Restlaufzeit (max. 3 Monate) und Anteile an Geldmarktfonds.

Ausgehend von dem Finanzmittelfonds werden – entsprechend den jeweiligen wirt-schaftlichen Tätigkeiten – die Cashflows ermittelt. Nach DRS 21 ist eine zahlungsorien-tierte Unterteilung in drei Kategorien erforderlich:

*   Cashflow aus laufender Geschäftstätigkeit (auch Operativer Cashflow)
*   Cashflow aus Investitionstätigkeit
*   Cashflow aus Finanzierungstätigkeit

Die Summe der Cashflows entspricht dann den zahlungswirksamen Veränderungen des Finanzmittelfonds.

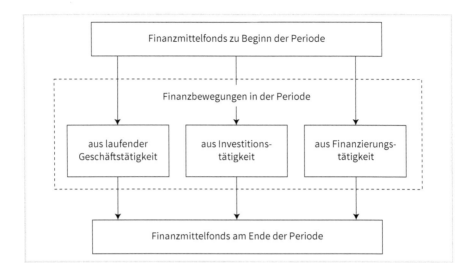

Die Ermittlung des Cashflows aus laufender Geschäftstätigkeit kann mit der direkten oder der indirekten Methode erfolgen. Für die Cashflows aus Investitionstätigkeit und Finanzierungstätigkeit ist ausschließlich eine direkte Ermittlung vorgesehen.

Direkte Methode

Bei einer direkten Vorgehensweise werden alle zahlungswirksamen Einzahlungen (z. B. Umsatzerlöse, Zinserträge) und alle zahlungswirksamen Auszahlungen (z. B. Materialaufwendungen, Löhne und Gehälter, Zinsaufwendungen) für die verschiedenen Geschäftstätigkeiten saldiert. Das Ergebnis ist der Cashflow der laufenden Geschäftstätigkeit.

DRS 21 sieht für die Berechnung des **Cashflows aus laufender Geschäftstätigkeit** nach der direkten Methode eine Mindestgliederung vor.

1.		Einzahlungen von Kunden für den Verkauf von Erzeugnissen, Waren und Dienstleistungen
2.	./.	Auszahlungen an Lieferanten und Beschäftigte
3.	+	Sonstige Einzahlungen, die nicht der Investitions- oder Finanzierungstätigkeit zuzuordnen sind
4.	./.	Sonstige Auszahlungen, die nicht der Investitions- oder Finanzierungstätigkeit zuzuordnen sind
5.	+	Einzahlungen aus außerordentlichen Posten

6.	./.	Auszahlungen aus außerordentlichen Posten
7.	+ / ./.	Ertragsteuerzahlungen
8.	=	Cashflow aus der laufenden Geschäftstätigkeit

Danach wird der **Cashflow aus Investitionstätigkeit** berechnet. Dazu werden Auszahlungen für Investitionen in das Anlagevermögen (z. B. Kauf einer Maschine) und die Einzahlungen aus dem Abgang von Anlagevermögen (z. B. Verkauf einer nicht mehr benötigten Maschine) saldiert:

1.		Einzahlungen aus Abgängen von Gegenständen des immateriellen Anlagevermögens
2.	./.	Auszahlungen für Investitionen in das immaterielle Anlagevermögen
3.	+	Einzahlungen aus Abgängen von Gegenständen des Sachanlagevermögens
4.	./.	Auszahlungen für Investitionen in das Sachanlagevermögen
5.	+	Einzahlungen aus Abgängen von Gegenständen des Finanzanlagevermögens
6.	./.	Auszahlungen für Investitionen in das Finanzanlagevermögen
7.	+	Einzahlungen aus Abgängen aus dem Konsolidierungskreis
8.	./.	Auszahlungen für Zugänge aus dem Konsolidierungskreis
9.	+	Einzahlungen aufgrund von Finanzmittelanlagen im Rahmen der kurzfristigen Finanzdisposition
10.	./.	Auszahlungen aufgrund von Finanzmittelanlagen im Rahmen der kurzfristigen Finanzdisposition
11.	+	Einzahlungen aus außerordentlichen Posten
12.	./.	Auszahlungen aus außerordentlichen Posten
13.	+	Erhaltene Zinsen
14.	+	Erhaltene Dividenden
15.	=	Cashflow aus der Investitionstätigkeit

Bei der Ermittlung des **Cashflows aus Finanzierungstätigkeit** werden die Einzahlungen zur Erhöhung des Eigenkapitals und die Einzahlungen durch Darlehensaufnahmen summiert und um die Auszahlungen aus der Verringerung des Eigenkapitals und Darlehen-stilgungen reduziert.

1.		Einzahlungen aus Eigenkapitalzuführungen von Gesellschaftern des Mutterunter-nehmens
2.	+	Einzahlungen aus Eigenkapitalzuführungen von anderen Gesellschaftern
3.	./.	Auszahlungen aus Eigenkapitalherabsetzungen an Gesellschafter des Mutterunter-nehmens
4.	+	Auszahlungen aus Eigenkapitalherabsetzungen an andere Gesellschafter
5.	+	Einzahlungen aus der Begebung von Anleihen und der Aufnahme von (Finanz-) Krediten
6.	./.	Auszahlungen aus der Tilgung von Anleihen und (Finanz-) Krediten
7.	+	Einzahlungen aus erhaltenen Zuschüssen/Zuwendungen
8.	+	Einzahlungen aus außerordentlichen Posten
9.	./.	Auszahlungen aus außerordentlichen Posten
10.	./.	Gezahlte Zinsen
11.	./.	Gezahlte Dividenden an Gesellschafter des Mutterunternehmens
12.	./.	Gezahlte Dividenden an andere Gesellschafter
13.	=	Cashflow aus der Finanzierungstätigkeit

Indirekte Methode

Bei der indirekten Methode ist der Jahresüberschuss/Jahresfehlbetrag die Ausgangs-größe für die Kapitalflussrechnung. Die nicht zahlungswirksamen Aufwendungen (z. B. Abschreibungen und Einstellungen in Rückstellungen) werden addiert, die zahlungsun-wirksamen Erträge (z. B. Zuschreibungen und Erträge aus der Auflösung von Rückstel-lungen) werden herausgerechnet.

Die indirekte Berechnung des Cashflows aus laufender Geschäftstätigkeit ist also syste-matisch eine Rückrechnung aus dem Jahresüberschuss oder Jahresfehlbetrag, bei der alle Zahlungsvorgänge berücksichtigt werden, die nicht zahlungswirksam sind.

Der DSR 21 sieht zur Berechnung des Cashflows der laufenden Geschäftstätigkeit bei Anwendung der indirekten Methode folgende **Mindestgliederung** vor:

1.		Periodenergebnis
2.	+ / ./.	Ab-/Zuschreibungen auf Gegenstände des Anlagevermögens
3.	+ / ./.	Zu-/Abnahme der Rückstellungen
4.	+ / ./.	Sonstige zahlungsunwirksame Aufwendungen/Erträge
5.	+ / ./.	Zu-/Abnahme der Vorräte, der Forderungen aus Lieferungen und Leistungen sowie anderer Aktiva, die nicht der Investitions- oder der Finanzierungstätigkeit zuzuordnen sind
6.	+ / ./.	Zu-/Abnahme der Verbindlichkeiten aus Lieferungen und Leistungen sowie anderer Passiva, die nicht der Investitions- oder der Finanzierungstätigkeit zuzuordnen sind
7.	+ / ./.	Gewinn/Verlust aus dem Abgang von Gegenständen des Anlagevermögens
8.	+ / ./.	Zinsaufwendungen/-erträge
9.	./.	Sonstige Beteiligungserträge
10.	+ / ./.	Aufwendungen/Erträge aus außerordentlichen Posten
11.	+ / ./.	Ertragsteueraufwand/-ertrag
12.	+	Einzahlungen aus außerordentlichen Posten
13.	./.	Auszahlungen aus außerordentlichen Posten
14.	+ / ./.	Ertragsteuerzahlungen
15.	=	Cashflow aus der laufenden Geschäftstätigkeit

Die Cashflows aus Investitionstätigkeit und aus Finanzierungstätigkeit werden anschließend wie bei der direkten Methode berechnet.

Die Zusammenfassung zeigt den wesentlichen Unterschied:

	Direkte Methode	Indirekte Methode
Cashflow aus laufender Geschäftstätigkeit	Alle wesentlichen Mittelzuflüsse und -abflüsse aus der laufenden Geschäftstätigkeit werden unmittelbar erfasst.	Ausgehend vom Jahresüberschuss/-fehlbetrag werden durch Addition bzw. Subtraktion zahlungsunwirksamer Geschäftsfälle die Veränderungen des Zahlungsmittelbestandes aus laufender Geschäftstätigkeit ermittelt.

Cashflow aus Investitionstätigkeit	Die Zahlungsströme aus der Investitionstätigkeit werden unmittelbar erfasst.
Cashflow aus Finanzierungstätigkeit	Die Zahlungsströme aus der Finanzierungstätigkeit werden unmittelbar erfasst.

Sowohl nach der direkten wie nach der indirekten Methode wird abschließen der Finanzmittelfonds zum Ende der Periode nach demselben Schema ermittelt:

	Cashflow aus der laufenden Geschäftstätigkeit
+ / ./.	Cashflow aus der Investitionstätigkeit
+ / ./.	Cashflow aus der Finanzierungstätigkeit
=	Zahlungswirksame Veränderung des Finanzmittelfonds
+	Finanzmittelfonds am Anfang der Periode
=	Finanzmittelfonds am Ende der Periode

Bei Konzernen und bei internationaler Geschäftstätigkeit können noch zwei Korrekturposten erforderlich sein:

	Zahlungswirksame Veränderung des Finanzmittelfonds
+ / ./.	Wechselkurs- und bewertungsbedingte Änderungen des Finanzmittelfonds
+ / ./.	Konsolidierungskreisbedingte Änderungen des Finanzmittelfonds
+	Finanzmittelfonds am Anfang der Periode
=	Finanzmittelfonds am Ende der Periode

Der direkten Methode ist prinzipiell der Vorzug zu geben, weil die Kapitalflussrechnung selbst liquiditätsbezogen ist. Allerdings findet in der Praxis die indirekte Methode am häufigsten Anwendung, weil sie unmittelbar aus den Daten des Rechnungswesens entwickelt werden kann. Beide Methoden führen selbstverständlich (gleiche Informationen vorausgesetzt) zu demselben Ergebnis.

> **BERATUNGSHINWEIS**
>
> Weil Kapitalflussrechnungen als Grundlage bereits vorliegende Jahresabschlüsse nutzen, sind sie zwar objektiv nachvollziehbar, aber vergangenheitsorientiert. Als Prognoseinstrument sind sie ungeeignet.

BEISPIEL

Aus den Jahresabschlüssen der Grau AG für die Jahre 01 und 02 stehen folgende Informationen zur Verfügung:

Bilanz

Aktiva	01 in TEUR	02 in TEUR	Passiva	01 in TEUR	02 in TEUR
Anlagevermögen			Eigenkapital		
Sachanlagen	341.640	386.900	Gezeichnetes Kapital	292.000	292.000
Finanzanlagen	64.240	94.900	Gewinnrücklagen	39.420	198.560
			Bilanzgewinn	0	0
Umlaufvermögen					
Forderungen aus LuL	124.100	102.200	Verbindlichkeiten		
Liquide Mittel	58.400	65.700	Langfristige Verbindlichkeiten	227.760	143.080
			Verbindlichkeiten aus LuL	29.200	16.060
	588.380	649.700		588.380	649.700

Gewinn- und Verlustrechnung 02 in TEUR

Umsatzerlöse	1.752.000
Herstellkosten zur Erzielung des Umsatzes	1.095.000
Allgemeine Verwaltungs- und Vertriebskosten	306.600
Abschreibungen	80.300
Erträge aus Anlageabgängen	67.160
Jahresüberschuss	337.260

Hinweise

Investitionen in Sachanlagen	147.460 TEUR
Buchwert der Abgänge aus dem SAV	21.900 TEUR

Kapitalflussrechnung 02	TEUR	Erläuterungen
Jahresüberschuss	337.260	
Abschreibungen	./. 80.300	
Anlagenabgänge	67.160	
Verminderung der Forderungen	21.900	124.100 ./. 102.200

Erhöhung der Verbindlichkeiten aus LuL	13.140	29.200 ./. 16.060
Cashflow aus laufender Geschäftstätigkeit	359.160	
Verkauf von Sachanlagen	89.060	67.160 + 21.900
Zugänge zu Sachanlagen	147.460	
Zugänge zu Finanzanlagen	30.660	94.900 ./. 64.240
Cashflow aus Investitionstätigkeit	./. 89.060	
Tilgung langfristiger Verbindlichkeiten	84.680	227.760 ./. 143.080
Dividendenzahlung	178.120	337.260 ./. (198.560 – 39.420)
Cashflow aus Finanzierungstätigkeit	./. 262.800	
Zahlungswirksame Veränderung des Finanzmittelfonds	7.300	359.160 ./. 89.060 ./. 262.800
Finanzmittelfonds am Anfang der Periode	58.400	
Finanzmittelfonds am Ende der Periode	65.700	

4.5   Rentabilitäten

Auf den Punkt gebracht

Die Rentabilitätskennzahlen gehören aus der Sicht der Anleger zu den wichtigsten Kennzahlen zur Beurteilung des wirtschaftlichen Ergebnisses eines Unternehmens, weil sie Auskunft geben über den Erfolg bzw. -misserfolg durch den Einsatz finanzieller Mittel. Für die Beratung sind die wesentlichen Berechnungsmöglichkeiten einschließlich ihrer Varianten ebenso von Bedeutung wie die Abweichungen von erwarteten Zielgrößen.

Rentabilitäten sind eine wesentliche **Grundlage für Entscheidungen** der Unternehmensleitung, der Anteilseigner und der Gläubiger und ein wichtiger Maßstab zur Erfolgsanalyse, -kontrolle und -planung.

Rentabilitäten sind Beziehungszahlen. Sie bringen Größen aus der Gewinn- und Verlustrechnung in Beziehung zu Werten aus der Bilanz: Eine Erfolgsgröße wird in Relation gesetzt zum eingesetzten Kapital.

Rentabilitäten werden **relativ** in Prozenten ausgedrückt, weil meistens auch das Anspruchsniveau der Kapitalgeber prozentual angegeben wird: Sie wollen mit ihrem Engagement eine bestimmte Verzinsung erzielen.

Um ein Urteil über die Ertragslage eines Unternehmens fällen zu können, ist zudem ein Vergleich mit ähnlichen Unternehmen oder mit der Branche notwendig. Weil dazu Objekte unterschiedlicher Größe miteinander verglichen werden, müssen auch aus diesem Grunde die Rentabilitäten relativ ausgedrückt werden.

BEISPIEL

	Unternehmen A	Unternehmen B
Eigenkapital	300.000 €	300.000 €
Fremdkapital	500.000 €	300.000 €
Gesamtkapital	800.000 €	600.000 €
Erfolgsgröße	20.000 €	15.000 €
Gesamtkapitalrentabilität	2,5 %	2,5 %

Durch die Berechnung der Rentabilitäten wird eine **Erfolgsbeurteilung** möglich, die den Umfang des eingesetzten Kapitals berücksichtigt. Je nach Erkenntnisinteresse können unterschiedliche Erfolgsgrößen gewählt werden, z. B.:

- Jahresüberschuss nach Steuern
- Jahresüberschuss vor Steuern
- Gewinn
- Bruttogewinn
- EBIT und EBITDA
- Ordentliches Betriebsergebnis
- Cashflow

Die Rentabilitätsanalysen sollen

- die Beziehungen zwischen dem Unternehmenserfolg und dem eigesetzten Kapital deutlich machen;
- die Ursachen erkennen lassen, wenn sich die Rentabilität ändert;
- die tatsächlichen wirtschaftlichen Verhältnisse erkennen lassen.

Zum Zweck der Analyse wird das jeweilige Ergebnis zum Gesamt- oder Eigenkapital oder als Umsatzrentabilität zu den Umsatzerlösen in Beziehung gesetzt. Die Kapitalgröße wird dabei jeweils als Durchschnittswert erfasst, um ein systematisches Problem zu umgehen: Beim Erfolg handelt es sich immer um eine Stichtagsgröße, das Kapital steht dagegen während des gesamten betrachteten Zeitraumes zur Verfügung und kann sich währenddessen auch geändert haben. Hilfsweise kann der durchschnittliche Kapitaleinsatz durch

$$\frac{\text{Anfangsbestand} + \text{Endbestand}}{2}$$

ermittelt werden. Genauere Werte erhält man, wenn die Formel mit den jeweiligen Endbeständen der Monate oder Quartale gebildet wird.

Die erwartete Höhe der Rentabilitäten ist u. A. abhängig von
- dem Entwicklungsstadium des Unternehmens;
- der Zugehörigkeit zu einer Branche;
- dem relevanten Marktzins;
- dem jeweiligen Marktanteil.

Bei nicht ausreichender Rentabilität sind die erwarteten Zahlungen an die Stakeholder nicht möglich, die Existenz des Unternehmens ist langfristig gefährdet und weiteres Wachstum ist schwer zu erreichen.

BERATUNGSHINWEIS

Je niedriger die Aufwendungen und je höher die Umsatzerlöse sind, desto höher ist die Rentabilität des Unternehmens. Preissteigerungen sowohl im Einkauf wie im Verkauf beeinflussen die Kennzahlen.

4.5.1 Eigenkapitalrentabilität

Die Eigenkapitalrentabilität (auch Eigenkapitalrendite, Unternehmerrentabilität oder Unternehmerrendite) soll – neben z. B. der Gesamtkapitalrentabilität und dem Cashflow – die Ertragskraft des Unternehmens messen. Sie zeigt die Rentabilität des von den Anteilseignern bereitgestellten Kapitals, zeigt also die Verzinsung des Eigenkapitals.

In der externen Analyse wird zur Berechnung der erzielte Jahresüberschuss einer Periode vor der Gewinnverwendung dem analytischen Eigenkapital gegenübergestellt:

$$R_{EK} = \frac{\text{Jahresüberschuss}}{\text{Eigenkapital}} \cdot 100$$

Eine Verbesserung der Eigenkapitalrentabilität ist grundsätzlich durch eine Erhöhung des Jahresüberschusses oder durch die Verringerung des Eigenkapitals möglich.

BEISPIEL

	Ausgangssituation	Erhöhung des Jahresüberschusses	Senkung des Eigenkapitals
Jahresüberschuss	120.000 €	150.000 €	120.000 €
Eigenkapital	600.000 €	600.000 €	400.000 €
Eigenkapitalrentabilität	20 %	25 %	30 %

Das bilanzierte Eigenkapital dabei kann nur hilfsweise als Berechnungsbasis genutzt werden. Um betriebswirtschaftlich brauchbare Ergebnisse zu erzielen, wird zur Berechnung das analytische Eigenkapital aus der Strukturbilanz (vgl. Kap. 3.1) genutzt.

BERATUNGSHINWEIS

Der Jahresüberschuss enthält keine verfälschenden Einflüsse vorheriger Perioden. Er kann allerdings durch die Bildung oder Auflösung stiller Reserven beeinflusst sein.

Um eine Vergleichbarkeit der Eigenkapitalrentabilitäten verschiedener Unternehmen zu erreichen, wird gegebenenfalls der Jahresüberschuss aus der GuV korrigiert:
- Einflüsse auf die Rentabilität durch unterschiedliche Steuerbelastungen sollen vermieden werden. Damit Ertragsteuern und vor allem ihre Beeinflussung durch die Gewinnverwendungspolitik für den überbetrieblichen Vergleich keinen Einfluss auf die ermittelte Rentabilität haben, wird der Jahresüberschuss vor Abzug der Ertragsteuern angesetzt.
  Zudem wäre ein Vergleich zwischen Kapital- und Personengesellschaften nicht möglich, weil in den Jahresüberschüssen der Personengesellschaften die Ertragsteuern nicht berücksichtigt sind.

$$R_{EK} = \frac{\text{Jahresüberschuss vor Ertragsteuern}}{\text{durchschnittliches Eigenkapital}} \cdot 100 \text{ bzw.}$$

$$R_{EK} = \frac{\text{Jahresüberschuss} + \text{Steuern vom Einkommen und Ertrag}}{\text{durchschnittliches Eigenkapital}} \cdot 100$$

BEISPIEL

Jahresüberschuss nach Steuern	12.000 €
Ertragsteuern	4.000 €
Jahresüberschuss vor Steuern	16.000 €
Eigenkapital	200.000 €

$$R_{EK} = \frac{12.000 \ € + 4.000 \ €}{200.000 \ €} \cdot 100 = 8 \ \%$$

Die Eigenkapitalrentabilität beträgt 8 %:

- Bei Kapitalgesellschaften wird das Entgelt für die Leitung eines Unternehmens (Vorstand, Geschäftsführer) als Personalaufwand in der GuV erfasst und vermindert damit den Jahresüberschuss. Im Abschluss von Personengesellschaften und Einzelunternehmen wird dieser **Unternehmerlohn** aber nicht berücksichtigt, weil die leitenden Eigentümer kein Gehalt bekommen, sondern die Arbeitsleistung durch den Gewinn abgegolten wird.

  Deshalb muss eine Korrektur erfolgen, damit die Rentabilitäten zwischen Personen- und Kapitalgesellschaften vergleichbar werden.

  Der Unternehmerlohn ist keine Zahlung. Es handelt sich um einen fiktiven Betrag, der nach Art der Tätigkeit, der Qualifikation, der Branche, dem Standort und der Unternehmensgröße einem üblichen Gehalt entsprechen soll.

$$R_{EK} = \frac{\text{Jahresüberschuss vor Ertragsteuern} - \text{Unternehmerlohn}}{\text{durchschnittliches Eigenkapital}} \cdot 100$$

BERATUNGSHINWEIS

Die Höhe des Unternehmerlohns kann auf verschiedene Weise ermittelt werden.
- Veröffentlichte Tabellen und Übersichten ermöglichen eine realitätsnahe Einschätzung.
- Überlegung, welches Gehalt einem Angestellten im eigenen Unternehmen mit gleichen Aufgaben gezahlt werden müsste.
- Feststellung, welches Gehalt der Unternehmer in einem anderen Unternehmen in gleicher Funktion erhalten würde.

In der Kostenrechnung wird der Unternehmerlohn als Zusatzkosten erfasst.

HINWEIS

Der Unternehmerlohn darf nicht verwechselt werden mit »Privatentnahmen«. Dabei entnimmt der Eigentümer Geld oder Gegenstände aus seinem Unternehmen für private Zwecke.

Beispiele:

- Entnahme von Bargeld aus der Unternehmenskasse für den privaten Lebensunterhalt.
- Entnahme von Leuchtmitteln für den privaten Bedarf.
- Entnahme selbst hergestellter Erzeugnisse für den Eigenverbrauch, z. B. von Brot in einer Bäckerei.
- Privatentnahmen reduzieren das Eigenkapital (vgl. § 4 Abs. 1 S. 1 EStG), sie werden über das Privatkonto gebucht.

BERATUNGSHINWEIS

Weil die Eigenkapitalrentabilität nicht allein durch den betrieblichen Erfolg, sondern auch durch die Finanzierungsstruktur, das Finanzergebnis und das außerordentliche Ergebnis beeinflusst wird, werden sowohl operative wie Finanzierungseinflüsse erfasst. Dadurch kann eine hohe Eigenkapitalrentabilität nicht nur einen operativen Erfolg zeigen, sondern bei zu geringem Eigenkapital auch durch eine hohe und risikobehaftete Fremdfinanzierung entstehen.

Zur Ergänzung und Überprüfung kann die Eigenkapitalrendite auch durch diese Formel ausgedrückt werden:

$$\text{Cashflow-Eigenkapitalrendite} = \frac{\text{Cashflow nach Steuern}}{\text{durchschnittliches Eigenkapital}} \cdot 100$$

Die Eigenkapitalrendite ist eine wichtige **Entscheidungsgrundlage** für die Eigentümer bzw. für die potenziellen Eigentümer. Die Beurteilung des eigenen Engagements wird umso besser sein, je höher die Eigenkapitalrendite ist. Bei geringer Eigenkapitalrentabilität sollte zumindest ein positiver Trend erkennbar sein.

Das eingesetzte Eigenkapital ist das Kapital mit dem größten Risiko. Entsprechend erwarten die Kapitalgeber eine angemessene Verzinsung. Sie darf keinesfalls geringer sein als der durchschnittliche Zinssatz für langfristige Anlagen auf dem Kapitalmarkt (z. B. für Bundesanleihen). Andernfalls wäre es jedenfalls unter Renditeaspekten sinnvoller, das Geld auf dem Kapitalmarkt anzulegen.

Anleger erwarten aber für die Übernahme des unternehmerischen Risikos zusätzlich eine **Risikoprämie**, mit der die Haftungsrisiken des Eigenkapitals berücksichtigt werden. Die angestrebte absolute Höhe wird je nach aktueller Situation auf dem Kapitalmarkt und individueller Risikoeinschätzung für das Unternehmen oder die Branche unterschiedlich sein.

BEISPIEL

Kapitalmarktrendite	3 %
Risikozuschlag	4 %
Angestrebte Eigenkapitalrentabilität	7 %

Bei der Zielvorgabe für die Eigenkapitalrentabilität ist zu berücksichtigen, dass die durchschnittliche Eigenkapitalquote in deutschen Unternehmen bei ca. 30 % liegt (vgl. Kap. 4.2.2). Aufgrund der Konstruktion der Formel wird rein rechnerisch dadurch relativ schnell eine hohe Eigenkapitalrentabilität erreicht.

Grundsätzlich wird die Beurteilung eines Unternehmens durch einen Investor umso positiver ausfallen, je höher die Eigenkapitalrentabilität ist. Unter finanzwirtschaftlichen Aspekten wird er die alternative Anlage mit der höchsten Eigenkapitalrentabilität wählen. Allerdings muss die Maximierung der Eigenkapitalrentabilität nicht die einzige Zielgröße sein. Insbesondere mittelständische Unternehmen entscheiden aus unternehmerischer Verantwortung in der Praxis auch nach weiteren Gesichtspunkten, z. B.

* Sicherung der Arbeitsplätze
* Stärkung des Standortes
* Familientradition
* Verkehrsanbindung
* Steuerbelastung
* Nachhaltigkeit

BERATUNGSHINWEIS

Die Eigenkapitalrentabilität kann nur scheinbar unproblematisch und objektiv berechnet werden, in der Beratung sind wesentliche Einflussfaktoren zu berücksichtigen:
* Die Eigenkapitalrentabilität ist in hohem Maße branchenabhängig.
* Die Kennzahl beruht auf Daten aus dem Jahresabschluss. Sie kann deshalb nur so aussagefähig sein wie die Buchführung selbst.
* Wenn Unternehmen nach unterschiedlichen Rechnungslegungsstandards bilanzieren, können Jahresüberschuss und Eigenkapital auch unterschiedlich hoch sein.

- Die bilanzielle Bewertung des eingesetzten Kapitals kann sich vom Marktwert unterscheiden.
- Die Rentabilität kann in Teilen des Unternehmens unterschiedlich sein. Besonders rentable oder unrentable Teile können mit einer externen Analyse nicht erkannt werden.
- Durch die Bilanzpolitik wird die Vergleichbarkeit von Unternehmen beeinträchtigt.
- Erst in einem Zeitvergleich wird die Entwicklung der Eigenkapitalrentabilität erkennbar.

Eine geringe Ausstattung mit Eigenkapital führt zwar zu einer höheren Rentabilität, das Eigenkapital kann dann aber u. U. seine Funktionen nicht mehr erfüllen (vgl. Kap. 4.2.2).

Nur vordergründig ist die Eigenkapitalrentabilität die wichtigere Rentabilität, weil die Eigentümer wissen wollen, wie sich ihr eingesetztes Kapital verzinst. Bei dieser Berechnung wird nämlich – fälschlich – unterstellt, dass der Jahresüberschuss allein durch den Einsatz des Eigenkapitals erreicht worden sei. Tatsächlich kann in aller Regel der Jahresüberschuss nur durch Einsatz von Eigen- und Fremdkapital erzielt werden. Für die **Beurteilung** des Unternehmens hat deshalb die Gesamtkapitalrentabilität eine größere Aussagefähigkeit.

4.5.2 Gesamtkapitalrentabilität

Die Gesamtkapitalrentabilität (auch Unternehmensrentabilität, Investitionsrendite, Return on Assets (ROA)) drückt aus, wie das gesamte in einem Unternehmen eingesetzte Kapital durch den Unternehmensprozess verzinst wird. Sie bezieht das Unternehmensergebnis aus der GuV auf das gesamte eingesetzte Eigen- und Fremdkapital aus der Bilanz. Die unterschiedliche Zusammensetzung des Kapitals durch **verschiedene Finanzierungskonzepte** bei zu vergleichenden Unternehmen hat so also keinen Einfluss auf die Ergebnisse bei einem Betriebs- oder Branchenvergleich.

Für die Bilanzanalyse ist die Rentabilität des gesamten eingesetzten Kapitals von größerem Interesse als die Eigenkapitalrentabilität, weil für die Beurteilung der Leistungsfähigkeit des Unternehmens die Herkunft des Kapitals nicht entscheidend ist. Im Gegensatz zur Eigenkapitalrentabilität betrachtet die Gesamtkapitalrentabilität das Unternehmen aus Sicht aller Kapitalgeber. Deshalb haben an der Gesamtkapitalrendite nicht nur die Anteilseigner Interesse, sondern alle Stakeholder. Sie ist für die Beurteilung eines Unternehmens von größerer Bedeutung, weil sie die Effizienz des gesamten eingesetzten Kapitals misst und so sinnvolle Unternehmensvergleiche erst ermöglicht.

Die Berechnung erfolgt grundsätzlich wie bei der Eigenkapitalrentabilität:

$$R_{GK} = \frac{\text{Jahresüberschuss vor Ertragsteuern}}{\text{durchschnittliches Gesamtkapital}} \cdot 100$$

Bei Einzelunternehmen und Personengesellschaften erfolgt auch hier eine Korrektur um den Unternehmerlohn:

$$R_{GK} = \frac{\text{Jahresüberschuss vor Ertragsteuern} - \text{Unternehmerlohn}}{\text{durchschnittliches Gesamtkapital}} \cdot 100$$

Bei der Berechnung der Gesamtkapitalrentabilität ist aber zusätzlich zu berücksichtigen, dass für das Fremdkapital Zinsen zu zahlen sind, die wegen der unterschiedlichen Konditionen und dem unterschiedlichen Umfang bei jedem Unternehmen anders sind. Bei der Ermittlung des Jahresüberschusses sind sie als **Zinsaufwand** berücksichtigt worden und haben zu einem niedrigeren Ausweis geführt.

Um trotzdem eine Vergleichbarkeit der Gesamtkapitalrentabilitäten von verschiedenen Unternehmen zu erreichen, werden deshalb die Fremdkapitalzinsen herausgerechnet:

$$R_{GK} = \frac{\text{Jahresüberschuss vor Ertragsteuern} - \text{Unternehmerlohn} + \text{Fremdkapitalzinsen}}{\text{durchschnittliches Gesamtkapital}} \cdot 100$$

Die Kennzahl gibt also die Rentabilität unter der Fiktion an, das Unternehmen habe kein Fremdkapital aufgenommen bzw. keine Fremdkapitalzinsen gezahlt.

BEISPIEL

Jahresüberschuss nach Steuern	12.000 €
Ertragsteuern	4.000 €
Jahresüberschuss vor Steuern	16.000 €
Eigenkapital	50.000 €
Fremdkapital	150.000 €
Durchschnittlicher FK-Zins	4 %

$$R_{GK} = \frac{12.000 \text{ €} + 4.000 \text{ €} + (150.000 \text{ €} \cdot 4\,\%)}{200.000 \text{ €}} \cdot 100$$

$$R_{GK} = \frac{16.000 \text{ €} + 6.000 \text{ €}}{200.000 \text{ €}} \times 100 = 11\%$$

Die Gesamtkapitalrentabilität beträgt 11 %.

Je größer die Kennzahl ist, desto effizienter wird das Kapital in dem Unternehmen eingesetzt. Als **Maßstab für die Beurteilung** der Gesamtkapitalrentabilität kann der Marktzins für Fremdkapital herangezogen werden. Bei ertragsstarken Unternehmen liegt die Gesamtkapitalrentabilität deutlich über dem Kapitalmarktzins. Umgekehrt ist es ein schlechtes Zeichen, wenn sie unter dem Zinssatz für Fremdkapital liegt. Weil sie durch die Finanzierungsstruktur nicht beeinflusst wird, ist die Gesamtkapitalrentabilität ein guter Maßstab bei Unternehmensvergleichen.

BEISPIEL

Aus der Bilanz der Schwarz AG sind zum 31.12.01 folgende Daten bekannt:

Gezeichnetes Kapital	300.000 €
Gewinnrücklagen	100.000 €
Fremdkapital	500.000 €
Jahresüberschuss	104.000 €

Im Jahr 01 betrugen die Zinsaufwendungen 40.000 €. Eigen- und Fremdkapital hatten zu Beginn des Jahres 01 dieselben Werte wie am 31.12.01. Der Jahresüberschuss 01 wird im Jahr 02 vollständig ausgeschüttet.
Im Jahr 02 soll eine Investition i. H. v. 500.000 € durchgeführt werden, die ausschließlich mit Fremdkapital finanziert werden soll. Der Zinssatz für das Fremdkapital ändert sich nicht. Die Gesamtkapitalrentabilität ändert sich nicht. Das Eigenkapital ist konstant.
1.   Wie hoch ist die Gesamtkapitalrentabilität im Jahr 01?
2.   Wie hoch ist die Eigenkapitalrentabilität im Jahr 01?
3.   Lohnt sich die geplante Investition in 02 aus Sicht der Eigenkapitalgeber?

Lösung:

1. $\text{Gesamtkapitalrentabilität} = \dfrac{104.000\ €+40.000\ €}{300.000\ €+100.000\ €+500.000\ €} \cdot 100 = 16\,\%$

2. $\text{Eigenkapitalrentabilität} = \dfrac{104.000\ €}{400.000\ €} \cdot 100 = 26\,\%$

3.   Die Investition ist aus Sicht der Eigenkapitalgeber lohnend, wenn sich die Eigenkapitalrentabilität erhöht.

Neues Fremdkapital	500.000 €	8 % Zinsen	40.000 €
Neues Gesamtkapital	1.400.000 €	16 % Rendite	224.000 €
Zinsaufwendungen	1.000.000 €	8 %	80.000 €
Jahresüberschuss 02			144.000 €

$$\text{Eigenkapitalrentabilität} = \frac{144.000 \ \text{€}}{400.000 \ \text{€}} \cdot 100 = 36\,\%$$

Aus Sicht der Eigenkapitalgeber ist die Investition lohnend.

4.5.3 Leverage-Effekt

Obwohl aus bilanzanalytischer Perspektive prinzipiell eine hohe Eigenkapitalquote und ein niedriger Fremdkapitalanteil wünschenswert sind, kann es unter unternehmenspolitischen Gesichtspunkten und vor allem aus Renditeüberlegungen sinnvoll sein, eine niedrige Eigenkapitalquote anzustreben. Es besteht nämlich ein enger **Zusammenhang** zwischen der Eigenkapitalrentabilität und der Zusammensetzung des Gesamtkapitals. Die Eigenkapitalrentabilität ist abhängig von der Gesamtkapitalrentabilität, nur bei ausreichender Gesamtkapitalrentabilität wird auch die Eigenkapitalrentabilität zufriedenstellend sein. Und die wiederum wird beeinflusst durch den Fremdkapitalzins.

Der Leverage-Effekt besagt, dass die Eigenkapitalrendite steigt, wenn zusätzliches Fremdkapital aufgenommen wird. Dieser Effekt tritt allerdings nur dann ein, wenn mit dem so gestiegenen Gesamtkapital eine höhere Rendite erwirtschaftet wird als der Fremdkapitalzins.

BERATUNGSHINWEIS

Solange die Gesamtkapitalrentabilität höher ist als der Fremdkapitalzins, wächst die Eigenkapitalrentabilität mit zunehmendem Fremdkapitalanteil. Oder: Mit sinkender Eigenkapitalquote steigt die Eigenkapitalrentabilität, wenn die Gesamtkapitalrentabilität höher ist als der Fremdkapitalzins.

Dieser Leverage-Effekt wird also nur wirksam, wenn zwischen der Gesamtkapitalrentabilität und dem Fremdkapitalzins eine positive Differenz besteht. Je höher diese Differenz und je höher das Ausmaß des Verschuldungsgrades (vgl. Kap. 4.2.3.3), desto stärker ist die Hebelwirkung.

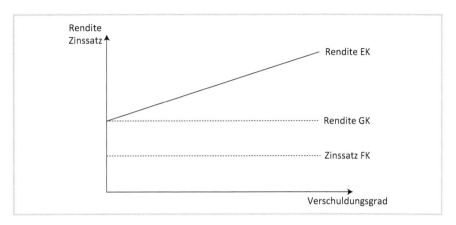

Die rechnerische Ermittlung erfolgt mit der Formel

$$\text{EK-Rentabilität} = \text{GK-Rentabilität} + \frac{FK}{EK} \cdot (\text{GK-Rentabilität} - FK\text{-Zins})$$

Die EK-Rentabilität sinkt aber, wenn (GK-Rentabilität – FK-Zins) < 0 und wenn sinkt, also der Anteil des Fremdkapitals kleiner wird.

Sowohl der Rückgang der Gesamtkapitalrentabilität als auch der Anstieg der Fremdkapitalzinsen vergrößern das **Risiko**, dass die Differenz zwischen Gesamtkapitalrentabilität und Fremdkapitalzinssatz negativ wird. Bei einer zurückgehenden Gesamtrendite kommt es aber bei einem hohen Verschuldungsgrad schnell zu einer negativen Eigenkapitalrentabilität, die zu einer Überschuldung führen kann.

Ist die Gesamtkapitalrentabilität niedriger als der Fremdkapitalzins, werden die Fremdkapitalkosten nicht mehr gedeckt, die Eigenkapitalrentabilität sinkt dann unter die Gesamtkapitalrentabilität (negativer Leverage-Effekt). Je höher der Verschuldungsgrad ist, desto stärker wirkt der negative Leverage-Effekt.

BEISPIEL

Mit dem Gesamtkapital der Dunkel AG in Höhe von 1.000.000 € wird eine Rendite von 12 % erzielt. Für das Fremdkapital sind 8 % Zinsen zu zahlen. Die Tabelle zeigt die Auswirkungen einer unterschiedlichen Aufteilung des Gesamtkapitals auf die Eigenkapitalrentabilität:

EK	EK-Quote	FK	JÜ	FK-Zinsen 8%	JÜ ./. FK-Zinsen	Rentabilität EK
600.000 €	60 %	400.000 €	120.000 €	32.000 €	88.000 €	14,7 %
500.000 €	50 %	500.000 €	120.000 €	40.000 €	80.000 €	16,0 %
400.000 €	40 %	600.000 €	120.000 €	48.000 €	72.000 €	18,0 %
300.000 €	30 %	700.000 €	120.000 €	56.000 €	64.000 €	21.3 %
200.000 €	20 %	800.000 €	120.000 €	64.000 €	56.000 €	28 %
100.000 €	10 %	900.000 €	120.000 €	72.000 €	48.000 €	48 %

Je geringer die Eigenkapitalquote wird, desto höher ist die Eigenkapitalrentabilität.

Die Gestaltungsmöglichkeiten zur Ausnutzung des Leverage-Effekts zeigt der Leverage-Index:

$$\text{Leverage-Index} = \frac{\text{Eigenkapitalrentabilität}}{\text{Gesamtkapitalrentabilität}}$$

Ist der Indexwert < 1, die Eigenkapitalrentabilität also kleiner als die Gesamtkapitalrentabilität, besteht die Möglichkeit, die Eigenkapitalrentabilität durch Veränderung der Kapitalstruktur weiter zu optimieren. In der Praxis kommt deshalb bei der Entscheidung über den anzustrebenden Verschuldungsgrad (vgl. Kap. 4.2.3.3) der Ermittlung der Gesamtkapitalrentabilität und des Fremdkapitalzinssatzes die entscheidende Rolle zu.

Unter Vernachlässigung anderer als der Renditegesichtspunkte kann der Anteil des Fremdkapitals als optimal bezeichnet werden, wenn die durchschnittlichen Kapitalkosten gegenüber anderen Alternativen am geringsten sind.

BERATUNGSHINWEIS

Die vordergründig naheliegende Schlussfolgerung, die Eigenkapitalquote möglichst niedrig zu halten, ignoriert jedoch die Funktionen des Eigenkapitals (vgl. Kap. 4.2.2).
Außerdem besteht grundsätzlich Unsicherheit über die Höhe der Fremdkapitalzinsen, wenn sie variabel sind und deshalb auch steigen können.
Schließlich besteht Unsicherheit der mit Investitionen erzielbaren Erträge.
Das kann eine sinkende Gesamtrentabilität zur Folge haben.

Die Gesamtkapitalrentabilität wird – anders als die Eigenkapitalrentabilität – nicht vom Leverage-Effekt beeinflusst. Die Gesamtkapitalrentabilität bleibt auch bei Aufnahme von Fremdkapital unverändert.

4.5.4 Betriebsrentabilität

In die Berechnung der Betriebsrentabilität wird nur das **betriebsnotwendige Vermögen** in die Berechnung einbezogen. Ihr Aussagewert liegt darin, dass betriebsfremde Einflüsse weitgehend unberücksichtigt bleiben. Sie bezieht sich nur auf den eigentlichen Betriebszweck und zeigt die Rentabilität, die durch den Produktions- und Umsatzprozess erwirtschaftet wird. Für den chronologischen und den Betriebsvergleich stehen dadurch aussagefähigere Daten zur Verfügung.

$$R_B = \frac{\text{ordentlicher Betriebserflog}}{\text{betriebsnotwendiges Vermögen}} \cdot 100$$

Der ordentliche Betriebserfolg ergibt sich aus den Aufwendungen und Erträgen, die direkt mit der »gewöhnlichen Geschäftstätigkeit« verbunden sind. Erträge aus Beteiligungen, Zinsen und ähnliche Aufwendungen und Erträge werden nicht berücksichtigt.

Das betriebsnotwendige Vermögen kann von einem externen Analytiker aus der Bilanz nicht einwandfrei ermittelt werden. Hilfsweise kann es aber nach folgendem Schema bestimmt werden:

	Gesamtvermögen
./.	Finanzanlagen
./.	Wertpapiere des Umlaufvermögens
./.	eigene Anteile
./.	sonstige Vermögensgegenstände
=	betriebsnotwendiges Vermögen

BERATUNGSHINWEIS

Die Aussagekraft der Betriebsrentabilität ergibt sich erst durch einen Zeitvergleich. Aufgrund der Konstruktion der Kennzahl kann aus einer Veränderung auf die Entwicklung der Ertragskraft geschlossen werden. Weil die Gründe dafür aus der Kennzahl selbst nicht erkennbar sind, sind ergänzende Analysen erforderlich.

4.5.5   ROCE

Der ROCE (return on capital employed) stellt eine Variante der Betriebsrentabilität dar. Er beschreibt mithilfe des EBIT (vgl. Kap. 4.6.2) die Höhe der Vorsteuerrendite des Capital employed. Der durchschnittliche Kapitaleinsatz, der für das operative Geschäft erforderlich ist, wird in Beziehung gesetzt zum betrieblichen Erfolg. Zur Ermittlung wird das Gesamtkapital um das kurzfristige Fremdkapital und um die liquiden Mittel bereinigt:

	Anlagevermögen	bzw.		Eigenkapital
+	Vorräte		+	Pensionsrückstellungen
+	Forderungen aus LuL		+	Bankdarlehen
./.	Verbindlichkeiten aus LuL		./.	Kasse, Bank
=	Capital employed		=	Capital employed

$$ROCE = \frac{EBIT}{Capital\ employed}$$

> **BERATUNGSHINWEIS**
>
> Der ROCE zeigt, wie effektiv ein Unternehmen sein Kapital einsetzt. Unternehmen mit ähnlichen Ergebnis- und Gewinnmargen können unterschiedliche Kapitalrenditen aufweisen. Sie erscheinen somit gleich, es kann aber erhebliche Unterschiede geben, wie ihr Kapital eingesetzt worden ist.

4.5.6   Umsatzrentabilität

Eine besonders aussagefähige Kennzahl ist die Umsatzrentabilität (auch Return on Sales, ROS), denn Umsatzsteigerungen sind nur dann positiv zu bewerten, wenn dabei auch ein höheres Ergebnis erzielt wird, mindestens die zusätzlichen Kosten durch den gestiegenen Umsatz kompensiert werden.

> **BERATUNGSHINWEIS**
>
> Die Umsatzrentabilität wird umgangssprachlich auch als »Gewinnspanne« bezeichnet.

Die Umsatzrentabilität wird vielfach zur Beurteilung von Unternehmen eingesetzt, weil sie bei der **Entstehung des Erfolges** ansetzt. Sie zeigt, wie viel von jedem umgesetzten Euro im Unternehmen verbleibt.

$$R_U = \frac{\text{ordentliches Betriebsergebnis}}{\text{Umsatzerlöse}} \cdot 100$$

Das ordentliche Betriebsergebnis (operatives Ergebnis) bezeichnet den Erfolg, der aus der gewöhnlichen Geschäftstätigkeit resultiert:

		Beispiel
	Umsatzerlöse	3.456.000 €
+ / ./.	Bestandsveränderungen	+ 15.600 €
+	andere aktivierte Eigenleistungen	+ 0 €
+	sonstige betriebliche Erträge	+ 12.400 €
./.	Materialaufwand	./. 1.856.500 €
./.	Personalaufwand	./. 860.400 €
./.	Abschreibungen	./. 466.900 €
./.	sonstige betriebliche Aufwendungen	./. 65.400 €
./.	sonstige Steuern	./. 124.000 €
=	Ordentliches Betriebsergebnis	= 110.800 €

Als Erfolgsgröße wird das ordentlich Betriebsergebnis gewählt, weil auch die Umsatzerlöse Ergebnis der eigentlichen Geschäftstätigkeit sind und durch betriebsfremde Aktivitäten nicht beeinflusst sind.

Die Umsatzrentabilität ist besonders geeignet, Aussagen zu machen über eine positive oder negative Entwicklung im Vergleich mit anderen Unternehmen. Aus analytischer Sicht hat sie eindeutige Vorteile gegenüber anderen Kennzahlen:
- Sie unterliegt kaum bilanzpolitischen und steuerlich bedingten Einflüssen.
- Sie wird sowohl von der Marktseite (Absatzmengen, Preise) her als auch von betriebsinternen Größen (Erträge, Aufwendungen) beeinflusst.
- Sie reagiert deutlich, Entwicklungen können daher frühzeitig erkannt werden.

Die Umsatzrentabilität ist ein Maßstab für die Effizienz eines Unternehmens. Eine Veränderung deutet (bei unverändertem Verkaufspreis) auf eine veränderte Produktivität im Unternehmen hin. Sie ist vorsichtig zu interpretieren, denn die Gründe dafür können sehr unterschiedlich sein:
- veränderte Betriebsleistungen,
- ein anderes Fertigungsverfahren,
- ein anderes Produktionsprogramm,
- eine Veränderung der Kundenstruktur,

- eine neue Konkurrenzsituation,
- die allgemeine Wirtschaftsentwicklung,
- die Geschäftspolitik,
- u. a.

BERATUNGSHINWEIS

Die Höhe der Umsatzrentabilität ist sehr branchenabhängig. Sie soll grundsätzlich möglichst hoch sein. Je größer ein Unternehmen ist, desto niedriger ist tendenziell die Umsatzrentabilität. Bei kleinen und mittleren Unternehmen sollte sie bei 5 bis 6 % liegen.
Auch mit niedrigen Umsatzrenditen können hohe Eigen- bzw. Gesamtkapitalrentabilitäten erzielt werden.

4.5.7   Zielkonflikt

Zwischen den Kennzahlen zur Rentabilität und zur Liquidität gibt es **Interdependenzen**: Ein hoher Bestand an liquiden Mitteln hat negative Auswirkungen auf die Rentabilitätskennzahlen (vgl. Kap. 4.5). Entsprechend kann die Rentabilität verbessert werden, wenn die Liquidität gesenkt und damit die Gefahr von Zahlungsschwierigkeiten erhöht wird. Der Grund liegt darin, dass kurzfristige liquide Mittel im Allgemeinen geringer verzinst sind als langfristige Anlagen.

BERATUNGSHINWEIS

Zwischen den Zielen »hohe Liquidität« und »hohe Rentabilität« besteht ein Konflikt. Maßnahmen, eine der beiden Kennzahlen zu verbessern, müssen also immer auch die negativen Auswirkungen auf die andere berücksichtigen.

BEISPIEL

Die Anlage von flüssigen Mitteln auf einem Tagesgeldkonto führt zu einer höheren Liquidität, die Rendite ist im Vergleich aber gering.
Die Anlage von flüssigen Mitteln auf einem Festgeldkonto führt im Vergleich zu einer höheren Rendite, die Liquidität nimmt aber ab.

4.6   Pro-Forma-Kennzahlen

Auf den Punkt gebracht

Bei den Pro-Forma-Kennzahlen handelt es sich um Ergebnisgrößen, die – unterschiedlich – um spezielle Positionen wie einmalige, ungewöhnliche, außerbetriebliche oder nicht zahlungs-wirksame Aufwendungen und Erträge bereinigt werden. Dadurch soll die Vergleichbarkeit der Geschäftsentwicklung im Kernsegment über mehrere Perioden hinweg sichergestellt werden. Diese **zielorientiert korrigierten** Ergebnisgrößen sind in vielen Unternehmen fester Bestand-teil der Berichterstattung. In die Beratung sollten die Pro-Forma-Kennzahlen einbezogen werden, weil sie erhebliche Einfluss auf die Außendarstellung des Unternehmens haben.

Mit den Pro-Forma-Kennzahlen wird die Unternehmensleistung so dargestellt, als ob bestimmte Aufwendungen und Erträge nicht angefallen wären. Gleichzeitig können **unternehmensspezifische Erfolgsgrößen** integriert und besonders berücksichtigt wer-den. So können im Einzelfall aus negativen Ergebnissen durchaus positive Pro-Forma-Ergebnisse entwickelt werden.

BERATUNGSHINWEIS

Unternehmensindividuell gestaltete Kennzahlen erleichtern eine positive Dar-stellung der Entwicklung des Unternehmens. Deshalb muss ihre Aussagefähig-keit im Einzelfall jeweils kritisch geprüft werden.

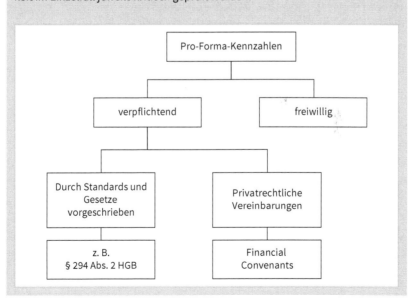

Pro-Forma-Kennzahlen können bewusst als bilanzpolitisches Instrument eingesetzt werden, um die Ergebnisse positiv – und manchmal von der realen Situation abweichend – so darzustellen zu können, wie sie aus Unternehmenssicht erscheinen sollen. Die Grenze zwischen erhöhter Transparenz und bewusster Manipulation kann so fließend sein, dass die ermittelten Kennzahlen für externe Analysten häufig nicht nachvollziehbar sind. Die intertemporäre und zwischenbetriebliche Vergleichbarkeit wird dann erheblich erschwert. Sie sollten deshalb nicht als Ersatz, sondern ausschließlich als **Ergänzung und als Interpretationshilfe** zu den traditionellen Kennzahlen genutzt werden. Die korrigierten Ergebnisgrößen haben sich allerdings zu einem festen Bestandteil der Unternehmensberichterstattung entwickelt.

4.6.1 Earnings before Taxes

Das EBT (Earnings before Taxes) zeigt das Ergebnis vor gewinnabhängigen Steuern.

Jahresüberschuss/Jahresfehlbetrag	(earnings)
+ Gewinn- und Ertragsteuern	(taxes)
= EBT	

EBT entspricht also dem erwirtschafteten Ergebnis vor Abzug des Ertragsteueraufwands. Auch außerordentliche Einflüsse wie die Bildung oder Auflösung latenter Steuern und Steuernachforderungen bzw. -minderungen bleiben so unberücksichtigt.

> **HINWEIS**
>
> Als Variante ist auch der Abzug des gesamten Steueraufwands möglich.

Diese Kennzahl ermöglicht rechtsform- und steuersystemübergreifende Vergleiche. Bei einem Vergleich von Personen- und Kapitalgesellschaften und wegen der regional unterschiedlichen Ertragsteuerbelastung kann es sinnvoll sein, die Vorsteuerergebnisse als Beurteilungskriterium zu wählen.

4.6.2   Earnings before Interest and Taxes

Der EBIT (Earnings Before Interest and Taxes – Gewinn vor Zinsen und Steuern) zeigt die operative Ertragskraft einer Unternehmung vor Steuern und Zinsergebnis und dadurch unabhängig von der Kapitalstruktur.

*   Durch Berücksichtigung des Finanzergebnisses wird vermieden, dass Unternehmen mit einer höheren Eigenkapitalquote besser beurteilt werden als andere mit höheren Fremdkapitalkosten. Eine zusätzliche Analyse und Bewertung der Kapitalquoten ist in diesem Falle notwendig.
*   Besonders bei internationalen Vergleichen werden Verzerrungen durch Steuereinflüsse vermieden.

Da die Einflüsse durch die Finanzierungs- und Steuerpolitik des Unternehmens hier weitgehend ausgeschaltet sind, ist der EBIT für Renditevergleiche besonders geeignet.

Mit dem EBIT kann im Rahmen einer Jahresabschlussanalyse das Betriebsergebnis verschiedener Geschäftsjahre, Quartale, Monate oder Unternehmensbereiche direkt verglichen werden, ohne dass unterschiedliche Steuersätze und (von der Verschuldung beeinflusste) Zinsaufwendungen die Vergleichbarkeit einschränken. Wenn allerdings Unternehmen die Bereinigung des Jahresüberschusses im eigenen Interesse individuell durchführen, erhöhen sie zwar die Genauigkeit für dieses Unternehmen, erschweren aber gleichzeitig die Vergleichbarkeit, weil diese Praxis nicht allgemein angewandt wird. Der EBIT ist daher für Renditevergleiche zwar gut geeignet, es sind aber zahlreiche unterschiedliche **Varianten üblich**.

Bei der Ermittlung des EBIT wird der Jahresüberschuss regelmäßig um die Steuern vom Einkommen und Ertrag und das Finanzergebnis bereinigt, weil sie nicht durch die eigentliche betriebliche Tätigkeit entstanden sind:

	Jahresüberschuss/Jahresfehlbetrag	(earnings)
+	Zinsaufwendungen	(interest)
+	Gewinn- und Ertragsteuern	(taxes)
=	EBIT	

Weil Finanzierungskosten regelmäßig steuerlich abzugsfähig sind, werden manchmal vereinfachend auch nur die gesamten Steuern vom Jahresüberschuss abgezogen.

In der Praxis wird EBIT in manchen Unternehmen auch als »Gewinn vor Finanzergebnis, außerordentlichem Ergebnis und Steuern« verstanden. Dann werden auch außeror-

dentliche Erträge und Aufwendungen und sonstige Finanzierungsaufwendungen oder
-erträge ignoriert, die nicht durch den eigentlichen Geschäftszweck entstanden sind:

	Jahresüberschuss/Jahresfehlbetrag
+	Gewinn- und Ertragsteuern
./.	Steuererträge
+	außerordentlicher Aufwand
./.	außerordentliche Erträge
+	Finanzaufwand
./.	Finanzerträge
=	EBIT

BERATUNGSHINWEIS

Der EBIT wird auch – allerdings nicht unumstritten – als operatives Ergebnis
oder Betriebsergebnis (vgl. Kap. 4.5.6) bezeichnet, da die nicht unmittelbar
dem operativen Geschäft zuzuordnenden Aufwendungen wie Zinsen und
Steuern eliminiert werden.

Die Kennzahl ist einfach zu berechnen und leicht zu analysieren.

EBIT-Marge

Mit der EBIT-Marge wird das Verhältnis des EBIT zu den Umsatzerlösen ermittelt:

$$EBIT\text{-}Marge = \frac{EBIT}{Umsatzerlöse} \cdot 100$$

Sie zeigt, wie hoch der prozentuale Anteil des Ergebnisses vor Zinsen und Steuern an den
Umsatzerlösen eines Unternehmens ist, welches operative Ergebnis das Unternehmen
also mit einem bestimmten Jahresumsatz erzielen konnte. Die EBIT-Marge ist ein wichtiger Indikator für die Einschätzung der Rentabilität ohne Einflüsse durch das Finanzergebnis. Je höher die EBIT-Marge, desto rentabler ist das Unternehmen.

Die EBIT-Marge eignet sich vor allem für Vergleiche innerhalb derselben Branche.

BERATUNGSHINWEIS

Die EBIT-Marge ist zwar stark branchenabhängig, aber trotzdem existieren Richtwerte zur Beurteilung. Sie geben an, wann ein Unternehmen tendenziell als **rentabel** zu bezeichnen ist oder ob Rentabilitätsrisiken bestehen: Liegt die EBIT-Marge über 15 %, kann von einem gesunden und rentabel arbeitenden Unternehmen ausgegangen werden. Liegt ihr Wert unter 3 %, bestehen Rentabilitätsrisiken.

Eine Verbesserung der EBIT-Marge kann u. a. durch höhere Umsatzerlöse, durch eine Verbesserung der Kapazitätsauslastung und durch die Optimierung der Kostenstruktur erreicht werden.

EBIT-Margen können auch ein Hinweis auf die Wettbewerbssituation in einer Branche sein. Dabei wird unterstellt, dass auf monopolistischen und oligopolistischen Märkten tendenziell größere Möglichkeiten der Preissetzung durch einzelne Unternehmen bestehen und deshalb höhere EBIT-Margen erzielt werden können.

4.6.3 Earnings before Interest, Taxes, Depreciation and Amortization

Mit EBITDA (earnings before interest, taxes, depreciation and amortization mit der Bedeutung Ertrag vor Finanzergebnis, außerordentlichem Ergebnis, Steuern und Abschreibungen) steht eine international weitverbreitete und aussagekräftige Erfolgskennzahl für die Beurteilung der operativen Geschäftstätigkeit zur Verfügung. Der EBIT wird dazu um Abschreibungen auf das Sachanlagevermögen (Depriciation) und Abschreibungen auf das immaterielle Vermögen einschließlich Firmenwert (Amortization) bereinigt.

Die Kennzahl wird weder durch Abschreibungen noch durch Sondereinflüsse belastet. So soll dem Analytiker ein Bild der Ertragslage vermittelt werden, das im Zeitablauf vergleichbare und zutreffende Informationen liefert.

Diese Kennzahl ist eine nützliche Messgröße vor allem zur Einschätzung der Ertragskraft von Unternehmen, die nach unterschiedlichen Standards bilanzieren. Sie ist – unabhängig von nationalen Steuergesetzen und Rechnungslegungssystemen – international und branchenweit vergleichbar. Auch bilanzpolitische Gestaltungen der Abschreibungen werden neutralisiert.

Jahresüberschuss/Jahresfehlbetrag
+ Gewinn- und Ertragsteuern
./. Steuererträge
+ außerordentlicher Aufwand
./. außerordentliche Erträge
+ Finanzaufwand
./. Finanzerträge

= EBIT
+ Abschreibungen auf das Sachanlagevermögen
+ Abschreibungen auf das immaterielle Vermögen
+ Abschreibungen auf den Geschäfts- oder Firmenwert

= EBITDA

EBITDA ist besonders dann eine bevorzugte Kennzahl, wenn hohe Abschreibungen zu einem niedrigen Jahresüberschuss geführt haben (z. B. bei Abschreibungen eines hohen derivativen Firmenwertes wird das Ergebnis dadurch nicht belastet).

> **BERATUNGSHINWEIS**
>
> Je nach Zielsetzung der Analyse werden zur Ermittlung des EBITDA auch nur Teile der Abschreibungen berücksichtigt.

Durch die Bereinigung des Ergebnisses um zahlreiche wesentliche Aufwandspositionen besteht allerdings die Gefahr, dass **ungerechtfertigt positive** Werte ausgewiesen werden. Ein positives EBITDA besagt also nicht, ob ein Unternehmen tatsächlich rentabel ist. Die Kennzahl sollte nur mit größter Vorsicht zur Beurteilung herangezogen werden.

Sinnvoll kann EBITDA bei der Analyse von Unternehmen sein, deren Vermögen nur buchhalterisch der Wertminderung unterliegt, z. B. bei Gebäuden, deren nutzungsbedingter Werteverzehr durch Steigerung der Marktwerte kompensiert wird

EBITDA-Marge

Die EBITDA-Marge bezeichnet das Verhältnis der Kennzahl EBITDA zu den Umsatzerlösen:

$$EBIT\text{-}Marge = \frac{EBITDA}{Umsatzerlöse} \cdot 100$$

Weil Steuern, Zinsen und Abschreibungen nicht in die Berechnung einfließen, zeigt die EBITDA-Marge die Rentabilität eines Unternehmens hinsichtlich der operativen Aktivitäten eines Unternehmens. Unternehmen mit unterschiedlicher Finanzierungsstruktur und unterschiedlicher rechtsformabhängiger Steuerbelastung werden so vergleichbar.

Die EBITDA-Marge macht zusätzlich die Ertragskraft von Gesellschaften aus verschiedenen Ländern mit unterschiedlichen länderspezifischen Besteuerungen vergleichbar.

4.7 Kennzahlensysteme

Auf den Punkt gebracht

Einzelne Kennzahlen können immer nur über bestimmte Aspekte Auskunft geben. Deshalb werden Systeme verwandt, die Kennzahlen, die in einem engen Zusammenhang stehen, miteinander verbinden und einander zuordnen, um der Realität näher zu kommen. Solche Kennzahlensysteme sollen das Unternehmen in seiner Gesamtheit darstellen und betriebswirtschaftlich sinnvolle Aussagen über das gesamte Unternehmen und seine Teile (z. B. Abteilungen, Produkte, Kunden, Standorte, Märkte) ermöglichen. Die Kennzahlen werden dazu logisch geordnet und sinnvoll miteinander verknüpft, um Abhängigkeiten und Querverbindungen zu verdeutlichen.

In Unternehmen liegen meistens zahlreiche Kennzahlen vor, die in den Unternehmensbereichen wie z. B. Entwicklung, Einkauf, Lager, Produktion, Marketing, Vertrieb, Service und Personalwesen für unterschiedliche Zwecke gebildet werden. Sie sollen z. B. Auskunft über die Personal-, Finanz-, Vermögens- und Ertragslage geben und zugleich die Entscheidungsgrundlagen für operative und strategische Entscheidungen liefern. Ein Kennzahlensystem soll die isolierten Kennzahlen in einen rechnerischen oder logischen Zusammenhang bringen und für Management und Mitarbeiter überschaubar und nachvollziehbar machen. Kennzahlensysteme sollen dabei jedoch flexibel und verbesserungsfähig bleiben, damit sie an veränderte Bedingungen angepasst werden können.

Kennzahlensysteme müssen aus den Unternehmenszielen entwickelt werden. Sie sollen die wichtigsten und insbesondere die kritischen Erfolgsfaktoren erfassen. Berücksichtigt werden die Kennzahlen, die für Misserfolge in der Vergangenheit entscheidend waren und die für die Zukunft von besonderer Bedeutung sind.

4.7.1 Du-Pont-Kennzahlensystem

Das **Du-Pont-Kennzahlensystem** bildet ein Grundgerüst für ein umfassendes Planungs- und Kontrollinstrument. Es kann für das gesamte Unternehmen oder einzelne Produktgruppen eingesetzt werden. Angestrebt wird nicht die Gewinnmaximierung, sondern eine möglichst hohe Gesamtkapitalrentabilität. Dieses Kennzahlensystem soll also eine wertorientierte Unternehmensführung ermöglichen.

Dazu wird zunächst die Spitzenkennzahl Return-on-Investment rechnerisch in die Umsatzrentabilität (vgl. Kap. 4.5.6) und die Umschlaghäufigkeit des eingesetzten Kapitals (vgl. Kap. 4.2.1) zerlegt. Anschließend werden in den folgenden Stufen Zähler und Nenner dieser Verhältniskennzahlen in ihre Aufwands- und Ertragskomponenten sowie Vermögensbestandteile untergliedert. Sie werden jeweils so weit in ihre Komponenten aufgeteilt, dass über eine Kennzahlenpyramide eine systematische Analyse der Haupteinflussfaktoren auf den RoI analysiert sowie rentabilitätsbezogene Schwachstellen ermittelt werden können. Die Abbildung verdeutlicht das Prinzip:

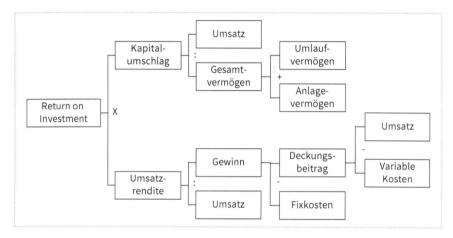

Weil in das Du-Pont-System nur rechnerisch verbundene Kennzahlen einfließen, bleiben andere festgestellte oder vermutete Einflüsse auf Umsätze, Aufwand, Vermögen und Kapital unberücksichtigt. Auch die Liquidität spielt nur eine marginale Rolle.

Du-Pont-Kennzahlensystem	
Vorteile	Nachteile
Anwendbar für das gesamte Unternehmen oder einzelne Unternehmensteile	Alle notwendigen Größen müssen bekannt sein
Ermöglicht die Kontrolle der Gesamtkapitalrentabilität	Langfristige Potenziale werden nicht erkennbar
Ermöglicht die Steuerung der Gesamtkapitalrentabilität	Alleinige Ausrichtung am RoI
	Die Liquidität wird vernachlässigt

4.7.2 Balanced Scorecard

Kennzahlen werden i. d. R. aus den Zahlen der Strukturbilanz ermittelt. Sie beruhen also auf Datenmaterial, das vergleichsweise spät zur Verfügung steht, die Folgen von unternehmerischen Entscheidungen werden daher erst mit verhältnismäßig langer Verzögerung abgebildet.

> **BEISPIEL**
>
> Eine Veränderung in der Vertriebsorganisation wird auch Auswirkungen haben auf die Kundenzufriedenheit. Die positive oder negative Reaktion der Kunden wird sich aber erst im zukünftigen Bestellverhalten zeigen.

Die Balanced Scorecard (BSC) unterstützt die strategische Unternehmensentwicklung und die Strategieumsetzung. Dazu werden – neben den finanziellen Aspekten – auch strukturelle **Frühindikatoren** berücksichtigt, die für den Unternehmenserfolg von Bedeutung sind. Sie verfolgen das Ziel, der Unternehmensleitung und den Mitarbeitern einen permanenten ganzheitlichen Überblick über die Entwicklung des Unternehmens und der jeweiligen Verantwortungsbereiche zu geben. Die Unternehmensstrategie insgesamt soll in einem Kennzahlensystem abgebildet werden.

Die BSC soll nachvollziehbar darstellen, wie der **Erfolg einer Unternehmensstrategie**, gemessen in finanziellen Ergebnissen, von unternehmensinternen Voraussetzungen abhängt. Sie zeigt also, wie einzelne Maßnahmen die Gesamtstrategie beeinflussen. Dadurch ermöglicht die BSC der Unternehmensleitung, neben den finanziellen Aspekten auch strukturelle Frühindikatoren in die Entscheidungsprozesse einzubeziehen und so den Geschäftserfolg zu steuern.

Die BSC ermöglicht eine mehrdimensionale Umsetzung der Unternehmensvision über Organisationsfelder und -hierarchien hinweg. Dabei wird nicht mehr allein die Ertrags- und Finanzlage berücksichtigt, sondern auch andere erfolgskritische Bereiche, die den langfristigen Unternehmenserfolg sichern sollen. In der Balanced Scorecard werden die vier Perspektiven integriert und ganzheitlich betrachtet:
*   Finanzen,
*   Kunde,
*   Mitarbeiter/Wissen und
*   Prozesse.

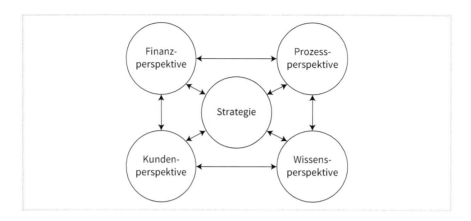

Das Konzept wird in einer Geschäftsvision (»BSC Story«) konkretisiert. Mit Kennziffern für die einzelnen Perspektiven wird es dann möglich, ihre Entwicklung ganzheitlich zu beobachten, zu beurteilen und falls notwendig Änderungen vorzunehmen. Sie kann im Unternehmen implementiert werden und durch die Transparenz leichter umgesetzt werden.

Die Perspektiven werden nicht zu einem Gesamtscore zusammengefasst, sondern einzeln analysiert. Die nicht-finanziellen Kennzahlen sollen aber einen Zusammenhang mit den finanziellen Zielen haben.

Finanzperspektive

Die Kennzahlen der Finanzperspektive zeigen die finanzielle Leistung, sie spiegeln Ergebnisse aus der Vergangenheit. Die Finanzperspektive ist das wichtigste Element der BSC, die anderen Perspektiven sollen über eine Ursache-/Wirkungsbeziehung mit den finanziellen Zielen verbunden sein.

Ziele	Inhalt	Beispiele für Kennzahlen
Steigerung der Rentabilität	Wachstum Rentabilität Unternehmenswert u. a. m.	Rentabilitätskennzahlen
Verbesserung der Finanzkraft		Cashflow Debitorenlaufzeit Kreditorenlaufzeit
Erhöhung der Produktivität		Betriebsergebnis je Mitarbeiter
Wachstum		Umsatzerlöse

Kundenperspektive

Die Kundenperspektive erfasst die strategischen Ziele des Unternehmens in Bezug auf die Kunden- und Marktsegmente, auf denen Konkurrenzfähigkeit angestrebt wird. Aus den Kennzahlen sollen Zielvorgaben und Maßnahmen entwickelt werden können.

Erfasst werden kundenorientierte Leistungsindikatoren wie Qualität und Service.

Ziele	Inhalt	Beispiele für Kennzahlen
Kundenzufriedenheit	Qualität Service Preis u. a. m.	Reklamationsrate Kundenbeschwerden Wiederverkaufsrate
Termintreue		Lieferpünktlichkeit
Marktdurchdringung		Marktanteile Kundenakquisition
Qualitätsverbesserung		Erreichbarkeit der Servicemitarbeiter

Prozessperspektive

Die Geschäftsprozesse werden auf ihre Stärken und Schwächen hin analysiert. Besonders zu berücksichtigen sind die Prozesse, die wesentlich sind, um die Ziele der finanziellen Perspektive und der Kundenperspektive zu erreichen.

Ziele	Inhalt	Beispiele für Kennzahlen
Flexibilität in der Produktion	Fertigungszeiten Qualität Produktivität u. a. m.	Durchlaufzeiten Nacharbeitsquote
Effizienzsteigerung		Auslastung der Maschinen Logistikkosten
Lageroptimierung		Lagerumschlag
Einhaltung der Termine		Lieferzeiten

Wissensperspektive

Die Wissensperspektive berücksichtigt Kennzahlen zum Erreichen der langfristigen Überlebensziele des Unternehmens. Vorrangig analysiert werden die Qualifizierung von Mitarbeitern, die Leistungsfähigkeit des Informationssystems und die Motivation und Zielausrichtung von Mitarbeitern. Für innovative Unternehmen sind kompetente Mitarbeiter, die bereit sind, ihr Wissen und Können permanent zu erweitern und einzubringen, ein kritischer Erfolgsfaktor.

Ziele	Inhalt	Beispiele für Kennzahlen
Erhöhung der Kompetenz	Offenheit gegen-über zukünftigen Entwick-lungen Vorbereitung der Mitarbeiter auf neue Herausforderungen	Mitarbeiterqualifizierung
Produktinnovationen		Umsatzanteil neuer Produkte Prozessinnovationen
Bindung der Mitarbeiter		Fluktuationsrate Mitarbeiterzufriedenheit

BERATUNGSHINWEIS

Für die Mandanten soll erkennbar sein, dass alle vier Perspektiven gleichzeitig für den Erfolg eines Unternehmens von Bedeutung sind. Die Auswahl der Kennzahlen zu den vier Perspektiven muss aber immer die jeweilige Situation und die Kernprobleme berücksichtigen. Die BSC hat in jedem Unternehmen andere Inhalte.

4.7.3   Economic Value Added

Das EVA-Konzept (Economic Value Added) zählt zu den neueren Bewertungsmodellen, die sich stark an den Interessen der Investoren orientieren. Es dient bei wertorientierter Führung vor allem der **periodischen Leistungsmessung**, kann aber auch zur Bestimmung des Unternehmenswerts und zur Einschätzung von Investitionsentscheidungen herangezogen werden. Es wird auch von zahlreichen deutschen Unternehmen eingesetzt.

Das EVA-Konzept stellt auf eine einzelne **wertorientierte Kennzahl** ab. Die Grundidee beruht auf der Überlegung, dass ein zusätzlicher Wert erst geschaffen werden kann, wenn der Ertrag des im Unternehmen eingesetzten Kapitals höher ist als die Kosten des Eigen- und Fremdkapitals:

Betriebsnotwendiges Kapital · Fremdkapitalaufwand < Jahresüberschuss

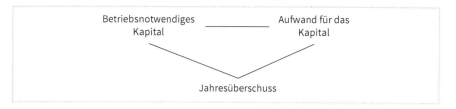

Dabei werden marktübliche Zinsen zuzüglich unternehmensindividueller Risikozuschläge einbezogen. Die in der Finanzbuchhaltung ermittelten Gewinne werden soweit korrigiert (z. B. Aktivierung immaterieller Vermögensgegenstände, Wertminderung der Vorräte), dass die tatsächliche wirtschaftliche Situation erkennbar wird. Von diesem korrigierten Gewinn werden die Kapitalkosten für das gesamte investierte Kapital abgezogen:

	Jahresüberschuss nach Steuern
./.	Berichtigungen
./.	Kosten des eingesetzten Gesamtkapitals
=	Economic Value Added

Der verbleibende Betrag EVA wird ins Verhältnis gesetzt zum insgesamt eingesetzten Vermögen und ergibt die **EVA-Kennziffer**, mit der ein Unternehmen mit anderen verglichen werden kann.

Der Gesamtwert eines Unternehmens besteht nach dem EVA-Konzept aus dem investierten Kapital zuzüglich der Summe aller diskontierten EVA. Die Methode kann auf ganze Unternehmen oder für Teilbereiche und einzelnen Projekte angewandt werden.

4.7.4 Return-on-Investment

Die Kennzahl Return-on-Investment (RoI) verbindet die Kennzahlen »Umsatzrentabilität« und »Kapitalumschlag« und erweitert sie zu einem Kennzahlensystem, das zusätzliche Erkenntnisse ermöglicht.

Ein Nachteil der Umsatzrentabilität besteht darin, dass nicht erkennbar ist, ob eine Verbesserung der Kennzahl mit einem höheren eingesetzten Kapital erreicht worden ist.

BEISPIEL

	Jahr 01	Jahr 02
Umsatzerlöse	4.000.000 €	4.500.000 €
Betriebsnotwendiges Vermögen	1.000.000 €	1.500.00 €
ordentlicher Betriebserfolg	200.000 €	270.000 €
Umsatzrentabilität	$\frac{200.000\ €}{4.000.000\ €} \cdot 100 = 5\,\%$	$\frac{270.000\ €}{4.500.000\ €} \cdot 100 = 6\,\%$

Die Umsatzrentabilität ist gestiegen, aber ebenso das eingesetzte Kapital.

Um dieses Problem zu lösen, wird die Betriebsrentabilität zur Kennzahl Return-on-Investment erweitert:

$$RoI = \frac{\text{Ordentlicher Betriebserfolg}}{\text{betriebsnotwendiges Vermögen}} \cdot 100 \cdot \frac{\text{Umsatzerlöse}}{\text{Umsatzerlöse}}$$

Der Wert ist unverändert, aber durch Umformung der Formel zu

$$RoI = \frac{\text{Ordentlicher Betriebserfolg} \cdot 100}{\text{Umsatzerlöse}} \cdot \frac{\text{Umsatzerlöse}}{\text{betriebsnotwendiges Vermögen}}$$

wird erkennbar, dass die Umsatzrentabilität durch Ergänzung um die Umschlaghäufigkeit des Kapitals zur Kennzahl Return-on-Investment weiterentwickelt worden ist.

BEISPIEL

	Jahr 01	Jahr 02
Umsatzerlöse	4.000.000 €	4.500.000
Betriebsnotwendiges Vermögen	1.000.000 €	1.500.000
Ordentlicher Betriebserfolg	200.000 €	270.000
Umsatzrentabilität	$\frac{200.000\,€}{4.000.000\,€} \cdot 100 = 5\,\%$	$\frac{270.000\,€}{4.500.000\,€} \cdot 100 = 6\,\%$
Umschlaghäufigkeit des investierten Kapitals	$\frac{4.000.000\,€}{1.000.000\,€} = 4$	$\frac{4.500.000\,€}{1.500.000\,€} = 3$
RoI	$5 \cdot 4 = 20$	$6 \cdot 3 = 18$

Aufgrund des höheren betriebsnotwendigen Vermögens sinkt der Return-on-Investment.

BEISPIEL

Eine niedrigere Umsatzrentabilität kann bei einer höheren Kapitalumschlagshäufigkeit zum gleichen Ergebnis führen wie eine hohe Umsatzrentabilität bei einer niedrigeren Kapitalumschlagshäufigkeit.

	Fall 1	Fall 2
Umsatzrentabilität	6 %	2 %
Umschlaghäufigkeit desinvestierten Kapitals	4	12
RoI	$6 \cdot 4 = 24$	$2 \cdot 12 = 24$

Bei konstanter Gesamtkapitalrentabilität ist die Umsatzrentabilität ist umso höher, je höher der Kapitalumschlag ist. Die Skizze zeigt den Zusammenhang:

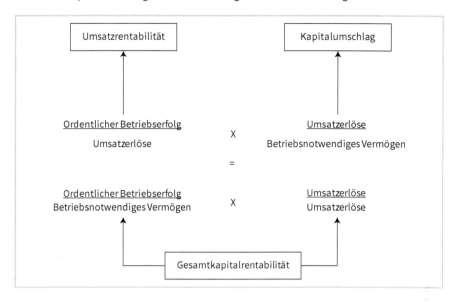

BEISPIEL

	Unternehmen A	Unternehmen B	Unternehmen C
Betriebsnotwendiges Vermögen	100	240	160
Umsatzerlöse	200	240	320
Kapitalumschlag	2	1	2
Umsatzrentabilität	10%	10%	5%
Ordentlicher Betriebserfolg	20	24	16

Bei ausschließlicher Betrachtung des ordentlichen Betriebserfolgs wird das Unternehmen B als das ertragskräftigste eingestuft.
Unter Berücksichtigung der Gesamtkapitalrentabilität wird das Unternehmen A als das ertragskräftigste angesehen.

Durch Berücksichtigung des ordentlichen Betriebserfolgs werden Erträge und Aufwendungen durch das betriebsnotwendige Vermögen und der Umfang des Anlage- und Umlaufvermögens logisch miteinander verknüpft. Durch die weitere analytische Auflösung der zusammengeführten Größen kann eine Baumstruktur entwickelt werden, aus der die entscheidenden Einflüsse auf den RoI isoliert ermittelt werden können:

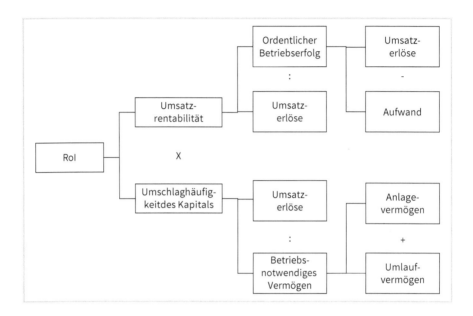

In der Praxis werden zahlreiche Modifikationen des RoI sowohl bezüglich der betrachteten Erfolgsgröße (z. B. vor Steuern und Zinsen) als auch bezüglich der genutzten Kapitalgröße (z. B. betriebsnotwendiges Kapital) genutzt.

Die Bestandteile des RoI können zudem je nach individuellem Interesse **unterschiedlich detailliert** untergliedert werden. Die Wirkungen einzelner Maßnahmen können dann einfach erkannt und Fehlentscheidungen vermieden werden.

Die Größen Betriebserfolg, Umsatz und betriebsnotwendiges Kapital können in diejenigen Faktoren weiter unterteilt werden, die die Umsatzrentabilität und den Kapitalumschlag bestimmen. Dazu werden die Zusammenhänge aufgefächert, danach können sie analysiert und ihr Zusammenwirken abgelesen werden. Dann lässt sich zeigen, wie sich der RoI bei Veränderung einzelner Größen entwickelt. Das konkrete Verfahren ist jeweils abhängig von dem Erkenntnisinteresse.

BEISPIEL

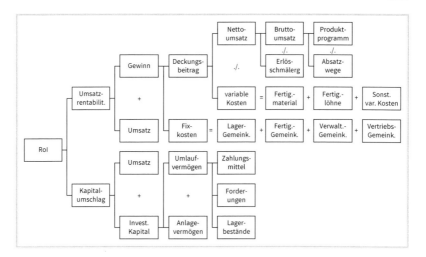

Durch Einsatz von Analyseprogrammen können die Folgen von Veränderungen simuliert werden, ohne dass bereits praktischer Schaden entstanden ist. Für die Interpretation des RoI ergeben sich zwei Ansätze:

- **Analytische Betrachtung.** Bei dieser Vorgehensweise wird die Veränderung des RoI bis in die detailliert aufgegliederten Posten zurückverfolgt, also »von links nach rechts«. Dem Analytiker wird dadurch eine systematische Ursachenanalyse möglich.
- **Synthetische Betrachtung.** Diese Betrachtung setzt an bei den Veränderungen bei den Erträgen, dem Aufwand und dem Vermögen, also »von rechts nach links«. So können ihre Auswirkungen über die verschiedenen Stufen bis hin zur Änderung des RoI verfolgt werden. Sie eignet sich besonders als Planungs- und Kontrollinstrument, weil die Auswirkungen einzelner Entscheidungen abgebildet werden.

BEISPIEL

Analytische Betrachtung

Der RoI ist um 5 % gesunken. Durch die Baumstruktur kann die Ursache leicht identifiziert werden. Zunächst wird festgestellt, ob sich der Kapitalumschlag oder die Umsatzrentabilität verändert haben. Danach wird die nächste Ebene analysiert usw.

BEISPIEL

Synthetische Betrachtung

Durch einen neuen Tarifabschluss steigen die Löhne und Gehälter um 1,8 %. Im Feld »Personalaufwand« werden die neuen Werte erfasst und über die Baumstruktur ergibt sich der neue Wert für den RoI.

BERATUNGSHINWEIS

Der RoI ist zwar auch für die externe Analyse interessant, aber hauptsächlich kann er als umfassendes internes Steuerungsinstrument dienen. In kleinen und mittleren Unternehmen sollte er 10 % bis 12 % betragen.

4.7.5   ZVEI

Eine Variante des Du-Pont-Kennzahlensystems stellt das ZVEI-Kennzahlensystem dar. Insgesamt 88 Hauptkennzahlen und 122 Hilfskennzahlen bilden ein Rechen- und Ordnungssystem, die in einem dreistufigen Rechensystem zueinander in Beziehung gesetzt werden. Damit wird eine Schwachstellenanalyse bezüglich Umsatzgenerierung, Kosten, Risiko, Liquidität, Kapitalstruktur, Kapitalbindung oder Finanzierung möglich. Ziel ist die Ermittlung und Beurteilung der **Unternehmenseffizienz**, zentrale Kennzahl ist die Eigenkapitalrentabilität.

Die **Wachstumsanalyse** gibt einen Überblick über die bisherige Entwicklung des Unternehmens und seine zukünftige Entwicklung in wesentlichen Bereichen.

Die **Strukturanalyse** ist eine periodenbezogene Analyse der Eigenkapitalrentabilität. Sie wird dazu in Unterkennzahlen in vier Sektoren aufgegliedert, die rechnerisch miteinander verknüpft werden:

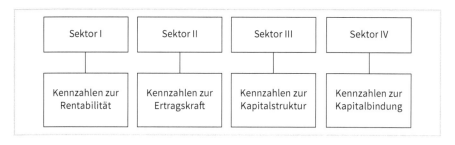

4.7.6   Rentabilitäts-Liquiditäts-Kennzahlensystem

Das RL-System enthält zwei gleichrangige Spitzenkennzahlen, damit der Ziel-Pluralismus innerhalb eines Unternehmens abgebildet werden kann: Rentabilität und Liquidität. Daraus werden 39 Kennzahlen abgeleitet, die in einem logischen und strukturellen Zusammenhang stehen.

Das Kennzahlensystem wird in einen allgemeinen und in einen Sonderbereich aufgeteilt. Der **allgemeine Bereich** enthält Kennzahlen zu Erfolg und Liquidität, die sich auf das gesamte Unternehmen beziehen:
* Eigenkapitalrentabilität
* Umsatzrentabilität
* Return on Investment
* Liquide Mittel
* Cashflow
* Working Capital

Im **Sonderteil** werden unternehmensspezifische Kennzahlen berücksichtigt, z. B.
* Deckungsbeiträge
* Fixkosten

4.7.7   Profit Impact of Market Strategies

Das PIMS-Konzept geht davon aus, dass es in jedem Markt und in jeder Branche einen Zusammenhang gibt zwischen **quantifizierbaren Unternehmenszahlen** und dem Unternehmenserfolg. Dazu sollen Erfolgsfaktoren ermittelt werden, die den Unternehmenserfolg (gemessen am RoI und am Cashflow) erklären können. Diese Gesetzmäßigkeiten sollen branchenübergreifend zu Empfehlungen für die Entwicklung von Strategien führen. Das PIMS-Konzept beschreibt also die Korrelation zwischen identifizierten Schlüsselfaktoren und dem wirtschaftlichen Erfolg eines Unternehmens.

Insgesamt lassen sich danach mehr als 50 Kennzahlen bzw. Einflussfaktoren feststellen, die Einfluss auf den Erfolg eines Unternehmens haben. Die wichtigsten zeigt die Übersicht:

Einflussfaktor	Korrelation mit dem RoI	Begründung
Investitionsintensität	negativ	Hohe Investitionen führen zu einer hohen Abschreibungsintensität und damit niedrigerem Gewinn. Tendenziell wird die Ausbringungsmenge steigen, was sinkende Marktpreise zur Folge hat.
Produktivität	positiv	Zunehmende Wertschöpfung je Beschäftigtem führt zu einem höheren RoI.
Relativer Marktanteil	positiv	Je größer die Produktionsmenge ist, desto geringer sind die Stückkosten. Mit wachsendem Marktanteil steigen die Möglichkeiten, bessere Konditionen zu erreichen.
Vertikale Integration	nicht eindeutig	Bei stabilen Märkten wirkt eine hoher Integrationsgrad positiv, bei wachsenden oder schrumpfenden Märkten dagegen negativ.
Innovation	positiv	Eine positive Abgrenzung gegenüber Mitbewerbern führt zu besseren Absatzchancen.
Relative Produktqualität	positiv	Für bessere Produkte können höhere Preise erzielt werden. Es wird zu wenigen Reklamationen kommen.
Qualifikation der Mitarbeiter	positiv	Je besser das Wissen und Können der Mitarbeiter, desto höhere Absatzpreise sind erreichbar.
Kapazitätsauslastung	positiv	Je besser die Kapazitätsauslastung, desto niedriger sind die Fixkosten je produzierter Einheit.
Kapitalbindung	positiv	Eine niedrige Kapitalbindung gilt wegen den geringeren Kapitalkosten als erfolgssteigernd.

Zusammen mit weiteren Einflussfaktoren lassen sich so die Unterschiede in der Rentabilität zwischen erfolgreichen und erfolglosen Geschäftsfeldern erklären.

BERATUNGSHINWEIS

Weil dem PIMS-Konzept die Ergebnisse empirischer Studien zugrunde liegen, können die Mandanten unter Analyseaspekten von der Bedeutung der relevanten Kennzahlen überzeugt werden.

5 Analyse der Gewinn- und Verlustrechnung

Auf den Punkt gebracht

Die Gewinn- und Verlustrechnung (GuV) dient der Ermittlung des unternehmerischen Erfolgs. Entsprechend ist bei der Beratung von besonderer Bedeutung, das Zustandekommen zu analysieren, um die zukünftige Ertragskraft prognostizieren zu können.

Weil die Mandanten Vorschläge zur Verbesserung der Kennzahlen erwarten, werden auch Möglichkeiten zu ihrer Beeinflussung dargestellt.

Die Gewinn- und Verlustrechnung ist gesetzlicher Pflichtbestandteil des Jahresabschlusses. Die einzelnen erfolgsrelevanten Aufwands- und Ertragsposten eines Geschäftsjahres werden – meist in Staffelform – gegenübergestellt, um den Jahresüberschuss oder den Jahresfehlbetrag zu ermitteln. Eine Analyse kann dann mit Hilfe von Kennzahlen erfolgen.

5.1 Ertragsanalyse

Die erfolgswirtschaftliche Analyse soll feststellen, ob ein Unternehmen langfristig in der Lage ist, nachhaltig Erträge zu erzielen. Der im Jahresabschluss ausgewiesene Erfolg kann erheblich von der betriebswirtschaftlich relevanten Ergebnisgröße abweichen.

Die Gewinn- und Verlustrechnung, deren Gliederung für Kapitalgesellschaften im § 275 HGB vorgeschrieben ist, ermöglicht keinen hinreichend genauen Einblick in die Erfolgslage eines Unternehmens, weil sich der Jahresüberschuss lediglich als Differenz zwischen Erträgen und Aufwendungen ergibt. Da sich der Jahresüberschuss aus verschiedenen Komponenten zusammensetzt, muss sorgfältig untersucht werden, welche Einflussfaktoren das Ergebnis der GuV positiv oder negativ beeinflusst haben. Seine Höhe allein kann zu Fehldeutungen und anschließend zu Fehlentscheidungen führen.

> **BERATUNGSHINWEIS**
>
> Die Ertragslage soll über mehrere Geschäftsjahre ermittelt werden, um Prognosen für die folgenden Perioden erstellen zu können und Ansätze für Maßnahmen zur Verbesserung zu erkennen.

Ähnlich wie die Bilanz ist auch die Gewinn- und Verlustrechnung für eine direkte Analyse nicht geeignet. Auch sie muss zunächst in eine **analysefähige Struktur** gebracht, also aufbereitet werden.

BEISPIELE

Ein Produktionsunternehmen weist einen hohen Jahresüberschuss auf, der zu einem großen Teil durch Mieteinnahmen entstanden ist. Der positive Jahresüberschuss kann das schlechte Ergebnis aus der gewöhnlichen Geschäftstätigkeit verschleiern.

Hohe Aufwendungen für eine rechtliche Auseinandersetzung mindern in einer Periode einmalig den Jahresüberschuss, das positive Ergebnis aus der gewöhnlichen Geschäftstätigkeit wird dadurch überlagert.

Deshalb ist es sinnvoll, den Jahresüberschuss in seine Komponenten aufzuteilen, um die Ergebnisquellen genauer analysieren zu können. Die Form ist wiederum abhängig vom Erkenntnisziel.

5.1.1   Erfolgsquellenanalyse

Die Erfolgsquellenanalyse (auch Ergebnisquellenanalyse) ist der wichtigste Teil der Analyse der Gewinn- und Verlustrechnung. Sie soll erkennbar machen, in welchen Bereichen der unternehmerische Erfolg entstanden ist. Die entscheidenden Erfolgsquellen sollen identifiziert und auf ihre zukünftige Bedeutung für den Unternehmenserfolg hin untersucht werden.

Durch die Erfolgsspaltung in die einzelnen Komponenten des Erfolges soll ermittelt werden, welches Ergebnis – bei konstanten Rahmenbedingungen – nachhaltig erzielt werden kann. Aus den Informationen über die Vergangenheit sollen Prognosen über das zukünftig mögliche Ergebnis abgeleitet werden. Es wird sich normalerweise aus den unternehmenstypischen regelmäßigen Umsatz- und Finanzgeschäften ergeben.

BERATUNGSHINWEIS

Um eine Erfolgsspaltung durchführen zu können, sind Informationen notwendig, die eine Dreiteilung in das Ergebnis der laufenden Geschäftstätigkeit, das Finanzergebnis und das außerordentliche Ergebnis ermöglichen.

Die grundlegende Form der Erfolgsspaltung unterscheidet zwischen dem Betriebsergebnis und dem Finanzergebnis und wird in der Regel durch das außerordentliche Ergebnis ergänzt:

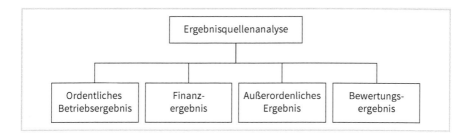

Das **Betriebsergebnis** zeigt den nachhaltigen Erfolg der betriebsbedingten Umsatztätigkeit. Es resultiert aus den regelmäßig anfallenden Aufwendungen und Erträgen, die mit dem eigentlichen Unternehmenszweck in unmittelbaren Zusammenhang stehen. Es erfasst alle **leistungsbedingten Komponenten**, die nicht ungewöhnlich und selten sind und soll Anhaltspunkt sein für den nachhaltigen Erfolg des Unternehmens.

Für die Analyse ist das Betriebsergebnis besonders interessant, weil es zukünftige Potenziale widerspiegelt, denn diese Aktivitäten sind – vergleichbare Rahmenbedingungen vorausgesetzt – auch in Zukunft zu erwarten. Sollten aber Änderungen bekannt sein oder erkannt werden, würden sie für die Analyse und ihre Auswertungen von entscheidender Bedeutung sein.

Bei der Gliederung der GuV nach dem Gesamtkostenverfahren enthält das Betriebsergebnis die Positionen 1 bis 8 des § 275 Abs. 2 HGB.

1.	Umsatzerlöse
2.	Erhöhung oder Verminderung des Bestandes an fertigen und unfertigen Erzeugnissen
3.	andere aktivierte Eigenleistungen
4.	sonstige betriebliche Erträge
	Gesamtleistung
5.	Materialaufwand
6.	Personalaufwand
7.	Abschreibungen auf immaterielle Vermögensgegenstände des Anlagevermögens und Sachanlagen auf Vermögensgegenstände des Umlaufvermögens, soweit diese die in der Kapitalgesellschaft üblichen Abschreibungen überschreiten
8.	sonstige betriebliche Aufwendungen
	Betriebsergebnis

Je gleichmäßiger sich das Betriebsergebnis entwickelt und je höher es relativ zu den anderen Erfolgsquellen ist, desto günstiger ist die zukünftige Ertragskraft des Unternehmens zu beurteilen.

BERATUNGSHINWEIS

Der Aussagewert eines chronologischen Vergleiches ist abhängig davon, ob die Abgrenzung gegenüber dem Finanzergebnis und dem außerordentlichen Ergebnis nach denselben Kriterien erfolgt ist.

Das **Finanzergebnis** zeigt den Erfolg des Unternehmens aus seinem Engagement auf den **Geld- und Kapitalmärkten,** das stark von äußeren Einflüssen abhängt. Es gilt ebenfalls als planmäßig und regelmäßig, entspricht aber nicht dem eigentlichen Unternehmenszweck. Das Finanzergebnis ergibt sich aus den Zinserträgen und -aufwendungen, den Ergebnissen aus Beteiligungen und anderen finanzwirtschaftlichen Aktivitäten. Es setzt sich aus den Positionen 9 bis 13 des § 275 Abs. 2 HGB zusammen.

9.	Erträge aus Beteiligungen
10.	Erträge aus anderen Wertpapieren und Ausleihungen des Finanzanlagevermögens
11.	sonstige Zinsen und ähnliche Erträge
12.	Abschreibungen auf Finanzanlagen und auf Wertpapiere des Umlaufvermögens
13.	sonstige Zinsen und ähnliche Aufwendungen

Die **Beurteilung** des Finanzergebnisses hängt wesentlich von der Branchenzugehörigkeit des analysierten Unternehmens ab. Eine Holding-Gesellschaft wird z. B. hohe Beteiligungserträge ausweisen, deren Nachhaltigkeit gesondert analysiert werden muss. Besondere Schwierigkeiten für die Analyse treten bei Unternehmen mit langfristiger Auftragsfertigung auf, die einerseits durch Anzahlungen durchaus hohe Zinserträge erwirtschaften können, andererseits Verzögerungen in der Produktion kurzfristig finanzieren müssen.

Zur differenzierten Beurteilung stehen spezielle Kennzahlen zur Verfügung. Der

$$\text{Anteil des Beteiligungsergebnisses} = \frac{\text{Beteiligungsergebnis}}{\text{Finanzergebnis}} \cdot 100$$

zeigt, welche Bedeutung die **Beteiligungen** haben. Die Kennzahl kann über die Diversifikation und die damit verbunden Risikostreuung informieren.

Die **Verzinsung** der Beteiligungen wird mit der

$$\text{Beteiligungsrendite} = \frac{\text{Beteiligungsergebnis}}{\text{Anteile an verbundenen Unternehmen}} \cdot 100$$

gemessen. Im Vergleich zeigt sie die Vorteilhaftigkeit der Anlagen in Beteiligungen. In welchem Ausmaß das Finanzergebnis von Zinsschwankungen abhängig ist, misst die Kennzahl

$$\text{Zinsdeckung} = \frac{\text{Betriebsergebnis}}{\text{Zinsaufwand}} \cdot 100$$

Je größer das Ergebnis, desto geringer ist die Abhängigkeit des Unternehmens von Zinsschwankungen.

Das **außerordentliche Ergebnis** ergibt sich aus den Positionen, die weder dem Betriebsergebnis noch dem Finanzergebnis zuzuordnen sind. Alle einmaligen, ungewöhnlichen, unregelmäßigen, nicht wiederholbaren und periodenfremden Aufwendungen und Erträge werden gesondert erfasst, weil sie nicht dem eigentlichen Betriebszweck dienen und die Beurteilung des Unternehmens und vor allem die Prognose der Ertragslage verfälschen könnten. Der getrennte Ausweis führt dazu, dass das Betriebsergebnis durch solche besonderen Vorgänge nicht beeinflusst wird.

BERATUNGSHINWEIS

Welche Positionen dem außerordentlichen Ergebnis zugeordnet werden können, ist abhängig von der Gliederung der Gewinn- und Verlustrechnung. Die Gliederung der GuV nach § 275 HGB ermöglicht für Kapitalgesellschaften zwar eine Aufspaltung des Unternehmungsergebnisses in ein Finanz- und ein betriebliches Ergebnis, aber insbesondere das Ergebnis der laufenden Geschäftstätigkeit enthält außerordentliche und periodenfremde Elemente, die nur schwer identifiziert und anschließend eliminiert werden können.

Die **Aussagekraft** der Ergebnisquellenanalyse hängt entscheidend davon ab, wie genau, transparent und nachvollziehbar das Betriebsergebnis ermittelt werden kann. Eine Abgrenzung der Ergebnisquellen kann für externe Analysten schwierig sein.

BERATUNGSHINWEIS

Die Ergebnisse werden »vor Steuern von Einkommen und Ertrag« ermittelt.
Dadurch sollen Einflüsse
- unterschiedlicher Strategien zur Gewinnverwendung,
- unterschiedlicher Steuerbelastungen,
- unterschiedlicher Kapitalstrukturen,
- unterschiedlicher Rechtsformen,
- von Steuernachzahlungen und -erstattungen

neutralisiert werden, um die Abschlüsse verschiedener Unternehmen substanziell vergleichbar zu machen.

Die Bedeutung der Ergebnisquellen für das Gesamtergebnis wird durch die Verhältniszahlen

$$\frac{\text{Betriebsergebnis}}{\text{Gesamtergebnis vor Steuern vom Einkommen und Ertrag}} \cdot 100 \text{ bzw.}$$

$$\frac{\text{Finanzergebnis}}{\text{Gesamtergebnis vor Steuern vom Einkommen und Ertrag}} \cdot 100 \text{ und}$$

$$\frac{\text{außerordentliches Ergebnis}}{\text{Gesamtergebnis vor Steuern vom Einkommen und Ertrag}} \cdot 100$$

beschrieben. Der Anteil des Betriebsergebnisses soll den größten Anteil am Gesamtergebnis vor Steuern ausmachen.

BERATUNGSHINWEIS

Positiv einzuschätzen ist ein gleichbleibender oder besser steigender Anteil des Betriebsergebnisses, weil der eigentliche Betriebszweck auch zukünftig die Basis für den Unternehmenserfolg bleiben wird.
Je höher der Anteil des außerordentlichen Ergebnisses ist, desto weniger nachhaltig wird das ausgewiesene Gesamtergebnis sein.

5.1.2 Wertschöpfungsanalyse

Die Wertschöpfung ist der von einem Unternehmen in einer bestimmten Periode geschaffene Wertzuwachs. Sie ist ein Indikator für die wirtschaftliche Leistungsfähigkeit eines Unternehmens, weil sie den Ertrag als Differenz zwischen der Leistung eines Unternehmens und den dazu benötigten Vorleistungen zeigt.

Ausgangsgröße für die Berechnung ist der Produktionswert, von dem – mit Ausnahme der Personalaufwendungen – alle Aufwendungen abgezogen werden, die der betrieblichen Leistungserstellung zugeordnet werden können. Während die Ermittlung intern keine Probleme aufwirft, sind externe Analytiker auf die Zahlen der Gewinn- und Verlustrechnung und ihre Erläuterungen im Anhang angewiesen.

	Umsatzerlöse	
+ / ./.	Bestandsveränderungen	
+	Aktivierte Eigenleistungen	
=	Gesamtleistung	
+	Sonstige Erträge	
=		Produktionswert
	Materialaufwand	
+	Abschreibungen	
+	Sonstige Aufwendungen	
./.	indirekte Steuern	
+	Subventionen	
=	./.	Vorleistungen
=		Wertschöpfung

BEISPIEL

In der Schreinerei Weiß werden aus dem Verkauf der produzierten Möbel 600.000 € erzielt. Für den Kauf von Roh-, Hilfs- und Betriebsstoffen sind im selben Zeitraum 280.000 € angefallen.

	Umsatzerlöse	600.000 €
+	Veränderung des Bestandes an fertigen Möbeln	80.000 €
./.	Materialaufwand	380.000 €
./.	Abschreibungen	85.000 €
=	Wertschöpfung	215.000 €

Die Wertschöpfung aus den verkauften Möbeln beträgt 215.000 €.

Unter gesellschaftspolitischen Gesichtspunkten ist interessant, wie die Wertschöpfung verteilt worden ist, welchen Anteil
- die Kapitalgeber (z. B. Zinsen und Dividenden),
- die Mitarbeiter (z. B. Löhne und Sozialleistungen),
- die öffentliche Hand (z. B. Steuern)
erhalten haben.

Kennzahlen zum Vergleich der Wertschöpfung sind die

$$\text{Arbeitsproduktivität} = \frac{\text{Wertschöpfung}}{\text{durchschnittlische Zahl der Beschäftigten}},$$

$$\text{Kapitalproduktivität} = \frac{\text{Wertschöpfung}}{\text{durchschnittliches eingesetztes Kapital}},$$

$$\text{Personalkostenproduktivität} = \frac{\text{Wertschöpfung}}{\text{Personalaufwand}} \text{ und}$$

$$\text{Wertschöpfungsquote} = \frac{\text{Wertschöpfung}}{\text{Umsatzerlöse}}$$

> **BERATUNGSHINWEIS**
>
> Zu der einzelwirtschaftlichen Wertschöpfungsrechnung existieren zahlreiche inhaltlich und terminologisch abweichende Definitionen. Um eine erkenntnisorientierte Größe für die Wertschöpfung zu erhalten, müssen die Berechnungsmethoden unternehmensspezifisch modifiziert werden.

5.2   Kennzahlen der GuV

Mit den Kennzahlen der GuV wird es möglich, für Analysezwecke Erlös- und Kostenblöcke eines Unternehmens in Beziehung zueinander zu setzen. Einzelne Posten oder Zwischensummen werden ausgewertet, um die **Ertragslage** zu analysieren. Die Aussagekraft wird verbessert, wenn ihre Entwicklung über mehrere Perioden hinweg beobachtet wird.

Der Vergleich von Kennzahlen der Gewinn- und Verlustrechnungen verschiedener Unternehmen ist meistens schwierig, weil sie in den verschiedenen Branchen sehr unterschiedlich ausfallen.

5.2.1   Materialaufwandsquote

> **BERATUNGSHINWEIS**
>
> Als Materialaufwand werden alle Kosten erfasst, die tatsächlich angefallen sind, um die Produkte des Unternehmens herzustellen bzw. die Handelsumsätze zu erzielen. Der Rest wird in der Bilanz unter den Vorräten geführt.

Die Materialaufwandsquote (auch Materialkostenquote, Materialintensität, Warenein-satzquote) setzt den in der Gewinn- und Verlustrechnung ausgewiesenen Materialauf-wand ins Verhältnis zur Gesamtleistung. Sie gibt Auskunft über die Effizienz des Waren- und Materialeinsatzes.

$$\text{Materialaufwandsquote} = \frac{\text{Materialaufwand}}{\text{Gesamtleistung}} \cdot 100$$

Die Gesamtleistung ist aussagefähiger als die Umsatzerlöse, weil Material auch für noch nicht verkaufte Erzeugnisse verbraucht worden ist.

	Umsatzerlöse
+ / ./.	Veränderung des Bestandes an fertigen und unfertigen Erzeugnissen
+	Aktivierte Eigenleistungen
=	Gesamtleitung

BEISPIEL

Verkürzte GuV nach dem Gesamtkostenverfahren

			in Euro
	1.	Umsatzerlöse	12.000.000
+ / ./.	2.	Erhöhung oder Verminderung des Bestands an fertigen und unfertigen Erzeugnissen	1.800.000
+	3.	andere aktivierte Eigenleistungen	700.000
=		Gesamtleistung	14.500.000
+	4.	sonstige betriebliche Erträge	450.000
./.	5.	Materialaufwand	
		a) Aufwendungen für Roh-, Hilfs- und Betriebsstoffe und für bezogene Waren	3.600.000
		b) Aufwendungen für bezogene Leistungen	200.000
./.	6.	Personalaufwand	
...	...	...	

Die Materialaufwandsquote beträgt $\dfrac{3.600.000\ € + 200.000\ €}{14.500.000\ €} \cdot 100 = 26,2\,\%$.

Weil die Materialaufwandsquote unmittelbar das **Betriebsergebnis** und die **Rentabilität** beeinflusst, ist eine konsequente Analyse im Hinblick auf das Ergebnis und auf die Ren-tabilität (vgl. Kap. 4.5) unerlässlich. Ihre Interpretation ist aber nur im chronologischen

Vergleich oder im Branchenvergleich sinnvoll, denn sie ist stark branchenabhängig. Innerhalb einer Branche kann ein Unternehmen aber vergleichen, ob Wettbewerber ihre Leistung mit weniger Materialaufwand erreichen.

BEISPIEL

Die Größenordnung der Materialaufwandsquoten in verschiedenen Branchen zeigt die Tabelle:

Getränkeherstellung	48 %
Herstellung von Nahrungs- und Futtermitteln	71 %
Einzelhandel	72 %
Energieversorgung	90 %

BERATUNGSHINWEIS

Gründe für eine vergleichsweise hohe Materialaufwandsquote können
- unwirtschaftlicher Materialverbrauch durch Verschnitt oder Ausschuss,
- Mehrverbrauch durch materialintensive Produktion,
- Schwund durch Diebstahl und Verderb,
- Preiserhöhungen im Einkauf,
- mehr Fremdleistungen,
- Verschlechterung der Wechselkurse bei Importen,
- Preissenkungen im Absatzbereich,
- Veränderung der Gesamtleistung
sein.

5.2.2   Rohertragsquote

Als Rohertrag (auch Rohgewinn, Rohmarge) wird die Differenz zwischen Gesamtleistung und Materialaufwand verstanden. Andere Aufwendungen und Erträge bleiben unberücksichtigt:

```
     Gesamtleistung
./.  Materialkosten bzw.Einkaufspreis der Handelswaren
=    Rohertrag
```

Mit der Rohertragsquote wird der Rohertrag ins Verhältnis zur Gesamtleistung gesetzt:

$$\text{Rohertragsquote} = \frac{\text{Rohertrag}}{\text{Gesamtleistung}} \cdot 100$$

Sie soll die Möglichkeit beschreiben, überhaupt einen Ertrag zu erzielen, denn sie zeigt das restliche Volumen an, das für die Deckung aller anderen Aufwendungen und für den Gewinn zur Verfügung steht.

> **BEISPIEL**
>
> Die Umsatzerlöse der Schwarz GmbH betrugen im Jahr 01 1.200.000 €. Im selben Jahr fand eine Bestandserhöhung des Lagers aus eigener Produktion in Höhe von 500.000 € statt. Die Materialaufwendungen betrugen 950.000 €. Wie hoch ist die Rohertragsquote?
> Rohertrag = (1.200.000 € + 500.000 €) ./. 950.000 € = 750.000 €.
>
> $$\text{Rohertragsquote} = \frac{750.000\ \euro}{1.700.000\ \euro} \cdot 100 = 44,1\%$$

> **BERATUNGSHINWEIS**
>
> Die Rohertragsquote beträgt durchschnittlich ca. 35 %.

Die Rohertragsquote steht in direkter Beziehung zu der Materialaufwandsquote. Sie wird beeinflusst durch:

- Veränderung der Gesamtleistung
- Veränderung der Materialaufwandsquote

Wenn die Materialaufwandsquote hoch ist, ist die Rohertragsquote niedrig.

> **BERATUNGSHINWEIS**
>
> Je nach Erkenntnisinteresse kann der Rohertrag für einzelne Produkte oder für das gesamte Sortiment ermittelt werden.

5.2.3 Personalaufwandsquote

Die Personalaufwandsquote (auch Personalintensität, Personalkostenquote) informiert darüber, wie hoch der Anteil der Personalaufwendungen an der Gesamtleistung ist.

$$\text{Personalaufwandsquote} = \frac{\text{Personalaufwand}}{\text{Gesamtleistung}} \cdot 100$$

Die betriebliche **Lohnquote** zeigt dagegen den Anteil der Personalkosten am Umsatz.

$$\text{Lohnquote} = \frac{\text{Personalkosten}}{\text{Umsatzerlöse}} \cdot 100$$

Der Personalaufwand ergibt sich aus der Gewinn- und Verlustrechnung als Summe der Löhne, Gehälter, Sonderzahlungen, Sozialaufwendungen und Aus- und Fortbildungskosten.

Die **Aussagekraft** der Kennzahl wird allerdings verzerrt, wenn Personalaufwand – etwa durch den Einsatz von Leiharbeit – in anderen Posten der Gewinn- und Verlustrechnung (z. B. als Aufwendungen für bezogene Leistungen, § 275 Abs. 2 Nr. 5 b) erfasst wird.

BEISPIEL

Verkürzte GuV nach dem Gesamtkostenverfahren

			in Euro
	1.	Umsatzerlöse	12.000.000
+ / ./.	2.	Erhöhung oder Verminderung des Bestands an fertigen und unfertigen Erzeugnissen	1.800.000
+	3.	andere aktivierte Eigenleistungen	700.000
=		Gesamtleistung	14.500.000
...	...	...	
./.	5.	Materialaufwand	
...	...	...	
		b) *Aufwendungen für bezogene Leistungen*	

./.	6.	Personalaufwand	
		a) Löhne und Gehälter	4.500.000
		b) soziale Abgaben und Aufwendungen für die Altersversorgung	1.200.000
...	...	...	

Die Personalaufwandsquote beträgt $\dfrac{(4.500.00\,€ + 1.200.00\,€)}{14.500.000\,€} \cdot 100 = 39,3\,\%$

Weil Personalkosten **Fixkosten** darstellen, die bei Beschäftigungsschwankungen nicht (kurzfristig) abgebaut werden können, lässt die Personalaufwandsquote auch Rückschlüsse auf die finanzielle Flexibilität des Unternehmens zu.

Die Personalaufwandsquote ermöglicht einen **Vergleich** mit anderen Unternehmen, ist aber nur innerhalb der Branche sinnvoll. Dienstleistungsunternehmen weisen z. B. eher eine hohe Personalaufwandsquote im Vergleich zu Industrieunternehmen auf.

BEISPIEL

Die Größenordnung der Personalaufwandsquoten in verschiedenen Branchen zeigt die Tabelle:

Verkehr und Lagerei	24 %
Herstellung von Metallerzeugnissen	26 %
Einzelhandel	11 %
Energieversorgung	4 %

Eine im Branchenvergleich niedrige Personalaufwandsquote deutet auf einen hohen **Rationalisierungsgrad** hin. Eine Beurteilung ist dabei besonders schwierig, weil Einsparungen bei den Personalkosten höhere Kosten an anderer Stelle, z. B. für die Finanzierung von Maschinen und Anlagen, gegenüber stehen können.

BEISPIEL

Bei der Grün GmbH könnte durch den Kauf einer Produktionsmaschine eine Stelle entfallen, für die bisher 50.000 € Personalaufwand ermittelt worden ist. Der Kaufpreis der neuen Maschine i. H. v. 220.000 € wird mit einem Darlehen (3 % Zins / Jahr) finanziert, die Nutzungsdauer beträgt 4 Jahre.

Personalaufwand	- 50.000 €
Zinsaufwand	6.600 €
Abschreibungen	55.000 €
Mehraufwand	11.600 €

Eine Veränderung der Personalaufwandsquote im Zeitablauf kann ganz unterschiedliche Ursachen haben, z. B.

- Personalabbau oder -zunahme,
- höhere Tarifabschlüsse,
- Marktpreisschwankungen bei anteilsbasierten Vergütungsanteilen,
- Rationalisierungsmaßnahmen,
- nicht vollständig ausgelastete Mitarbeiter,
- sehr gute Auftragslage, die nur mit (teuren) Überstunden bewältigt werden kann,
- Veränderung der Gesamtleistung.

BERATUNGSHINWEIS

Maßnahmen zur Senkung der Personalaufwandsquote sind z. B.
- Steigerung der Umsatzerlöse,
- Abbau von Arbeitsplätzen,
- Outsourcing,
- Arbeiten an Aushilfskräfte oder freiberufliche Mitarbeiter delegieren,
- Produktionsabläufe überprüfen und optimieren,
- innerbetriebliche Reserven aufdecken.

Bei Personaleinsparungen ist zu berücksichtigen, dass die betrieblichen Abläufe nicht gestört werden und die Aufträge fristgerecht erledigt werden können.

Die Aussagekraft der Personalaufwandsquote lässt sich durch ergänzende Personalkennzahlen verbessern. Der durchschnittliche **Personalaufwand pro Beschäftigtem** ergibt sich, wenn der gesamte Personalaufwand durch Zahl die der Mitarbeiter dividiert wird:

$$\text{Durchschnittilicher Personalaufwand} = \frac{\text{gesamter Personalaufwand}}{\text{Zahl der durchschnittlich Beschäftigten}}$$

Die **Personalaufwandsstruktur** gibt den prozentualen Anteil einer Teilgruppe von Mitarbeitern am gesamten Personalaufwand an:

$$\text{Personalaufwandsstruktur} = \frac{\text{Personalaufwand für} \dots}{\text{Gesamter Personalaufwand}} \cdot 100$$

Der Zähler in dieser Formel kann nach unterschiedlichen Gesichtspunkten wie

- Art des Personalaufwandes (z. B. Gehälter, Fortbildungskosten),
- Kostenstellen (z. B. Produktion, Verwaltung),
- örtlicher Zuordnung (z. B. Werk Stuttgart, Servicepoint Hamburg),
- Rechtstellung der Beschäftigten (z. B. Auszubildende)

variiert werden.

> **BEISPIEL**
>
> Die Leiterin der Personalabteilung der Grün GmbH mit aktuell 60 Mitarbeitern hat bereits eine Frauenquote von 50 % erreicht. Allerdings stört sie noch, dass der Personalaufwand für Frauen insgesamt nur 84 % des Personalaufwandes für Männer beträgt. Insgesamt beträgt der Personalaufwand 276.000 €.
> Um welchen Prozentsatz müsste sie die Gehälter der Frauen durchschnittlich erhöhen, um auch beim Personalaufwand eine Quote von 50 % zu erreichen?
> 276.000 € aufgeteilt im Verhältnis 100 : 84 entspricht 150.000 € : 126.000 €
> Differenz 24.000 €
>
> $$\frac{24.000 \text{ €}}{126.000 \text{ €}} \cdot 100 = 19,05\,\%$$
>
> Die durchschnittliche Erhöhung der Gehälter der Frauen müsste 19,05 % betragen:
> 126.000 € · 1,1905 = 150.003 €

Die **Fehlzeitenquote** (auch Abwesenheitsquote) zeigt, in welchem Ausmaß Abwesenheitszeiten von Mitarbeitern die tatsächliche Arbeitszeit beeinflussen. Hier werden auch die krankheitsbedingten Fehlzeiten erfasst. Sie können anhand von Tagen oder Stunden berechnet werden.

$$\text{Fehlzeitenquote} = \frac{\text{Fehlzeiten}}{\text{Sollarbeitszeiten}} \cdot 100$$

Die Quote ist ein Indikator für die Zufriedenheit der Mitarbeiter, ihre Zunahme ist ein deutlicher Hinweis auf Probleme.

Die **Abwesenheitsstruktur** zeigt den Anteil der Abwesenden an der Summe aller Beschäftigten

$$\text{Abwesenheitsstruktur} = \frac{\text{Abwesende}}{\text{Gesamtzahl der Beschäftigten}} \cdot 100$$

Der Zähler kann nach den verschiedenen Abwesenheitsursachen wie Krankheit, Unfall, Urlaub, Dienstreise usw. weiter differenziert werden.

Die **Fluktuationsquote** (auch Fluktuationsrate) zeigt den prozentualen Anteil der Mitarbeiter, die das Unternehmen jährlich verlassen, an der Gesamtheit der durchschnittlich Beschäftigten.

$$\text{Fluktuationsquote} = \frac{\text{Zahl der Personalabgänge}}{\text{Durchschnittliche Zahl der Mitarbeiter}} \cdot 100$$

Die Quote gewinnt an Aussagekraft, wenn die Abgänge nach Berufsgruppen, Gründen, Hierarchieebenen, Betriebszugehörigkeit, Lebensalter, Geschlecht, Kostenstellen oder anderen Kriterien differenziert ermittelt werden. Eine besonders hohe Fluktuationsrate in einer bestimmten Abteilung kann beispielsweise auf schlechten Führungsstil hinweisen.

5.2.4 Abschreibungsquote

Die Abschreibungsquote (auch Abschreibungsaufwandsquote) zeigt in der Analyse der Gewinn- und Verlustrechnung das Verhältnis der Abschreibungen zur Gesamtleistung:

$$\text{Abschreibungsquote} = \frac{\text{Abschreibungen}}{\text{Gesamtleistung}} \cdot 100$$

Sie ergänzt die Abschreibungsintensität, die im Rahmen der Vermögensstrukturanalyse (vgl. Kap. 4.3.1) entwickelt wird. Ein hoher Anteil der Abschreibungen lässt auf einen hohen Wert der Anlagen und entsprechend auf einen hohen Rationalisierungsgrad schließen. Eine gestiegene Abschreibungsquote kann eine zunehmende Rationalisierung, aber auch eine Kapazitätserweiterung anzeigen.

> **BERATUNGSHINWEIS**
>
> Im Unternehmens- und besonders im Branchenvergleich sind die möglicherweise unterschiedlichen Abschreibungsmethoden zu beachten.

5.2.5 Zinsaufwandsquote

Die Zinsaufwandsquote setzt die Zinsaufwendungen zu der Gesamtleistung in Beziehung:

$$\text{Zinsaufwandsquote} = \frac{\text{Zinsaufwand}}{\text{Gesamtleistung}} \cdot 100$$

Sie ist das Ergebnis der betrieblichen **Finanzierungsstruktur**, also des Anteils von Eigen- und Fremdkapital am Gesamtkapital eines Unternehmens. Unternehmen mit einem hohen Anteil an Fremdkapital weisen hohe Zinsaufwandsquoten auf. Konsequent kann die Zinsaufwandsquote durch die relative Erhöhung des Eigenkapitals reduziert werden.

> **BERATUNGSHINWEIS**
>
> Je geringer der Wert der Zinsaufwandsquote ist, desto besser ist die Einschätzung des Unternehmens, denn offenbar ist dann wenig Fremdkapital (vgl. Kap. 4.2.3) aufgenommen worden und es besteht eine geringere Abhängigkeit von Fremdkapitalgebern.
> Bei einer hohen Zinsaufwandsquote besteht insbesondere ein Risiko bei abnehmender Beschäftigung mit einem Umsatzrückgang.
> Bei anlageintensiven Unternehmen gilt ein Wert von 10 noch als akzeptabel.

5.2.6 Arbeitsproduktivität

Zu den Kennzahlen der GuV wird traditionell auch die Arbeitsproduktivität gezählt, obwohl dabei **Mengengrößen** gegenübergestellt werden.

$$\text{Produktivität} = \frac{\text{Output}}{\text{Input}}$$

Die Arbeitsproduktivität ist ein Maß für die Leistungsfähigkeit, weil sie angibt, welche Einsatzmenge an Arbeitsleistung zur Erstellung des Produktionsergebnisses erforderlich war.

$$\text{Arbeitsproduktivität} = \frac{\text{Ausbringungsmenge}}{\text{Arbeitsleistung}}$$

Die Ausbringungsmenge kann in jeder Form messbarer Arbeitsergebnisse angegeben werden, z. B. in Stück, nach Volumen, nach Gewicht, nach Anzahl abgeschlossener Aufträge u. a. m.

Die Arbeitsleistung kann sich auf die Zahl der Mitarbeiter oder die Zahl der Arbeitsstunden beziehen.

$$\text{Arbeitsproduktivität} = \frac{\text{Ausbringungsmenge}}{\text{Zahl der Mitarbeiter}}$$

Diese Form der Arbeitsproduktivität zeigt, welchen Beitrag ein Arbeitnehmer im Durchschnitt für das erwirtschaftete Ergebnis leistet.

BEISPIEL

Bei der Weiss AG werden von 300 Mitarbeitern jährlich 18.000 Kochtöpfe hergestellt.

$$\text{Arbeitsproduktivität} = \frac{\text{Ausbringungsmenge}}{\text{Anzahl der Beschäftigten}} = \frac{18.000\,\text{Stück}}{300\,\text{MA}} = 60\,\text{Töpfe} / \text{MA}$$

Diese Form der Arbeitsproduktivität zeigt, wie viel Zeit erforderlich ist, um eine Leistungseinheit zu erstellen.

$$\text{Arbeitsproduktivität} = \frac{\text{Ausbringungsmenge}}{\text{Arbeitszeit}}$$

Die sogenannte **Stundenproduktivität** ist eine häufig verwendete Variante, da mit ihr auch Änderungen der Arbeitszeit erfasst werden können:

$$\text{Arbeitsproduktivität} = \frac{\text{Ausbringungsmenge}}{\text{Anzahl der Arbeitsstunden}}$$

BEISPIEL

Bei der Schwarz GmbH werden pro Tag (in 8 Stunden) 48 Standbohrmaschinen produziert.

$$\text{Arbeitsproduktivität} = \frac{\text{Ausbringungsmenge}}{\text{Arbeitszeit}} = \frac{48}{8} = 6 \text{ Maschinen pro Stunde}$$

Ein Anstieg der Arbeitsproduktivität bedeutet, dass sich entweder die Wertschöpfung in Bezug auf den Arbeitseinsatz erhöht hat oder dass das angestrebte Produktionsergebnis mit einer geringeren Menge von Arbeitsstunden erreicht wurde.

BERATUNGSHINWEIS

Die Arbeitsproduktivität soll grundsätzlich möglichst hoch sein, aber mindestens die branchenüblichen Werte erreichen.
Es gibt mehrere Möglichkeiten, die Arbeitsproduktivität zu steigern. Einfluss haben vor allem der technische Fortschritt und die Arbeitsintensität. Leistungsfähigere Maschinen können das Ergebnis verbessern, aber auch eine bessere Qualifikation der Mitarbeiter kann die Effizienz erhöhen.

6 Analyse von Anhang und Lagebericht

Auf den Punkt gebracht

Für mittelgroße und große Kapitalgesellschaften (vgl. § 267 HGB) besteht der Jahresabschluss aus Bilanz, Gewinn- und Verlustrechnung und dem Anhang, ergänzt um den Lagebericht (§ 264 Abs. 1 HGB). Weil beide Teile eine Rechenschafts- und Informationsfunktion übernehmen, können sie bei der Jahresabschlussanalyse zusätzliche Hinweise für die Beurteilung des Unternehmens liefern.

6.1 Anhang

Der Inhalt des Anhangs ist in den §§ 284–288 HGB mit zahlreichen Detailvorschriften geregelt. Die Informationen sollen einzelne Positionen der Bilanz und der Gewinn- und Verlustrechnung erläutern bzw. ergänzen, außerdem hat der Anhang eine Entlastungs- und Korrekturfunktion.

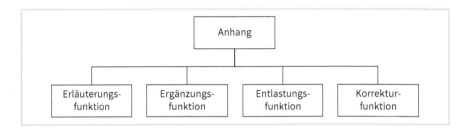

Erläuterungsfunktion. Posten der Bilanz und der GuV werden zu ihrem Inhalt und zu den angewandten Bewertungsverfahren näher beschrieben (z. B. Abweichungen gegenüber der bisherigen Praxis, Grundlagen der Währungsumrechnung).

Ergänzungsfunktion. Im Anhang werden wichtige zusätzliche Informationen angegeben, die aus der Bilanz oder der GuV nicht erkennbar sind (z. B. die durchschnittliche Zahl der während des Geschäftsjahres beschäftigten Arbeitnehmer getrennt nach Gruppen (§ 285 Nr. 7 HGB), die Gesamtbezüge der Mitglieder des Geschäftsführungsorgans, eines Aufsichtsrats, eines Beirats oder einer ähnlichen Einrichtung (§ 285 Nr. 9 HGB) oder Rückstellungen, die in der Bilanz unter dem Posten »sonstige Rückstellungen« nicht gesondert ausgewiesen werden (§ 285 Nr. 12 HGB)).

Entlastungsfunktion. Die Bilanz und die GuV bleiben übersichtlicher, wenn Einzelangaben und Erklärungen zu einzelnen Positionen (z. B. Angaben von Haftungsverhältnissen (vgl. § 251 HGB) oder der gewährten Sicherheiten (vgl. § 268 Abs. 7 HGB)) in den Anhang verlagert werden.

Korrekturfunktion. Erfüllen im Einzelfall die Bilanz und die GuV das Erfordernis des § 264 Abs. 2 nicht, müssen im Anhang zusätzliche Angaben gemacht werden (z. B. erhebliche Gewinnrealisierungen im Rahmen einer langfristigen Auftragsfertigung oder ein Gewinneinbruch zum Jahresende). Wenn ein falsches Bild entstehen könnte, kann es durch weitere Erläuterungen korrigiert werden.

Gem. § 284 Abs. 3 HGB müssen Kapitalgesellschaften einen Anlagenspiegel vorlegen. Aus den Angaben im Anhang sind damit für Analysten die historischen Anschaffungs- und Herstellungskosten, Zugänge, Abgänge, Umbuchungen, kumulierte Abschreibungen und Zuschreibungen erkennbar.

> **BERATUNGSHINWEIS**
>
> Für kleine und mittlere Kapitalgesellschaften bestehen größenabhängige Erleichterungen (vgl. § 288 HGB).

6.2   Lagebericht

Der **Lagebericht** ist ein eigenständiges Rechnungslegungsinstrument von Unternehmen. Er ist (wegen der Formulierung in § 264 Abs. 1 Satz 1 HGB) formal nicht Teil des Jahresabschlusses.

Der Lagebericht einer Kapitalgesellschaft (vgl. §§ 289 ff. HGB) geht schwerpunktmäßig auf die zukünftige Entwicklung des Unternehmens ein. Er soll Interessenten einen Überblick über den Geschäftsverlauf und die wirtschaftliche Lage ermöglichen, indem er die Erkenntnisse aus dem Jahresabschluss verdeutlicht und ergänzt. Beschrieben werden insbesondere die Position auf den Absatz- und Beschaffungsmärkten und im Personalbereich, dazu weitere Umfeld- und Umweltfaktoren, die zur Beurteilung von Bedeutung sind.

Die Chancen und Risiken müssen so dargestellt werden, dass die voraussichtliche Entwicklung beurteilt werden kann. Für die Analyse sind besonders die Teilberichte von Bedeutung. Nach § 289 HGB muss der Lagerbericht folgenden Berichtsteile enthalten:

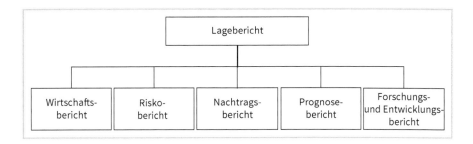

- **Wirtschaftsbericht.** Eine dem Umfang und der Komplexität der Geschäftätigkeit entsprechende Analyse des Geschäftsverlaufs unter Berücksichtigung der finanziellen Leistungsindikatoren soll die voraussichtliche Entwicklung zeigen.
Beschrieben werden der Geschäftsverlauf, die Lage des Unternehmens und die voraussichtlichen Entwicklungen mit ihren Chancen und Risiken. Die wesentlichen Einflussfaktoren, die für die wirtschaftliche Lage bestimmend waren, sind darzustellen. In den Bericht sind die für die Geschäftätigkeit bedeutsamsten finanziellen Leistungsindikatoren einzubeziehen und zu erläutern.
- **Risikobericht.** Für einen Zeitraum von mindestens einem Jahr muss die künftige Entwicklung der Risiken prognostiziert und beurteilt werden. Der Bericht muss um die geplanten Maßnahmen zur Risikobewältigung ergänzt werden. Berichtspflichtige Risiken sind z. B.
  - Wechselkurs- und Zinsrisiken,
  - branchenbezogene Risiken wie Marktveränderungen und Wettbewerbsbedingungen,
  - Engpässe oder Abhängigkeiten bei Produktion, Absatz, Personal oder Investitionen und Finanzierung,
  - strategische Risiken.
- **Nachtragsbericht.** Vorgänge von besonderer Bedeutung, die nach dem Jahresabschlussstichtag aufgetreten sind (oder ihre Abwesenheit), sind darzulegen. Solche Vorgänge könnten z. B. Markteinbrüche oder Marktausweitungen, neue gesetzliche Auflagen, Veränderungen des Konzernbereichs, Erfolge im Bereich der Forschung und Entwicklung oder neue Niederlassungen im In- und Ausland sein.
- **Prognosebericht.** Bericht über die voraussichtliche Entwicklung des Unternehmens und Angaben zu den Annahmen, die den Prognosen zu Grunde liegen. Die Erläuterungen müssen alle wesentlichen externen- und internen Einflussfaktoren berücksichtigen, insbesondere
  - die Veränderung der gesamtwirtschaftlichen Rahmenbedingungen (wie z. B. konjunkturelle Entwicklung, gesetzliche Auflagen, steuerliche Änderungen),
  - die Beschaffungs- und Absatzmärkte (z. B. Veränderung des Nachfrageverhaltens, Handelshemmnisse),

217

- den Personal- und Sozialbereich (z. B. Tarifverträge, Arbeitszeitregelungen, Frauenquote),
- den Investitions- und Finanzierungsbereich,
- das interne Kontroll- und Risikomanagement (bei Kapitalgesellschaften)
- **Forschungs- und Entwicklungsbericht.** Erforderlich sind Angaben über Ziele und Schwerpunkte, die Aufwendungen und Investitionen sowie die Ergebnisse der Forschung:
  - Gesamthöhe der Forschungs- und Entwicklungsaufwendungen,
  - bestehende Forschungseinrichtungen,
  - Investitionen in Forschung und Entwicklung,
  - Erfolgspotenziale durch Forschung und Entwicklung,
  - Anzahl der beschäftigten Personen in diesem Bereich.
- **Zweigniederlassungsbericht.** Informationen zu bestehenden Zweigniederlassungen im In- und Ausland sollen über die Entwicklung der Marktpräsenz informieren. Außerdem werden wichtige Veränderungen (wie z. B. Sitzverlegungen, Neugründungen, Schließungen) dargestellt.

> **BERATUNGSHINWEIS**
>
> Der Nachtragsbericht ist bei der Analyse besonders zu beachten, weil er ausschließlich Vorgänge zeigt, die aus dem Jahresabschluss nicht erkennbar sind.

Börsennotierte und gleichgestellte Aktiengesellschaften müssen zusätzlich eine Erklärung zur Unternehmensführung (»**Nichtfinanzielle Erklärung**«) in den Lagebericht aufnehmen oder gesondert außerhalb des Berichtes abgeben (§ 289a HGB). Neben einer kurzen Beschreibung des Geschäftsmodells ist dabei einzugehen auf
- Umweltbelange,
- Arbeitnehmerbelange,
- Sozialbelange,
- Achtung der Menschenrechte,
- Bekämpfung von Korruption und Bestechung.

> **BERATUNGSHINWEIS**
>
> Der Lagebericht erlaubt erhebliche Spielräume für die Interpretation. Trotz der Pflichtangaben ist für die Analyse zu berücksichtigen, dass die Angaben von den Interessen und Absichten derjenigen beeinflusst sind, die über die Lage des Unternehmens berichten.

7 Weitere Kennzahlen in der Beratung

Auf den Punkt gebracht

Die Beratung von Mandanten darf sich in aller Regel nicht allein auf betriebswirtschaftliche Probleme beschränken. Gerade den Eigentümern von kleinen und mittleren Unternehmen ist bewusst, dass sie auch Verantwortung für ihre Mitarbeiter und ihre Umwelt tragen. In eine umfassende Beratung sind daher auch qualitative Aspekte einzubeziehen.

Zur Beurteilung eines Unternehmens durch Externe können weitere Aspekte von Bedeutung sein, die sich nicht durch im engeren Sinne betriebswirtschaftliche Größen fassen und mit quantitativen Kennzahlen ausdrücken lassen. Unternehmen haben auch gesellschaftliche und gesellschaftspolitische Verpflichtungen, denen eine zunehmende Bedeutung beigemessen wird. Sie bestimmen das **Image** des Unternehmens mit und beeinflussen dadurch die langfristige Wettbewerbsfähigkeit und damit den langfristigen Unternehmenswert.

Die wesentliche Problematik dieser Kennzahlen besteht darin, dass die sozialen Ziele den betriebswirtschaftlichen entgegenstehen können und sich vielfach tatsächlich in einer Zielkonkurrenz befinden.

Viele insbesondere kleine und mittelständische Unternehmer streben nicht allein den betriebswirtschaftlichen Erfolg an, sondern übernehmen auch gesellschaftliche Verantwortung, z. B. für

- den Erhalt der Arbeitsplätze,
- den Standort und die Region (Unterstützung von örtlichen Vereinen, Sponsoring von sportlichen und kulturellen Veranstaltungen),
- nachhaltige Produktion mit geringem Ressourcenverbrauch (Nutzung von erneuerbaren Energien, Einsatz von energiesparenden Fahrzeugen, Wasserrecycling durch Kreisläufe, materialeffiziente Produktionsverfahren, Vermeidung von langen Transportwegen, Nutzung erneuerbarer Energien),
- die Schonung der Umwelt durch Abfallvermeidung (Verzicht auf schadstoffbelastete Materialien, Wahl von Lieferanten, die Mehrwegsysteme anbieten, Beschaffung wiederverwendbarer Produkte, wiederverwertbare Verpackung).

Diese Aspekte sind bei einer mandantenorientierten Beratung ebenfalls zu berücksichtigen. Im Rahmen einer Jahresabschlussanalyse können dazu Daten ermittelt werden, die den Verantwortlichen eine wichtige Orientierungshilfe sein können.

7.1   Erhalt der Arbeitsplätze

Eine wichtige **gesellschaftspolitische Aufgabe** der Unternehmen besteht darin, Arbeitsplätze zu erhalten und möglichst neue zu schaffen. Grundsätzlich kann die Zahl der Arbeitsplätze langfristig durch Wachstum jedes einzelnen Unternehmens erhöht werden. Dem steht allerdings der technische Fortschritt mit Rationalisierungseffekten und Produktivitätssteigerung entgegen.

Personalpolitische Kennzahlen sollen
- einfach zu ermitteln sein,
- leicht nachvollziehbar sein,
- von den Beschäftigten akzeptiert werden können,
- der Analyse dienen, nicht aber Kontrollzwecken,
- transparent und leicht interpretierbar sein.

Bei Kapitalgesellschaften kann die Entwicklung der Zahl der Beschäftigten und der Beschäftigtengruppen dem Anhang entnommen werden (§ 285 Nr. 7 HGB).

Außer den klassischen betriebswirtschaftlichen Kennzahlen sind für die Mitarbeiter und ihre Interessenvertretungen in den Unternehmen weitere Informationen von Bedeutung, z. B.:
- Beschäftigtenzahl und- struktur,
- Einkommen und Einkommensverteilung,
- Arbeitsbedingungen,
- Möglichkeiten der Aus- und Weiterbildung,
- Mitbestimmungsregelungen,
- Erfolgsentwicklung,
- Mittelverwendung.

7.2   Umweltorientierung

Maßnahmen zur Erhöhung der Nachhaltigkeit und zum Schutz der Umwelt bringen den Unternehmen Vorteile bei der Bindung und Neugewinnung von Kunden. Sie nehmen umweltbewusstes Handeln positiv wahr und treffen dementsprechend ihre Kaufentscheidungen.

Umweltschutz wird aber von den Unternehmen auch als wichtiges **wirtschaftliches und wirtschaftspolitisches Ziel** verstanden. Im Gegensatz zu einer rein betriebswirtschaftlichen Betrachtung wird in diesem Zusammenhang auch das unternehmerische Handeln in Bezug auf die Ökologie in die Analyse einbezogen. Allerdings verursachen Maßnahmen zum aktiven Umweltschutz Aufwendungen, die mindestens kurzfristig das Ergebnis belasten, weil sie in aller Regel die Produktivität nicht erhöhen.

Verschiedenen Interessenten an den Ergebnissen der Jahresabschlussanalyse wollen über die Umweltpolitik des Unternehmens informiert sein:

- Die Anleger wollen wissen, wie mit Umweltfragen und besonders Problemen in diesem Zusammenhang verfahren wird.
- Mitarbeiter und Anwohner wollen sicher sein vor gefährlichen Emissionen.
- Regulierungsbehörden haben ein Interesse daran, die Anwendung der Umweltschutzvorschriften und die damit verbundenen Kosten zu kontrollieren.

Ein positives Image als umweltbewusstes Unternehmen ist ein wesentlicher Teil der **Marketingstrategie**. Ein »grünes Image« führt zu mehr Akzeptanz in der Gesellschaft und entsprechend auch zu höheren Umsätzen. Insbesondere Unternehmen in Branchen mit Produktionsprozessen, die erhebliche Belastungen für die Umwelt darstellen können, berichten aber zunehmend über ihre umweltbezogenen Anstrengungen. Sie erkennen, dass sie mit Maßnahmen, für die ein großes öffentliches Interesse besteht, ihre Wahrnehmung in der Öffentlichkeit verbessern können.

Die Auswirkungen von Umweltschutzmaßnahmen entziehen sich aber in der Regel einer externen Analyse, allenfalls im Anhang und im Lagebericht lassen sich Hinweise finden. Dabei besteht zumindest die Gefahr, dass über Erfolge berichtet wird, aber notwendige, jedoch nicht durchgeführte Maßnahmen verschwiegen werden. Solange keine verbindlichen Regeln zur Behandlung von Umweltaspekten in der Rechnungslegung existieren, ist eine Vergleichbarkeit der Angaben praktisch nicht möglich.

Zur vergleichenden Bewertung, aber auch als Entscheidungsgrundlage für die Unternehmensleitung werden **umweltbezogene Kennzahlen** eingesetzt. Sie sollen die Auswirkungen darstellen, die von einem Unternehmen auf die Umwelt ausgehen.

Die Kennzahlen ermöglichen die Reduzierung von Umweltbelastungen und können geeignete Maßnahmen zur Erhöhung der Umwelteffizienz zeigen. Sie dienen insbesondere

- dem **Benchmarking**. Durch den Vergleich mit ähnlichen Situationen und Prozessen kann Verbesserungspotenzial identifiziert werden.
- der Feststellung von **Schwachstellen**. Durch Umweltkennzahlen können Prozesse und Zusammenhänge transparent gemacht werden.
- der **Kostensenkung**. Durch rationellen Einsatz von Ressourcen können Kosten dauerhaft gesenkt werden.

- der Inanspruchnahme von **Subventionen**. Umweltschonende Produktion und umweltfreundliche Produkte werden vielfach öffentlich gefördert.
- der Entwicklung von **Verbesserungen**. Durch Kennzahlen können Zielvorgaben definiert und danach gemessen werden, in welchem Ausmaß sie erreicht worden sind.
- der **Motivation** der Mitarbeiter. Sie identifizieren sich mit ökologischen Anstrengungen.
- der Bewertung des eingesetzten **Umweltmanagementsystems**. Mit einem Umweltmanagementsystem werden die persönlichen Zuständigkeiten, Verhaltensweisen, Abläufe und Mittel für die Umsetzung der Umweltpolitik festlegt.
- der Kontrolle bei der Erfüllung der **Umweltbestimmungen**.
- der Darstellung von **Trends**. Änderungen von Kennzahlen können im Zeitablauf verfolgt werden.
- Public Relations. Erfolge des Umweltmanagements können kommuniziert werden und verbessern das **Image** bei Kunden und Partnern.

Für die Erstellung und Anwendung von betrieblichen Umweltkennzahlen gibt es keine allgemein anerkannten Standards. Typische Umweltkennzahlen zeigen Input-Output-Relationen unter ökologischen Aspekten, z. B.

$$\text{Stromverbrauch} = \frac{kWh}{m^2}$$

$$\text{Wasserverbrauch} = \frac{m^3}{\text{Anzahl der Mitarbeiter}}$$

$$\text{Anteil regenerativer Energien} = \frac{\text{Verbrauch regenerativer Energien}}{\text{Gesamter Energieverbrauch}}$$

$$\text{Energieaufwandsquote} = \frac{\text{Energieaufwand}}{\text{Gesamtleistung}}$$

u.v.a.m.

BERATUNGSHINWEIS

Je nach Branche, Produktionsweise, Ausstattung mit Maschinen und Anlagen, Bezugsmöglichkeiten und den Interessen der Stakeholder müssen in jedem Beratungsfall sinnvolle Umweltkennzahlen entwickelt werden. Ihre Interpretation ist nur im Vergleich möglich.

Umweltkennzahlen müssen regelmäßig überprüft werden, um sicherzustellen, dass neue Erkenntnisse und Entwicklungen berücksichtigt werden.

Ein optimiertes Kennzahlensystem aus einer überschaubaren Anzahl an Daten zeigt dann den Erfolg oder Misserfolg bei der Erreichung von wichtigen Umweltstandards. Seine Ziele sind

- ökonomische Effizienz,
- ökologische Effizienz,
- Risikominimierung.

7.3   Umweltbilanz

Bei der Herstellung von Produkten und Dienstleistungen werden Ressourcen verbraucht, deren Gewinnung, Verarbeitung und Entsorgung Umweltbelastungen verursachen. Die Zusammenfassung und Bewertung der ökologisch relevanten Aktivitäten kann in Form einer Umweltbilanz (auch Ökobilanz) erfolgen. Dazu werden die Stoff- und Energieströme gegenübergestellt, die in einer bestimmten Periode in einem Unternehmen eingesetzt werden oder es verlassen. Sie ermöglicht eine systematische Analyse der Umweltwirkungen **des gesamten Produktlebenszyklus.** Die Umweltbilanz soll vollständig und systematisch alle umweltrelevanten Wirkungen der Aktivitäten eines Unternehmens erfassen.

Voraussetzung für eine aussagefähige Umweltbilanz ist eine ökologische Buchhaltung als Teil eines ökologischen Management-Informationssystems, in der alle umweltrelevanten Aktivitäten erfasst und bewertet werden. Wichtige Einflussfaktoren sind die Umweltwirkungen

- des Standortes,
- der Emissionen und Abfälle,
- durch Transporte,
- der Produkte,
- der Roh-, Hilfs- und Betriebsstoffe,
- während der Nutzung,
- durch die Entsorgung.

Je nach Zielsetzung können Ökobilanzen unterschiedlich aufwendig sein. Die DIN EN ISO Normen 14040 bis 14043 geben den Ablauf und die erforderlichen Elemente vor:
- Ein Untersuchungsrahmen stellt Ziel und Umfang einer Ökobilanz klar.
- Die Sachbilanz erfasst die Stoff- und Energieströme auf allen Stufen des Lebensweges eines Produktes.
- Die Wirkungsabschätzung beurteilt die potenziellen Wirkungen des Produkts auf Mensch und Umwelt, das heißt auf die Qualität von Luft und Boden, den Verbrauch von nicht erneuerbaren Ressourcen usw.
- Eine Auswertung stellt Schlussfolgerungen dar und gibt Empfehlungen

8 Grenzen der Jahresabschlussanalyse

Auf den Punkt gebracht

Maßnahmen, die aufgrund einer Jahresabschlussanalyse getroffen werden, können für das Unternehmen weitreichende Folgen haben. Deshalb ist es sinnvoll und notwendig, die Ergebnisse kritisch zu bewerten. Insbesondere ist zu beachten, dass unterschiedliche Vorschriften, Interessen und subjektive Einschätzungen das Ergebnis beeinflusst haben und Entscheidungen weiterhin unter Unsicherheit getroffen werden.

Bei noch so sorgfältig und erkenntniszielbezogen eingesetzten Instrumenten und Methoden der Jahresabschlussanalyse muss deutlich bewusst sein, wo ihre Grenzen liegen und dass ihre Aussagefähigkeit zu relativieren ist.

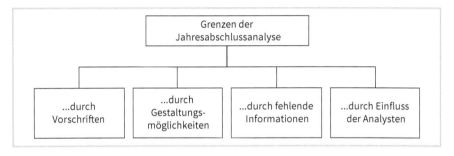

BERATUNGSHINWEIS

Eine Jahresabschlussanalyse kann niemals besser sein als die Qualität der zur Verfügung stehenden und genutzten Daten. Je besser das Datenmaterial ist, desto höher ist die Genauigkeit und Aussagkraft der Erkenntnisse. Deshalb ist wichtig, Sachkenntnis, Engagement und auch eine gewisse Kreativität einzubringen, um die bestmöglichen Beratungsergebnisse zu erreichen.

Wichtige Gründe für eine zurückhaltende Interpretation und vorsichtige Schlussfolgerungen sind:

8.1   Vorschriften

- **Vergangenheitsbezug** der Daten. Die Zahlen des Jahresabschlusses beziehen sich auf eine abgeschlossene **vergangene Periode**.

> **BERATUNGSHINWEIS**
>
> Eine Prognose, die sich allein auf Daten aus der Vergangenheit stützt, wäre nur zulässig, wenn sich die Rahmenbedingungen nicht verändern und die Unternehmenspolitik unverändert fortgeführt wird. Davon kann aber in der Regel nicht ausgegangen werden.

Zusätzlich erfolgt die Veröffentlichung des Jahresabschlusses und damit der Zugang zu den Daten für externe Analysten erst zu einem Zeitpunkt, der längere Zeit nach dem Stichtag liegt (§§ 325 f. HGB). Eine zeitnahe Analyse des Jahresabschlusses ist nicht möglich.

Externe Analysten interessiert aber in aller Regel der in Zukunft zu erwartende Erfolg des Unternehmens.

- Alle Daten sind **stichtagsbezogen**. Vermögen und Schulden sind zum Abschlussstichtag zu bewerten und zu bilanzieren. Geschäftsfälle, die sich nach dem Bilanzstichtag ereignen, dürfen (wegen der periodengerechten Erfolgsermittlung) nicht berücksichtigt werden. Die Situation des Unternehmens kann sich aber bereits unmittelbar nach dem Stichtag erheblich anders darstellen (z. B. ein Großkunde wird zahlungsunfähig, eine Produktionshalle brennt ab, frische Waren sind kontaminiert und damit unverkäuflich, die Hausbank kündigt ein Darlehen)
- Aus dem Jahresabschluss sind nicht alle für eine Beurteilung **notwendigen Daten** (z. B. Marktstellung, Managementqualität, Rating, Zukunftsorientierung) zu entnehmen. Die Bilanz und die GuV enthalten nur quantitative Informationen. Wichtige Angaben zu qualitativen Aspekten fehlen und sind auch aus dem Anhang und dem Lagebericht nicht immer im gewünschten Umfang zu entnehmen. Sie müssen gegebenenfalls durch Auswertung anderer Informationsquellen zusätzlich beschafft werden (vgl. Kap. 1.3).
- Positionen der Bilanz und der Gewinn- und Verlustrechnung haben oft nur einen geringen **Detaillierungsgrad**. Die konkreten Inhalte einzelner Positionen können nicht festgestellt werden (wie z. B. genaue Inhalte der GuV-Positionen »Sonstige Zinsen und ähnliche Erträge« und »Sonstige betriebliche Aufwendungen«, außerdem dürfen kleine und mittelgroße Kapitalgesellschaften ihren Jahresabschluss mit einer geringeren Detaillierungstiefe aufstellen)
- Die Bilanzierungs- und Bewertungsvorschriften und -wahlrechte und die gläubigerschützenden GoB zwingen teilweise zur Veröffentlichung **unrealistischer Werte**.

Durch das beherrschende Vorsichtsprinzip und vor allem durch das Imparitätsprinzip kann ein verzerrtes Abbild der Realität entstehen (wenn z.B. Grundstücke zu den Anschaffungskosten bilanziert werden, enthält diese Bilanzposition dann oft erhebliche stille Reserven).

- Die Rechnungslegungssysteme beruhen auf jeweils **spezifischen Prinzipien**. Bei Bilanzierung nach den internationalen Rechnungslegungsvorschriften wie z. B. nach IFRS gilt das Prinzip der »fair presentation«. Investoren und Gläubiger sollen möglichst zeitnah alle entscheidungsrelevanten Informationen erhalten. Ein vorsichtiger Gewinnausweis wie nach HGB ist daher stark eingeschränkt oder nicht statthaft. Der Vergleich von Unternehmen, die ihre Abschlüsse nach unterschiedlichen Rechnungslegungssystemen erstellen, ist sehr schwer möglich.

8.2   Gestaltungsmöglichkeiten

Durch bilanzpolitische Maßnahmen kann das vermittelte Bild eines Unternehmens **interessenbezogen** verzerrt dargestellt sein. Trotz der erläuternden Angaben im Anhang können verfälschende Einflüsse schwer identifiziert werden. Kennzahlen können durch die gezielte Beeinflussung von Bilanz und Gewinn- und Verlustrechnung erheblich manipuliert werden. Beispiele sind hierfür:

- Ausnutzung von Ansatzwahlrechten, (z.B. bei der Aktivierung eines Disagios oder von Latenten Steuern) oder
- Ausnutzung von Bewertungswahlrechten, (z.B. bei den Vorräten und bei der Wahl der Abschreibungsmethode).

Wegen des **Maßgeblichkeitsprinzips** (§5 Abs. 1 EStG) gelten die handelsrechtlichen Vorschriften auch für steuerliche Zwecke, soweit es im Steuerrecht keine besonderen Regelungen gibt.

Die Berücksichtigung von **steuerlichen Aspekten** ist bei der Aufstellung des Jahresabschlusses nach HGB nicht nur zulässig, sondern durch das Maßgeblichkeitsprinzip geradezu gefordert. Das führt zu einem Konflikt zwischen dem Ziel des Ausweises eines möglichst niedrigen Gewinns für steuerliche Zecke und dem Ziel der Darstellung eines »den tatsächlichen Verhältnissen entsprechenden« Bildes.

8.2.1   Sachverhaltsgestaltende Maßnahmen

Bilanzpolitik durch Sachverhaltsgestaltung bezieht sich auf Maßnahmen, die in der Berichtsperiode abgeschlossen worden sind. Eine Beeinflussung von Kennzahlen ist z. B. möglich durch

- **Sale-and-lease-back**-Geschäfte. Vermögensgegenstände werden verkauft und sofort wieder zurückgemietet. In der Regel müssen sie nicht aktiviert werden, das Anlagevermögen wird geringer.
- Forderungsverkauf durch **Factoring**. Durch den Verkauf von Forderungen kann die Liquiditätslage verbessert werden.
- Veräußerung von Anlagevermögen. Wenn bei der Veräußerung **stille Reserven** aufgedeckt werden, wird die Eigenkapitalquote erhöht.
- Verschiebung von **Investitionen** in das nächste Geschäftsjahr. Die Liquidität wird geschont, Abschreibungsaufwand fällt erst im Folgejahr an.
- Erhöhung der **Vorräte**. Durch Erhöhung der Lagerbestände steigt das Umlaufvermögen, entsprechend sinkt die Anlagenintensität.
- **Umwandlung** von Fremdkapital in Eigenkapital. Durch Umwandlung von Darlehen in Beteiligungen steigt die Eigenkapitalquote.
- Fertigstellung und Verkauf von Gütern beschleunigen. Die Fertigstellung bzw. der Verkauf von Erzeugnissen und Waren vor dem Bilanzstichtag führen bei Fakturierung im laufenden Jahr zu einer Erhöhung des Jahresüberschusses.
- Aufteilung von größeren Aufträgen. Mit Kunden wird vereinbart, dass Aufträge **gesplittet** und Teilleistungen vor Abschluss des Gesamtauftrages ertragserhöhend fakturiert werden. Voraussetzung ist, dass die Einzelaufträge unabhängig voneinander sind.
- Pensionszusagen bzw. -erhöhungen werden in das folgende Geschäftsjahr verschoben. Die **Rückstellungen** und damit das Fremdkapital in der Strukturbilanz sind niedriger.

> **BERATUNGSHINWEIS**
>
> Gestaltungen des Jahresabschlusses durch sachverhaltsgestaltende Maßnahmen führen in der Regel in den folgenden Geschäftsjahren zu gegenläufigen Effekten.

8.2.2   Ansatzpolitische Maßnahmen

Auch nach dem Bilanzstichtag können die Bilanz und die Gewinn- und Verlustrechnung noch beeinflusst werden, indem Ansatzwahlrechte (auch Bilanzierungswahlrechte) genutzt werden. Wenn ein niedriger Jahresüberschuss angestrebt wird, verzichtet das Unternehmen möglichst auf den Ansatz von Vermögensgegenständen. Soll ein besseres Ergebnis dargestellt werden, wird umgekehrt verfahren.

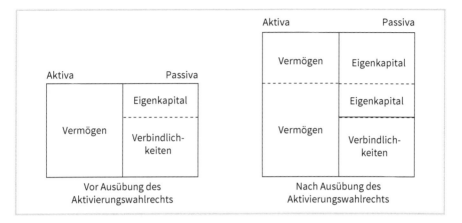

BEISPIEL

- Für **selbst geschaffene immaterielle** Vermögensgegenstände besteht (mit einigen Ausnahmen) ein Ansatzwahlrecht (vgl. § 248 Abs. 2 HGB). Bei Ausnutzung werden das Vermögen und der ausgewiesene Jahresüberschuss erhöht.
- Ein **Disagio** kann im aktiven Rechnungsabgrenzungsposten aktiviert werden oder alternativ direkt als Aufwand erfasst werden (vgl. § 250 Abs. 3 HGB).
- Für **aktive latente Steuern** besteht ein Ansatzwahlrecht (vgl. § 274 Abs. 1 Satz 2 HGB).

8.2.3 Ausweispolitische Maßnahmen

Bei der Zuordnung von Vermögensgegenständen zum Anlage- oder Umlaufvermögen können sich im Einzelfall Ermessensspielräume ergeben.

BEISPIEL

Ob Wertpapiere im Anlage- oder Umlaufvermögen ausgewiesen werden, hängt ab von der Entscheidung, ob die Papiere langfristig im Unternehmen verbleiben sollen oder nicht.

8.2.4   Bewertungspolitische Maßnahmen

Zum Wertansatz der Bilanzpositionen bestehen grundsätzlich gesetzliche Gebote und Verbote bezüglich der Höhe. Allerdings besteht eine große Zahl von Wahlrechten, die den Unternehmen einen **Ermessensspielraum** einräumen und für bilanzpolitische Zwecke genutzt werden können.

> **BERATUNGSHINWEIS**
>
> Wenn ein möglichst niedriger Gewinn ausgewiesen werden soll, sind die Vermögensgegenstände mit einem möglichst niedrigen und die Verbindlichkeiten mit einem möglichst hohen Ansatz auszuweisen. Wenn ein möglichst hoher Gewinn ausgewiesen werden soll, ist umgekehrt vorzugehen.

Anlagevermögen

Beim Anlagevermögen bieten sich mehrere Möglichkeiten an, die Höhe des Bilanzansatzes zu beeinflussen:

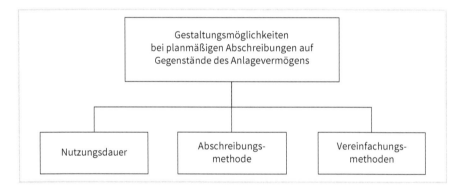

Wichtige Beispiele sind:

- **Finanzanlagen** müssen nur abgeschrieben werden, wenn eine dauerhafte Wertminderung vorliegt. Dazu gibt es aber keine gesetzliche Definition.
- Bei den **Herstellungskosten** existiert ein Wahlrecht über die Einbeziehung von angemessenen anteiligen Verwaltungskosten, angemessenen Aufwendungen für soziale Einrichtungen des Betriebs, freiwilligen sozialen Leistungen, Leistungen für die betriebliche Altersversorgung. Fremdkapitalzinsen dürfen angesetzt werden, sofern sie auf den Zeitraum der Herstellung entfallen.

- Bei der Schätzung der **Nutzungsdauer** von Vermögensgegenständen besteht handelsrechtlich ein Ermessensspielraum.
- Für die **Abschreibung** von Vermögensgegenständen kann zwischen verschiedenen Methoden gewählt werden.

BERATUNGSHINWEIS

Anzeichen für eine dauerhafte Wertminderung von börsennotierten Aktien liegen vor, wenn
- der Zeitwert der Aktien im letzten halben Jahr vor dem Bilanzstichtag dauerhaft um mehr als 20 % unter den Buchwert gesunken ist;
- der Durchschnittswert der Aktien im letzten Jahr um mehr als 10 % unter dem Buchwert gelegen hat.

Umlaufvermögen
- **Forderungen** aus Lieferungen und Leistungen unterliegen einem Ausfallrisiko, das i. d. R. nicht genau beziffert werden kann. Bei der Festlegung der Wertberichtigungen besteht deshalb ein Ermessensspielraum.
- Bei Roh-, Hilfs- und Betriebsstoffen sind Bewertungsvereinfachungsverfahren zugelassen. Möglich sind in der Handelsbilanz die Bewertung mit dem Durchschnittswert, das Fifo-Verfahren und das Lifo-Verfahren.

BEISPIEL

Die Braun GmbH kauft erstmals Verbindungsbolzen, die bei der Herstellung von Maschinen benötigt werden. Im Jahr 01 erfolgten drei Lieferungen:

Termin	Stück	Preis in Euro
15. März	10.000	5.500
22. Oktober	5.000	2.500
11. November	12.000	7.200
	27.000	15.200
Bestand 31.12.01	3.000	

Ermittelt werden soll der Wert des Bestandes zum 31.12.01.

$$\text{Lifo-Methode: } 5.500\,€ \cdot \frac{3.000\ \text{Stück}}{10.000\ \text{Stück}} = 1.650\,€$$

$$\text{Fifo-Methode: } 7.200€ \cdot \frac{3.000\ \text{Stück}}{12.000\ \text{Stück}} = 1.800\,€$$

$$\text{Durchschnittskostenmethode:} \frac{15.200\,€}{27.000\ \text{Stück}} \cdot 3.000\ \text{Stück} = 1.688,89\,€$$

BERATUNGSHINWEIS

Steuerlich sind nur die Durchschnittskostenmethode und das Lifo-Verfahren zulässig.

8.3   Fehlende Informationen

Nicht alle Faktoren, die auf das Ergebnis der Jahresabschlussanalyse einwirken, können quantitativ erfasst werden. Kennzahlen werden davon also nicht beeinflusst.

- **Managementqualitäten** lassen sich – wenn überhaupt – nur indirekt durch die Entwicklung von Kennzahlen o. Ä. erfassen.
- **»Keys to success«** (z. B. technisches Spezialwissen, Produktqualität, besondere Engagements in Forschung und Entwicklung) können aus dem Jahresabschluss nicht erkannt werden.
- Das **Image** eines Unternehmens beeinflusst maßgeblich seinen Erfolg oder Nichterfolg, wird aber von vielen kleinen und bedeutenden, geplanten und zufälligen Einflüssen geprägt. Der Gesamteindruck entsteht durch individuelle Erfahrungen, Meinungen, Gefühle und Einstellungen und durch Informationen von Mitarbeitern, Kunden und Veröffentlichungen.
- Durch seine **Corporate Identity** kann sich ein Unternehmen in der Gesellschaft und bei einzelnen Kunden von den Wettbewerbern absetzen und unverwechselbar machen. Sie betrifft alle Bereiche des Unternehmens, vom Erscheinungsbild über die Einstellungen zu Werten, Normen und Überzeugungen bis hin zur internen und externen Kommunikation.
- Termintreue und **Zuverlässigkeit** beeinflussen die Stellung des Unternehmens am Markt, sind aber durch Kennzahlen nur unzureichend zu erfassen.
- Großzügige Kulanz und **Service** bei Reklamationen stärken die Kundenbindung. Mögliche Kennzahlen zur quantitativen Beschreibung der Abwicklungsprozesse ver-

nachlässigen die wichtige persönliche Komponente (wie z. B. Freundlichkeit, Hilfsbereitschaft oder zeitnahe Erledigung).

- Besonders bei kleinen und mittleren Unternehmen spielt die Unternehmerpersönlichkeit eine bedeutende Rolle bei der Beurteilung des Unternehmens. Die Eigentümerin oder der Eigentümer fühlt sich **persönlich verantwortlich** für den Fortbestand des Unternehmens, die Sicherung der Arbeitsplätze und die gesellschaftliche Rolle in der Region.
- **Einmalige** Ereignisse (z. B. Übernahme durch einen Wettbewerber, Skandale durch fehlerhafte Produktion oder dolöroses Verhalten von Führungskräften und Mitarbeitern) lassen sich durch eine Analyse nicht erfassen und prognostizieren.

8.4   Einfluss der Analysten

Die Beurteilung des Jahresabschlusses ist aber notwendig, immer subjektiv und berücksichtigt auch Einflussgrößen, die mit der rein betriebswirtschaftlichen Jahresabschlussanalyse **nicht erfasst** werden können. Persönliche Erfahrung, Bevorzugung bestimmter Verfahren, eigene Zielvorstellungen, individuelle Interessen, erkenntnisleitende Vorgaben, Sympathie und Antipathie, Engagement, kognitive Dissonanzen und vieles andere fließen in den Prozess der Jahresabschlussanalyse ein und beeinflussen die Beurteilung.

Die Aussagekraft der Jahresabschlussanalyse ist also begrenzt, sie ist nur ein – wenn auch wichtiger – Beitrag zur Beurteilung eines Unternehmens. Ergänzende Analysen müssen aber das Bild ergänzen und abrunden, um eine Fehleinschätzung, zu der manche der entwickelten und propagierten Kennzahlen geradezu einladen, vermeiden zu können.

9 Beratung in der Jahresabschlussanalyse

Auf den Punkt gebracht

In diesem Kapitel werden die Merkmale und die Voraussetzungen für eine erfolgreiche Beratung von Mandanten dargestellt. Dabei spielen die fachlichen und sozialen Kompetenzen der Berater eine entscheidende Rolle.

Beratung ist ein freiwilliger, oft kurzfristiger, schriftlicher oder – meistens – **persönlicher kommunikativer Austausch** zwischen einer ratsuchenden Person oder Organisation und einem Berater mit dem Ziel, eine Aufgabe oder ein Problem zu lösen oder sich wenigstens der Lösung anzunähern. Daraus leitet sich unmittelbar ab, dass in allen Organisationen Mitarbeiter auch als Berater gefordert sind. Das wird in vielen Fällen nicht gesondert herausgestellt, weil die Beratung als Querschnittsaufgabe, d. h. neben anderen Aufgaben, wahrgenommen wird.

Beratung bedeutet keineswegs nur das Aufzeigen von Lösungen in kritischen Phasen oder die Entwicklung und Darstellung von Verbesserungsmöglichkeiten, der Berater übernimmt auch die Verantwortung für die zielgerichtete Umsetzung. Zur Beratung gehört auch eine Begleitung bei der Realisierung. Für einen bestimmten Zeitraum entsteht eine Kompetenzpartnerschaft, die einen längerfristigen Beratungserfolg sicherstellen soll.

Eine Beratung zur Jahresabschlussanalyse ist personen- und aufgabenbezogen und muss die ökonomischen und rechtlichen Rahmenbedingungen berücksichtigen, unter denen der Mandant agiert.

MERKE

Beratung ist ein aktives Handeln, das auf die Änderung eines Zustandes gerichtet ist, der als Problem empfunden wird.

Eine professionelle problembezogene Beratung erfordert einen strukturierten **Gesprächsablauf** mit logisch aufeinander folgenden Beratungsstufen, z. B.:

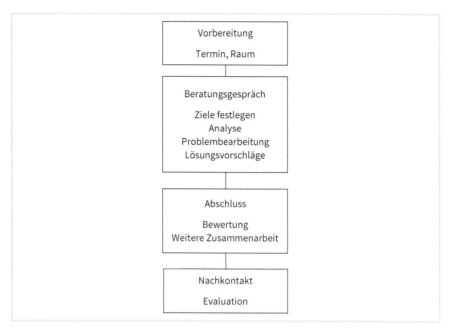

Im Rahmen der Jahresabschlussanalyse wird die Qualität der professionellen Beratung durch die Fachkompetenz und die Berücksichtigung der Regeln sozialer Interaktion gesichert.

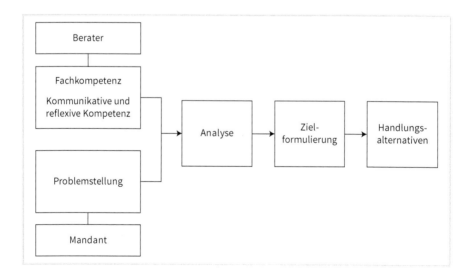

Bei der Beratung von Mandanten entsteht notwendigerweise ein **Beziehungsgeflecht**, das insbesondere dann zu kritischen Situationen und Rollenkonflikten führen kann, wenn es nicht bewusst ist. Um eine erfolgreiche Beratung flexibel und ressourcenorientiert durchführen zu können, muss der Berater über unterschiedliche Kompetenzen verfügen:

- Selbstverständlich ist eine ausgeprägte Fachkompetenz erforderlich.
- Damit die Mandanten von der fachlichen Qualifikation überzeugt sind, ist ein Nachweis über eine entsprechende anerkannte Aus- und Fortbildung sinnvoll, die ein definiertes Wissen bestätigt.
- Schließlich kann eine zielgerichtete Kommunikation nur gelingen, wenn der Berater über weitgehende beratungsspezifische Kompetenzen verfügt, also die Kommunikation problemorientiert gestalten kann.
  - Die äußeren Bedingungen und die Gesprächsatmosphäre müssen so gestaltet sein, dass sich der Mandant ernst genommen fühlt und Vertrauen aufbauen kann.
  - Rollen und Funktionen im Beratungsprozess müssen transparent und deutlich sein.
  - Der Beratungsverlauf muss für die Mandanten verständlich und nachvollziehbar sein.
  - Respekt und Wertschätzung des Beraters müssen von dem Mandanten als authentisch erfahren werden.
  - Eine empathische Haltung zeigt die Wertschätzung und führt dazu, dass sich der Mandant ebenbürtig behandelt fühlt.

Die vier Elemente bilden eine Einheit und fließen gemeinsam in jede kompetente Beratung ein. Lediglich die Schwerpunkte sind unterschiedlich:

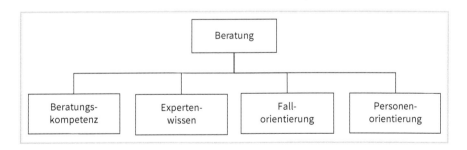

Beratungskompetenz meint die Fähigkeit, erfolgreiche Beratungen durchführen zu können. Sie umfasst unterschiedlichen Teilkompetenzen wie z. B. Kommunikationsfähigkeit, Empathie und Rhetorik. Beratungskompetenz ist besonders dann gefordert, wenn komplizierte Zusammenhänge auf die wesentlichen entscheidungsrelevanten Fakten reduziert werden müssen, ohne oberflächlich und dadurch fehlerhaft zu werden.

BEISPIEL

Bei Liquiditätsproblemen hilft eine Darstellung möglicher Lösungswege wenig. Gefragt ist ein eindeutiger Vorschlag, der überzeugt und überzeugendes Ergebnis verspricht.

Expertenwissen ist primär gefordert, wenn ein ganz konkretes fachliches Problem zu lösen ist. Mit der erwarteten kommunikativen Kompetenz soll einem Mandanten mit seinen Vorstellungen, Meinungen, Interessen und vielleicht auch Vorurteilen ein Vorschlag gemacht werden, der fachlich korrekt ist und zu einer überzeugenden Lösung führt.

BEISPIEL

Die Rot AG erwägt, den Jahresabschluss nach IFRS aufzustellen. Die Umstellung lässt sie von einem Spezialisten begleiten.

Die **Fallorientierung** dominiert in einer Beratung, wenn zu einem komplexen Sachverhalt eindeutige Aussagen getroffen werden müssen und dazu Entscheidungshilfe gefordert ist.

BEISPIEL

Im Anschluss an eine Betriebsprüfung erwartet ein Mandant Unterstützung bei dem Abschlussgespräch.

Die **Personenorientierung** stellt oft eine besondere Herausforderung dar. Bei der Beratung müssen – zusätzlich zu den sachlichen Bedingungen – die Befindlichkeiten und Empfindlichkeiten des Mandanten so berücksichtigt werden, dass fachlich akzeptable Ergebnisse auch zu einer positiven Einschätzung durch den Mandanten führen.

BEISPIEL

Bei einer Beratung zur Unternehmensnachfolge sind die Wünsche und Vorstellungen des älteren Mandanten ebenso zu berücksichtigen wie die Ideen und Interessen des Nachfolgers.

In der Realität sind kritische Situationen, die unverzüglich eine kompetente Beratung erfordern, nicht selten emotional belastet. Bei **situativen Beratungen** ist dann eine hohe personale Kompetenz gefordert, die schwer trainiert werden kann und gleichzeitig Vertrauen, Sachkenntnis, Zuverlässigkeit und Konsequenz erfordert. Das sind hohe Anforderungen an Personen, die vorrangig andere Aufgaben haben.

Bei einem Besuch findet der Berater im Schreibtisch eines Mandanten zufällig mehrere geleerte Flaschen Wodka.

Bei einem Routinegespräch mit einem Mandanten stellt sich heraus, dass er seit Wochen seine Kunden nicht mehr beliefert hat.

In diesen Situationen müssen unverzüglich Beratungsgespräche geführt werden.

9.1 Rollen des Beraters

Berater nehmen grundsätzlich eine differenzierte Beratungsfunktion ein, sie sind in vorgegebene Zusammenhänge und Gesprächssituationen eingebunden.

9.1.1 Interne und externe Beratung

Professionelle Beratung in Unternehmen findet statt an der Schnittstelle von Psychologie und Wirtschaft. Ob eine innerbetriebliche Beratung den gewünschten Erfolg bringt oder externe Beratungskompetenz erforderlich ist, hängt neben den Fachkenntnissen von den Rollen ab, die Berater und Beratene im Unternehmen ausfüllen oder übernehmen können. Sie bilden die Basis für eine erfolgreiche Beratung.

MERKE

Als »Rolle« bezeichnet man die tatsächlichen oder gedachten Anforderungen, die an einzelne Gesprächsteilnehmer gestellt werden oder die sie tatsächlich erfüllen.

Rollenkompetenz ist die Fähigkeit, situationsbezogen die jeweiligen Rollen zu aktivieren oder zu deaktivieren. Werden in einer beruflichen Situation gleichzeitig mehrere Rollen aktiviert, dann findet eine innere Rollendifferenzierung und Prioritätenbildung statt. Die Fähigkeit, Rollen in konkreten Situationen angemessen zu aktivieren, gilt als wesentliches Zeichen für Professionalität.

BEISPIEL

Wenn eine Führungskraft erkennt, dass sie als Berater gefordert ist, kann sie die Rahmenbedingungen so gestalten, dass die Beraterrolle aktiviert wird.

Der **interne Berater** nimmt die Funktionen und Rollen wahr, die sich aus seiner Aufgabe innerhalb des sozialen Gefüges des Unternehmens ergeben. Diese Funktionen existieren unabhängig von der ausführenden Person, können aber in einem bestimmten Rahmen individuell ausgefüllt werden. Er wird seine Persönlichkeit einbringen, die auch durch seine Zugehörigkeit zu dem Unternehmen geprägt ist. Er wird

- seine gesamten detaillierten Kenntnisse des Unternehmens berücksichtigen, die i. d. R. viel umfangreicher sein werden als für den unmittelbaren Beratungsauftrag erforderlich ist;
- die ihm bekannten Kommunikationsstrukturen berücksichtigen und eventuelle Schwierigkeiten antizipieren;
- sein Wissen einbringen, das über den konkreten Beratungsfall hinausgeht;
- sich stark mit der Aufgabe identifizieren und auch dann noch weiter nach positiven Ergebnissen suchen, wenn objektiv bereits eine Entscheidungsgrundlage gefunden ist.
- die zeitlich und technisch zur Verfügung stehende Kapazität ausnutzen. Ob das ausreichend oder überzogen ist, kann im Einzelfall schwer erkennbar sein.

Eine Besonderheit der internen Beratung ergibt sich in der Praxis, wenn Personen Beratungsfunktionen wahrnehmen, die formal andere Aufgaben und Funktionen haben. Ihr Ziel besteht dann oft darin, individuell die Handlungs- und Leistungsfähigkeit zu sichern, zu stärken oder auch wiederherzustellen, ohne die Unternehmensziele oder andere Vorgaben zu beachten. Das ist z. B. regelmäßig der Fall, wenn Mitarbeiter bei aktuellen Problemen um Rat oder Weisung fragen.

Ein typisches Merkmal solcher situativen Beratungen sind Rollenkonflikte. Die Berater sind selbst in das organisationsinterne Beziehungsgeflecht eingebunden und können auch in kritische Situationen involviert sein. Dazu ist eine frühzeitige Klärung erforderlich.

Rollenkonflikte in der Beratung durch einen Vorgesetzten können z. B. auftreten,
- wenn ein Personalabbau diskutiert wird und er selbst betroffen sein könnte.
- wenn er selbst in die Ursachen für interne Probleme verwickelt ist.
- wenn über die Geschäftsbeziehungen zu guten Bekannten debattiert wird.

Externe Berater haben ihre Verhaltensnormen im Rahmen ihres Professionalisierungsprozesses entwickelt und reflektiert. Ihre Beziehung zu dem beratenen Unternehmen ist in der Regel auf die Beratungstätigkeit beschränkt. Sie ist gekennzeichnet durch
- Freiwilligkeit,
- Akzeptanz,
- Wertschätzung,
- Neutralität und
- zeitliche Begrenzung.

Außer an einer erfolgreichen Beratung besteht kein Eigeninteresse. Stärker als interne Berater übernehmen Externe

- eine **Objektivierungsaufgabe**. Ihr Blick ist nicht verstellt durch Erfahrungen mit Vorgesetzten, historische Entwicklungen, persönliche Interessen usw.;
- eine **Innovationsfunktion**. Weil sie nicht in die unternehmerischen Zwänge eingebunden sind, können sie leichter »über den Tellerrand« schauen und neue Ideen und Vorschläge einbringen;
- eine **Kapazitätsfunktion**. Die Berater wirken wie ein externer Stab, aber mit einer – wenn auch zeitlich begrenzten – an die Aufgabenstellung angepassten personellen und technischen Ausstattung;
- eine **Trainingsfunktion**. Wenn es den Beratern gelingt, mit ihren Ideen zu überzeugen, können ihre Beratungsergebnisse in den Unternehmensalltag übernommen werden.

9.1.2 Gutachter

Ein Gutachten ist die mit einer Begründung versehene Darstellung der Beurteilung eines Sachverhaltes durch einen oder mehrere **Sachverständige**. Die Beurteilung erfolgt zu einer konkreten Frage oder zu einem vorgegebenen Ziel. Ein Gutachten kann mündlich oder schriftlich erfolgen. Der Begriff ist nicht geschützt, ein Gutachten hat deshalb formal keine herausgehobene Bedeutung.

Sinnvoll wird ein Gutachten vergeben, wenn eine Person oder eine Institution zu einem bestimmten Sachverhalt informiert werden möchte, zu dem bisher kein oder nur wenig Fachwissen vorhanden ist. Aber auch, wenn über die eigene Ansicht Unsicherheit besteht, kann ein Gutachter die bisherige Meinung bestätigen oder revidieren. Gibt es unterschiedliche Meinungen, kann durch ein Gutachten Überzeugungsarbeit geleistet werden, um zu einer einheitlichen Auffassung zu gelangen. Das ist die typische Aufgabe eines externen Experten.

Als Gutachter werden Personen berücksichtigt, die über ein überdurchschnittliches Fachwissen verfügen und bei denen daher ein besonderes Vertrauen in ihr Urteil besteht.

Seine **Reputation** bezieht ein Gutachter aus einer abgeschlossenen Qualifizierung, z. B. als Steuerberater oder durch eine Hochschulausbildung, durch einschlägige Fort- und Weiterbildungen, durch langjährige berufspraktische Erfahrung, die ständige Auseinandersetzung mit neuen Entwicklungen im jeweiligen Berufsfeld und der Kenntnis des aktuellen Standes der Wissenschaft und der daraus abgeleiteten Regeln. Er verfügt über erweiterte wirtschaftliche und rechtliche Kenntnisse sowie die persönliche Fähigkeit zur sachlichen Analyse. Seine gutachterlichen Ergebnisse muss er angemessen dokumentieren und sich dazu in Wort und Schrift allgemeinverständlich und überzeugend ausdrücken können. Die Vertrauenswürdigkeit kann durch eine Bestellung, Berufung, Zulassung oder Zertifizierung gesichert und dokumentiert werden.

Ein Gutachter wirkt grundsätzlich nicht an der eigentlichen Entscheidungsfindung mit, sondern fördert den Entscheidungsprozess. Er unterstützt den Auftraggeber darin, Entscheidungen zu treffen, für die er selbst nicht über genügend Wissen verfügt. Dabei entsteht die Schwierigkeit, dass die angesprochenen Sachverhalte in einer Form dargestellt werden sollen, die einerseits auch für Nicht-Experten verständlich ist, andererseits aber auch dem Urteil von anderen Spezialisten standhalten und mit den allgemeinen Auffassungen zu den angesprochenen Fragen übereinstimmen müssen.

Erschwerend kommt hinzu, dass die Auftraggeber im Regelfall keine noch so fundierten wissenschaftlichen Abhandlungen lesen wollen, sondern in kompakter Form über die wichtigsten Aspekte informiert werden wollen und begründete Handlungsempfehlungen erwarten.

Deshalb kann für den Aufbau eines Gutachtens folgendes Schema genutzt werden, das dann an den jeweiligen Auftrag angepasst werden muss:

Gliederungsvorschlag Gutachten

1.	Allgemeine Angaben und Aufgaben-stellung	• Deckblatt mit Seitenzahlen
		• Inhalt und Umfang des Auftrages
		• Mitarbeit von Hilfskräften
2.	Handlungsempfehlung	• Die wichtigsten Ergebnisse
		• (Executive Summary)
3.	Dokumentation	• Skizzen und Fotografien
		• Erhebungsergebnisse
		• Versuche, Messungen
4.	Beantwortung der Fragestellung	• Problemformulierung
		• Fachliche Würdigung mit Begründung
		• Ergebnisse
		• Handlungsempfehlungen mit ausführlicher Begründung
5.	Zusammenfassung Weiterführende Hinweise	• Kurzes, leicht lesbares Abstract
		• Bewusst unberücksichtigte Aspekte
		• Anschließende weitere Fragen
6.	Unterschrift und Stempel	
7.	Benutzte Quellen	

Bei der Beurteilung von Gutachten ist stets zu berücksichtigen, von wem und für wen und in welchem Zusammenhang die Expertise erstellt worden ist. Gutachten sind im Allgemeinen **nicht neutral**. Die Ersteller werden vielmehr berücksichtigen, welche Grundhaltung des Auftraggebers zu erkennen ist, der seine Interessen gewahrt sehen möchte.

Üblicherweise werden Gutachten nach Fertigstellung persönlich vorgestellt und erläutert. Dazu treffen sich im Regelfall der Gutachter und die Auftraggeber, eventuell auch weitere Personen. Das Gutachten und seine Ergebnisse können dann diskutiert werden. Diese Abschlusspräsentation muss überzeugen, um die Akzeptanz der Ergebnisse sicherzustellen.

9.1.3   Moderator

Die Moderation ist eine Vorgehensweise zur Strukturierung und Visualisierung von Besprechungen in Projektteams, Diskussionen, Workshops usw. Der **Moderationsprozess** soll unter Leitung eines Moderators die Meinungs- bzw. die Willensbildung innerhalb einer Gruppe ermöglichen und erleichtern, ohne dass der Moderator dabei inhaltlich Einfluss nimmt.

Ziele und Einsatzbereiche

Die Moderation dient der Themenbearbeitung, der Problemlösung und der Erreichung von Zielen. Sie hat die Aufgabe, die Balance herzustellen zwischen den verschiedenen Bedürfnissen der Teilnehmenden, den Gruppenbedürfnissen und den inhaltlichen Zielen. Sie wird meist eingesetzt, wenn sich eine Gruppe von Teilnehmern darum bemüht, trotz verschiedener Meinungen und Einschätzungen zu einem einvernehmlichen Ergebnis zu gelangen. Wenn es gelingt, eine sachgerechte und lösungsorientierte Arbeitsatmosphäre herzustellen, kann die Moderation entscheidend zur Arbeitsfähigkeit in einer Gruppe beitragen.

Wenn ganz unterschiedliche Interessen, Unternehmensbereiche oder Hierarchieebenen an einer Problemlösung beteiligt werden sollen, kann durch eine Moderation sichergestellt werden, dass alle angemessen am Ergebnis beteiligt werden. Das erhöht die Akzeptanz der Vorschläge und Entscheidungen.

> **BEISPIEL**
>
> Im Rahmen einer Jahresabschlussanalyse können z. B. folgende Fragestellungen in moderierten Teams bearbeitet werden:
> - **Standortbestimmung.** Welche Erkenntnisse lassen sich aus der Analyse ziehen?
> - **Abweichungsanalyse.** Welche Kennzahlen weichen signifikant vom Branchendurchschnitt ab? Welche Vorgaben konnten nicht erreicht werden,

welche Kennzahlen können als zufriedenstellend gewertet werden? Welche Abweichungen sind so wichtig, dass sie eine dringende Bearbeitung erfordern?

- **Ursachenanalyse.** Wie ist es zu den aufgetretenen Abweichungen gekommen? Gibt es systematische/organisatorische/technische/personelle Ursachen für die erkannten Abweichungen?
- **Maßnahmenplanung.** Welche Maßnahmen müssen ergriffen werden? Welcher Zeitraum steht dafür zur Verfügung?
- **Erwartungen.** Welche Ergebnisse können auf Grund der aktuellen Erkenntnisse und der chronologischen Analyse (unter Berücksichtigung eventuell geplanter Korrekturmaßnahmen) noch erreicht werden?
- **Aktionsplanung.** Wer ist für die vorgesehenen Maßnahmen verantwortlich? Wer muss dabei zusätzlich mitwirken? Wer ist von den Maßnahmen betroffen? Welcher Zeitplan ist vorgesehen?

Der Moderator muss sich als methodischer **Unterstützer** verstehen, der die eigenen Meinungen, Ziele und Wertungen zurückstellen kann. Er ist kein Experte für die Inhalte, die während der Moderation behandelt werden, sondern verfügt über Techniken und Methoden, um die Gruppe zu einer effizienten Arbeit anzuleiten und die angestrebten Ziele zu erreichen. Er leitet die Moderation durch gezielte Fragen an die Teilnehmenden. Die Antworten werden

- auf Moderationskarten geschrieben
- an eine Pinnwand geheftet oder
- auf einem Flipchart visualisiert

und so für alle Gruppenmitglieder sichtbar gemacht. Durch die Antworten erfahren der Moderator und die anderen Teilnehmer, wie die Meinungen zu einzelnen Punkten sind und welche Dringlichkeit die einzelnen Punkte besitzen.

Die Moderation folgt immer einem bestimmten »Fahrplan«, dem so genannten **Moderationszyklus**, der sich in verschiedene Phasen gliedert. Die einzelnen Moderationsabschnitte können je nach Ziel und Zusammensetzung der Gruppe unterschiedlich ablaufen. Wenn sich die Teilnehmer zum ersten Mal treffen, wird es notwendig sein, für die Einstiegsphase einen längeren Zeitraum zum gegenseitigen Kennenlernen einzuplanen. Das ist insbesondere dann von großer Bedeutung, wenn die Teilnehmer zukünftig häufiger miteinander arbeiten.

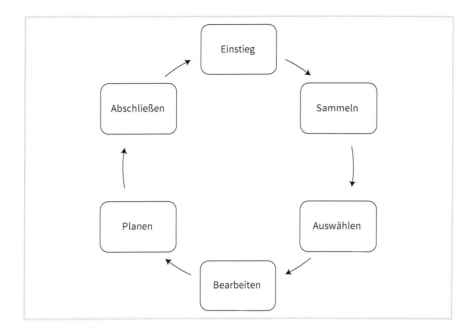

Der Moderator begleitet die Teilnehmer von der Ideensammlung bis zur Ergebnissicherung. Er soll dabei selbst eine neutrale Haltung bewahren und auch inhaltliche Kommentare und Bewertungen der Teilnehmerbeiträge vermeiden. Möglichst alle Teilnehmer sollen gleichberechtigt in den Moderationsprozess einbezogen werden und die Möglichkeit erhalten, einen Beitrag zum Problemlösungsprozess zu leisten.

- In der **Einstiegsphase** der Moderation geht es darum, die Besprechung zu eröffnen, die Teilnehmerinnen und Teilnehmer zu begrüßen, eine positive Arbeitsatmosphäre zu schaffen und Transparenz zu schaffen. Die Gruppe sollte über die beabsichtigte Vorgehensweise informiert werden und ihr Einverständnis dazu geben. Den Teilnehmern sollte kurz erläutert werden, wie die Methoden funktionieren und warum sie genutzt werden sollen. Auf diese Weise werden die Beteiligten in den Prozess mit einbezogen und unnötige Unsicherheiten werden vermieden. Das schafft ein entspanntes Arbeitsklima für alle Beteiligten.
  Die erste Phase wird auch genutzt, um die organisatorischen Bedingungen und den zeitlichen Ablauf zu klären. Darüber hinaus sollte genug Zeit zum gegenseitigen Kennenlernen der Teilnehmer eingeplant werden.

- Bei der **Themensammlung** werden die Themen, die von den Teilnehmern eingebracht werden, gebündelt und die Konzentration auf das gemeinsame Ziel hin fokussiert. Der Moderator stellt seine Fragen so präzise und zielgerichtet wie möglich, die Antworten werden anschließend möglichst visualisiert.

- Bei der **Themenauswahl** muss der Moderator feststellen, welche der zusammengetragenen Themen konkret von den Teilnehmern und in welcher Reihenfolge bearbeitet werden sollen. Dazu eignet sich das Anlegen eines Themenspeichers. Das Ergebnis der Gewichtung ergibt die Reihenfolge, in der die Themen bearbeitet werden.
- In der **Bearbeitungsphase** muss der Moderator eine möglichst effiziente Arbeit an den festgelegten Inhalten ermöglichen. Dazu stehen ihm unterschiedliche Methoden und Elemente zur Verfügung, deren Wahl er von der jeweiligen Zielsetzung abhängig macht. Aus den Arbeitsergebnissen kann im nächsten Schritt ein Maßnahmenplan erstellt werden.
- Die **Planung** von konkreten Maßnahmen dient dazu, Lösungen für die erkannten Probleme zu finden. Der Moderator bespricht mit den Teilnehmern, welche der erarbeiteten Lösungsvorschläge weiterverfolgt werden sollen, welche Maßnahmen zu treffen sind und wer sie durchführen soll.
  Die Ziele und Aufgaben müssen möglichst konkret formuliert werden. Einzelnen Personen wird dafür die entsprechende Verantwortung übertragen. Dazu wird der zeitliche Rahmen festgelegt, in dem die Aufgabe erledigt werden muss. Ein **Maßnahmenplan** ermöglicht eine genaue Darstellung der erforderlichen Schritte. Er soll die Ergebnissicherung des Moderationsprozesses gewährleisten und konkrete Umsetzungsmöglichkeiten zeigen.
- Im letzten Moderationsabschnitt wird die inhaltliche Arbeit zum **Abschluss** gebracht. Die Teilnehmer haben den Wunsch, dass keine Fragen offen bleiben und dass die zu bearbeitenden Themen zu einem erfolgreichen Ergebnis geführt werden.

Der Verlauf und die Methodik der Moderation müssen sorgfältig geplant werden. Der geplante Ablauf darf jedoch nicht zu starr sein, da sonst die nötige Flexibilität, die eine gute Moderation ausmacht, nicht gewährleistet werden kann. Die gründliche Planung schafft aber Sicherheit und ermöglicht einen reibungslosen Moderationsprozess. Die Vorbereitung der Moderation umfasst folgende Bereiche:

- Organisatorische Vorbereitung
- Inhaltliche Vorbereitung
- Methodische Vorbereitung
- Persönliche Vorbereitung

Anschließend wird der Moderationsplan erstellt. In zeitlicher Anordnung ergibt sich daraus der Arbeitsplan:

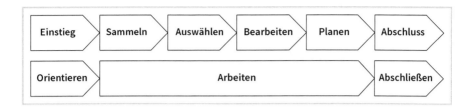

Moderation	
Vorteile	**Nachteile**
Effizienz	Profilierungssucht einzelner Teilnehmer möglich
Stärkt das Wir-Gefühl	Hoher zeitlicher Aufwand
Leichter und umfassender Informationsaustausch möglich	Ungleiches Engagement der Teilnehmer wahrscheinlich
Ideenvielfalt kann erfasst werden	Vorschläge müssen in Entscheidungen überführt werden
Akzeptanz der Ergebnisse durch Mitwirkung	

9.1.4   Mediator

Als Mediator wird ein Vermittler in einem Kommunikationsprozess bezeichnet, der **Mediation** genannt wird. Dabei handelt es sich um ein Konfliktlösungsverfahren, in dem die Konfliktpartner selbstbestimmt verbindliche, zukunftsorientierte Lösungen entwickeln mit dem Ziel, dass alle Seiten Vorteile daraus ziehen können. Der Mediator fördert die Konfliktlösung durch moderierte Treffen der Konfliktparteien. Dabei können beide Parteien jeweils – von der anderen Seite ungestört – ihre Standpunkte und Forderungen erläutern.

Die Aufgabe des Mediators besteht darin, mit spezifischen Kommunikations- und Verhandlungstechniken eine **Klärung der unterschiedlichen Standpunkte** durch die Konfliktpartner herbeizuführen, die dauerhaft Bestand haben kann. Er dokumentiert den Gesprächsverlauf und hält insbesondere abschließend getroffene Vereinbarungen schriftlich fest.

BERATUNGSHINWEIS

Die persönlichen Konflikte, die in Unternehmen entstehen, wenn Menschen mit unterschiedlichen Charakteren und Bedürfnissen zusammenarbeiten, können eine ernst zu nehmende Belastung darstellen. Die dadurch gebundenen Ressourcen an Zeit und Geld sind nur ein Aspekt, auch die mit verschleppten, unausgesprochenen Problemen verknüpften negativen Effekte auf das Arbeitsklima, die Arbeitsabläufe und die persönlichen Beziehungen führen zu erheblichen Kosten.

Ein Mediator hat keine eigenen Entscheidungskompetenzen. Seine Aufgabe besteht darin, den Kommunikationsprozess zu **unterstützen**. Er hilft den Parteien, kurzfristig tragfähige und möglichst kostengünstige Regelungen zum Vorteil aller Beteiligten zu finden. Bei der Mediation geht es um Einsicht, es gibt keine Verlierer, beide Parteien können im konstruktiven Gespräch nur gewinnen. Hier ergibt sich ein relativ neues anspruchsvolles Aufgabenfeld für den Berater. Er unterstützt die Parteien, unter Berücksichtigung ihrer Interessen und Bedürfnisse alternative Konfliktlösungen zu entwickeln.

Bei **internen Auseinandersetzungen** zur Jahresabschlussanalyse können Mediationsverfahren beispielsweise genutzt werden bei Konflikten innerhalb des Managements, zwischen Arbeitgeber und Betriebsrat, zwischen einzelnen Mitarbeitern und zwischen Mitarbeitern verschiedener Hierarchieebenen.

BEISPIEL

Bei der Jahresabschlussanalyse sind Mediationen z. B. sinnvoll,

- wenn konkrete Maßnahmen entwickelt werden sollen, um Kennzahlen zu verbessern.
- wenn unterschiedliche Auffassungen zur Beschaffung von Eigen- oder Fremdkapital bestehen.
- wenn es unterschiedliche Meinungen gibt zur Thesaurierung oder Ausschüttung des Jahresüberschusses.

Externe Konflikte, die durch Mediation entschärft oder beseitigt werden können, entstehen typisch bei Vertragsverhandlungen der unterschiedlichsten Art und den folgenden Auslegungen. Dabei können Mutter- und Tochtergesellschaften, Eigen- und Fremdkapitalgeber, Lieferanten und Kunden, Konkurrenten oder auch die öffentliche Verwaltung involviert sein.

Das Mediationsverfahren beruht auf fünf klaren Bedingungen und Vereinbarungen:

- **Eigenverantwortung.** Die Konfliktpartner gehen davon aus, eine für beide akzeptable Lösung gemeinsam finden zu können. Sie besitzen selbst die größte Kompetenz, ihren Streit zu lösen, und sie erarbeiten in eigener Verantwortung eine maßgeschneiderte Lösung.
- **Offenheit und Informiertheit.** Die Konfliktparteien müssen alle Tatsachen offen legen, die für die Lösung des Konflikts erheblich sein können. Das setzt voraus, dass die Beteiligten ein konstruktives Gespräch führen können, damit alle Meinungen und Sichtweisen gehört werden.
- **Neutralität und Allparteilichkeit.** Der Mediator nimmt die Sichtweisen der Konfliktpartner gleichwertig wahr. Er setzt sich für die Interessen aller Konfliktpartner ein.
- **Freiwilligkeit.** Alle nehmen an der Mediation freiwillig teil. Jederzeit kann sie ohne Begründung von jedem Beteiligten abgebrochen werden.
- **Vertraulichkeit.** Alle Tatsachen, die im Verlaufe einer Mediation offen gelegt worden sind, dürfen Dritten gegenüber nicht offenbart und auch später nicht gegen einen der Beteiligten verwendet werden. Der Mediator selbst kann nur einvernehmlich von seiner Schweigepflicht entbunden werden.

9.1.5 Coach

Coaching ist eine – für einen begrenzten Zeitraum – unterstützende Beratung und Begleitung zur Förderung der **Selbstreflexion**. Schwächen sollen erkannt, Stärken gefördert und neue Ideen entwickelt werden. Insbesondere Führungskräfte werden individuell begleitet, um Haltungen und Verhaltensweisen zu klären und zugleich eine emotionale Entlastung zu erreichen.

Ein Coach erarbeitet mit seinem Klienten weder direkte Lösungsvorschläge noch vermittelt er Fachwissen oder bestimmte Fertigkeiten. Er begleitet ihn in einem interaktiven und personenzentrierten Prozess zur Entwicklung eigener individueller und nachhaltiger Lösungen.

> **BEISPIEL**
>
> Als Methoden werden z. B. Psychodrama, Gestalttherapie, Neurolinguistische Programmierung (NLP), Themenzentrierte Interaktion (TZI), systemische Therapie, Rollenspiel und Videoanalyse eingesetzt.

Bei der Beratung im Rahmen einer Jahresabschlussanalyse ist Coaching sinnvoll, um Einzelpersonen vor weitreichenden Entscheidungen zu ermöglichen, die komplexen wirtschaftlichen und sozialen Folgen möglicher Alternativen zu reflektieren.

9.1.6   Mentor

Ein Mentor soll bei der persönlichen oder beruflichen Entwicklung unterstützen. Er betreut eine einzelne Person, indem er sein fachliches Wissen oder seine Erfahrungen weitergibt und dadurch den **Wissenstransfer** zwischen Erfahrenen und weniger Erfahrenen fördert. Anders als ein Coach ist er für diese Tätigkeit nicht ausgebildet.

9.2   Beratungsprozess

Vor der inhaltlichen Beratungstätigkeit müssen die organisatorischen, administrativen, vertraglichen und finanziellen **Rahmenbedingungen** abgestimmt und festgelegt werden. Der Beratungsprozess wird inhaltlich, räumlich, zeitlich und personell flexibel auf die Beratungssituation angepasst. Er wird problem- und mandantenbezogen leicht unterschiedlich sein, aber mit grundsätzlich gleichem Ablauf. Bei der Beratung von Mandanten lassen sich zeitlich gestaffelt mehrere Schritte unterscheiden. Ohne Strukturierung ihres Verlaufes kann die eigentliche Aufgabe – nämlich die Lösung eines konkreten Problems – nicht gelöst werden.

- **Akquisition:** Der erste Kontakt zu einem Mandanten erfolgt durch aktive persönliche oder schriftliche Ansprache, durch Empfehlung oder durch direkte Beauftragung.
- **Terminvereinbarung:** Bei einem ersten telefonischen oder persönlichen Kontakt wird der Ratsuchende auf die eigenen Kompetenzen aufmerksam gemacht und es wird eine ausführliche Besprechung vereinbart.
- **Erstgespräch:** Das Gespräch dient dem gegenseitigen Kennenlernen. Der Mandant beschreibt sein Anliegen und seine Erwartungen an die Beratung. Der Berater trifft den Mandanten in dessen Umfeld, um einen ersten Eindruck zu bekommen und gleichzeitig durch einen überzeugenden Auftritt eine persönliche Basis für den wichtigen Informationsaustausch zu legen. Unterschiedliche Standpunkte und Erwartungen werden geklärt, um Missverständnisse und Enttäuschungen zu vermeiden.
- **Bestandsaufnahme.** Die Problembeschreibung des Auftraggebers wird zunächst als Arbeitshypothese übernommen, die mit eigenen Erkenntnissen abgeglichen wird. Ein erfahrener Berater wird durch weitergehende Fragen eine Annäherung an das Problem erreichen können.

- **Bearbeitungsprozess.** Die eigentliche Beratung verläuft danach in fünf Phasen:

- – **Würdigung.** Zunächst steht die Pflege der Beziehung zum Mandanten im Vordergrund. Erst wenn ein Vertrauensverhältnis aufgebaut ist, kann der Berater auf Grundlage der Fakten und Zahlen Lösungsideen zu den Fragen des Mandanten entwickeln.
- – **Analyse.** Der Berater analysiert gemeinsam mit dem Mandanten die Problemstellung. Das partizipative Vorgehen erlaubt für beide eine klare Orientierung am Beratungsziel.
- – **Diagnose.** Voraussetzung für eine erfolgreiche Diagnose ist die Vertraulichkeit aller Gesprächsinhalte. Nur wenn der Berater Vertrauen im Unternehmen erworben hat, wird er die notwendigen Informationen erhalten.
- – **Lösungsfindung.** Der Berater unterstützt den Mandanten dabei, eine eigene Lösung finden.
- – **Umsetzung.** Die erarbeitete Lösung wird – meistens in einem iterativen Prozess – im Unternehmen implementiert. Bei schrittweisem Vorgehen können Lernprozesse berücksichtigt und eine dynamische Entwicklung gefördert werden. Die Formulierung und Überprüfung von Zwischenergebnissen (»Meilensteine«) bietet Möglichkeiten der Bestandsaufnahme und der gemeinsamen Überprüfung des Arbeitsstandes.
- **Abschlussgespräch und Bericht.** Nach der Beendigung der Beratung erfolgt eine gründliche Auswertung, in der die ursprüngliche Fragestellung mit dem Beratungsergebnis abgeglichen wird. Der Berater verdeutlicht, dass der aktuelle Beratungsprozess zwar abgeschlossen ist, dass aber weitere Anstrengungen erforderlich sind, um den dauerhaften Unternehmenserfolg zu sichern. Er schlägt weitere Maßnahmen für die Zeit vor, wenn er das Unternehmen wieder verlassen hat.

BERATUNGSHINWEIS

Beratungskompetenz kann man erlernen. In Lehrgängen, die von zahlreichen (z.T. sehr unterschiedlichen) Anbietern durchgeführt werden, wird gezeigt, wie Expertenwissen und Beratungskompetenz mit den notwendigen kommunikativen und methodischen Fähigkeiten verbunden werden kann.

Literaturverzeichnis

Coenenberg, Jahresabschluss und Jahresabschlussanalyse, 25. Aufl. 2018

Deutsche Bundesbank (Hrsg.), Tendenzen in den Finanzierungsstrukturen deutscher nichtfinanzieller Unternehmen im Spiegel der Unternehmensabschlussstatistik, Monatsbericht Juli 2018, S. 61 ff.

Deutsche Bundesbank (Hrsg.), Ertragslage und Finanzierungsverhältnisse deutscher Unternehmen im Jahr 2018, Monatsbericht Dezember 2019, S. 39 ff.

Deutsche Gesellschaft für Beratung e. V. (Hrsg.), Beratungsverständnis, Köln o. J.

Eichholz/Kluge, Finanzwirtschaft/Planungsrechnung, 4. Aufl. 1999

Endriss/Hennies, Jahresabschlussanalyse, in: Endriss/Hennies/Kluge/Sauter, Jahresabschluss, 5. Aufl. 2002

Gräfer/Gerenkamp, Bilanzanalyse, 13. Aufl. 2015

Hartje, Innovationsprozesse erfolgreich mit Kennzahlen steuern, REFA-Nachrichten 2007, 26

Heesen/Gruber, Bilanzanalyse und Kennzahlen, 6. Aufl. 2018

Horschitz/Groß/u. a., FSt (Band 1), Bilanzsteuerrecht und Buchführung, 15. Aufl. 2018

https://www.lexware.de/fileadmin/lego/unternehmertage/ebook/Kennzahlen.pdf

Kaplan/Norton, The Balanced Scorecard Measures That Drive Performance, Harvard Business Review, 1992, 72-79

Küting/Weber, Die Bilanzanalyse, 11. Aufl. 2015

Küting/Heiden, Pro-Forma-Ergebnisse in deutschen Geschäftsberichten, in: StuB, 22 / 2002, S. 1085 ff.

link.springer.com/content/pdf/bbm%3A978-3-6798-5%2F1.pdf

Nicolini/Quilling, Berichterstattung und Präsentation, München 2014

Olfert, Kompakt-Training Finanzierung, 9. Aufl. 2017

Pooten/Langenbeck, Bilanzanalyse, 4. Aufl. 2016

Reichmann, Controlling mit Kennzahlen und Managementberichten, 6. Aufl. 2001

wbw1.unileoben.ac.at

www.bequ-konzept.beratungsqualitaet.net

www.dachverband-beratung.de

www.media.daa-pm.de

www.wirtschaftslexikon.gabler.de

www.wirtschaftspsychologie-aktuell.de

Stichwortverzeichnis

Ihr Feedback ist uns wichtig!
Bitte nehmen Sie sich eine
Minute Zeit:

www.schaeffer-poeschel.de/feedback

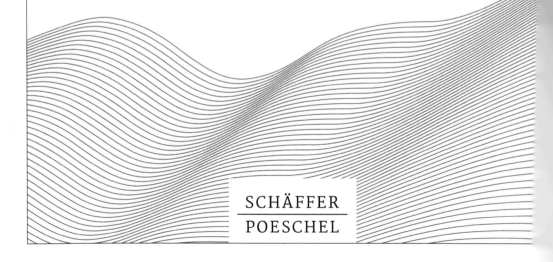